江西财经大学信毅学术文库

PPP模式的民生基础设施建设问题研究

刘伦武 著

中国财经出版传媒集团
中国财政经济出版社

图书在版编目（CIP）数据

PPP 模式的民生基础设施建设问题研究／刘伦武著．
——北京：中国财政经济出版社，2021.12
（江西财经大学信毅学术文库）
ISBN 978-7-5223-1001-5

Ⅰ.①P… Ⅱ.①刘… Ⅲ.①政府投资–合作–社会资本–应用–基础设施建设–研究–中国 Ⅳ.
①F299.24

中国版本图书馆 CIP 数据核字（2021）第 256352 号

责任编辑：宋学军　胡　飞　　　责任校对：徐艳丽
封面设计：王　颖　　　　　　　责任印制：党　辉

PPP 模式的民生基础设施建设问题研究
PPP MOSHI DE MINSHENG JICHU SHESHI JIANSHE WENTI YANJIU

中国财政经济出版社 出版

URL：http://ckfz.cfeph.cn
E-mail：cfeph@cfeph.cn

（版权所有　翻印必究）

社址：北京市海淀区阜成路甲 28 号　邮政编码：100142
营销中心电话：010-88191537
天猫网店：中国财政经济出版社旗舰店
网址：https://zgczjjcbs.tmall.com
北京财经印刷厂印刷　各地新华书店经销
成品尺寸：170mm×230mm　16 开　17.5 印张　268 000 字
2021 年 12 月第 1 版　2021 年 12 月北京第 1 次印刷
定价：75.00 元
ISBN 978-7-5223-1001-5
（图书出现印装问题，本社负责调换）
本社质量投诉电话：010-88190744
打击盗版举报热线：010-88191661　QQ：2242791300

前　　言

党的十七大报告系统提出"学有所教、劳有所得、病有所医、老有所养、住有所居"的社会民生建设目标。民生基础设施建设作为实现社会民生目标的重要基础条件被列为各级政府的重要工作任务。显然，政府有限的财政资金很难满足民生基础设施建设的巨大资金需求。党的十八届三中全会提出要吸引社会资本参与基础设施建设与运营。财政部2014年9月下发《关于推广运用政府和社会资本合作模式有关问题的通知》，提出借鉴国际成功经验，推广运用政府和社会资本合作模式（PPP），加快民生基础设施建设。

PPP是指政府与社会资本利用各自优势，根据优势互补、权责对称、风险共担、利益共享原则，高效率提供公共产品和服务为目的而签订的长期公私合作伙伴关系。科学运用PPP模式不仅能有效解决财政约束下公共产品供需矛盾，而且还能充分发挥政府与社会资本各自优势，高效率提供高质量的公共产品与公共服务。如何科学运用PPP模式建设民生基础设施成为政府与社会资本合作急需解决的重要问题。

本书紧紧把握我国社会民生建设的总体目标，依托完善与升级基础设施发展战略，对运用PPP模式建设民生基础设施的基本问题开展研究。首先，诠释科学运用PPP模式建设民生基础设施的重要意义，分析其现状，揭示存在的关键问题；其次，厘清PPP模式中各合作者之间责权利关系及其运行机理，剖析民生基础设施供给机制，构建PPP智能化供给平台；再次，利用博弈理论，构建经济数理与计量模型，对民生基础设施建设的政府与社会资本合作各方的责任与权力、风险与收益配置，运行监管等关键问题进行理论与实证分析；最后，基于理论与实证分析，提出科学运用PPP模式建设民生基础设施的政策建议。

我国PPP模式建设民生基础设施现状与案例研究发现：自2014年以

来，运用PPP模式建设民生基础设施的投资规模与数量呈增长趋势，但结构不合理，市政工程与交通基础设施投资偏多，教育科技、医疗卫生与就业养老保障等设施偏少，东西部地区投入较多，中部与东北地区投入少。在PPP模式应用实践中存在合作各方目标不一致，控制权配置不合理，履责困难，责权、风险与收益分配不对称，尚未建立科学监管机制等问题。

以责权利关系理论为基础，通过对公共产品供给机制与PPP模式运行机理研究发现：民生基础设施建设应按责权利对称匹配原则，整合政府、市场与志愿组织的各自功能，统一规划，合理分工、联合供给。运用PPP模式建设民生基础设施应构建一个合作各方能公平参与PPP项目规划、设计、投融资、建设与运营，优化配置其责、权、利及风险，实时监管的智能化平台。

利用契约理论与博弈论，建立经济模型，深入分析PPP模式建设民生基础设施的责任与权力、风险与收益最佳配置和运行监管。研究结果显示：PPP责权优化配置应充分考虑项目回报类别、产品效益特点、项目对合作双方的重要程度和合作双方谈判能力对比等因素；应遵循公平、公正、对称原则，根据合作阶段共同分担风险与收益。合作各方的收益分配比例边际效用等于各自收益分配比例对合作项目总收益的影响程度加上收益分配总比例变动对合作项目总收益的影响程度时，收益比例分配为最佳。风险分担比例优化配置与收益分配因子计算方法密切相关。不考虑风险因素计算收益分配因子的情况下，风险分担比例的边际收益等于零时，风险分担比例为最佳；考虑包含风险的 n 个因素计算收益分配因子的情况下，风险分担比例的边际收益等于各自收益分配比例变动对合作项目收益的影响程度与谈判破裂点时未分配收益比例乘积的 n 分之一时，风险分担比例最佳。计算收益分配因子考虑的影响因素越周全，收益分配与风险配置效果越好，责权对称配置的效率比不对称匹配的效率更高。研究结果建议：按照公平公正、公开透明、成本收益原则，依法合规运行、放松监管，不合规运行、严格监管的要求，分目标，按合作行动内容，采取合理监管方式进行监管，由第三方联合机构独立对监管结果进行评估。

科学运用PPP模式建设民生基础设施，应科学立法立规与制策，建立国家层面的 PPP 法律法规、操作指引与融资政策，完善公共产品与服务供给和基础设施建设与运营政策；应科学决策与运行，建立 PPP 信息大数据中心、综合信息平台、智能化运行平台；科学定责配权分利，建立与完善平等谈判机制、责权利配置机制和错配的纠偏与救济机制；科学监督，建立与完善监控法律制度、政府综合监管体系、PPP 内部控制体系和社会监督体系。

目 录

第一章 绪论 …………………………………………………………… 1

 第一节 研究背景与意义 ……………………………………………… 1

 第二节 研究现状与述评 ……………………………………………… 3

 第三节 研究思路与逻辑框架 ………………………………………… 12

 第四节 研究内容与研究方法 ………………………………………… 13

第二章 PPP 模式建设民生基础设施的基础理论 …………………… 15

 第一节 PPP 模式与民生基础设施内涵、特征与分类 ……………… 15

 第二节 PPP 模式建设民生基础设施的相关理论 …………………… 26

 第三节 PPP 模式建设民生基础设施的目标、必要性与可行性 …… 38

第三章 PPP 模式建设民生基础设施的现状与问题 ………………… 51

 第一节 我国 PPP 模式建设民生基础设施的历史演进 ……………… 51

 第二节 PPP 模式建设民生基础设施的现状 ………………………… 53

 第三节 PPP 模式建设民生基础设施存在的问题——基于

    案例研究 ……………………………………………………… 80

第四章 PPP 模式运行与民生基础设施供给机制分析 ……………… 94

 第一节 PPP 模式运行机理分析 ……………………………………… 94

 第二节 PPP 模式的责权利关系分析 ………………………………… 99

 第三节 民生基础设施供给机制与 PPP 智能化平台构建 ………… 109

第五章　PPP 模式建设民生基础设施的责权配置分析 …………… 120

第一节　PPP 模式建设民生基础设施的责权配置理论 ………… 120
第二节　PPP 模式建设民生基础设施责权配置的现状考察 …… 123
第三节　PPP 模式建设民生基础设施的责权配置模型分析 …… 133
第四节　PPP 项目责权配置对其收益影响的实证检验 ………… 155
第五节　PPP 模式建设民生基础设施的责权优化配置建议 …… 161

第六章　PPP 模式建设民生基础设施的风险与收益分析 ………… 165

第一节　PPP 项目风险分担与收益分配相关理论 ……………… 165
第二节　PPP 模式建设民生基础设施的风险与收益配置现状 … 169
第三节　PPP 模式建设民生基础设施的风险与收益配置
模型分析 ………………………………………………… 181
第四节　PPP 模式建设民生基础设施收益与风险优化配置建议 … 201

第七章　PPP 模式建设民生基础设施的运行监管分析 …………… 206

第一节　PPP 模式建设民生基础设施运行监管的相关理论 …… 206
第二节　PPP 模式建设民生基础设施运行监管的现状与问题 … 210
第三节　PPP 模式建设民生基础设施运行监管的模型分析 …… 217
第四节　PPP 模式建设民生基础设施的运行监管体系构建 …… 223
第五节　PPP 模式建设民生基础设施运行监管的国外
经验与借鉴 ……………………………………………… 227
第六节　PPP 模式建设民生基础设施运行监管的对策建议 …… 230

第八章　研究结论与政策建议 …………………………………………… 234

第一节　研究结论 …………………………………………………… 234
第二节　政策建议 …………………………………………………… 240

参考文献 …………………………………………………………………… 251

后　　记 …………………………………………………………………… 269

第一章 绪　　论

第一节　研究背景与意义

一、研究背景

民生基础设施是特指以惠及普通居民生活为导向,更注重于居民生活质量的改善和全方位需求的基础设施,主要包括生态环保、医疗养老、体育健身、文化教育、信息服务和物流网络等领域的基础设施[①]。与传统交通、通信和能源等公共"硬"设施相比,其建设更加注重于社会公益性、公平性。自改革开放以来,我国基础设施建设成就巨大,但发展不平衡:一方面,交通、能源、通信等公共"硬"设施相当完善;另一方面,教育、社会保障、公共卫生、医疗以及环境保护等民生"软"设施投入少、供给不足,难以满足民生需要[②]。中共十七大报告系统提出"要加快推进以改善民生为重点的社会建设,实现全体人民"学有所教、劳有所得、病有所医、老有所养、住有所居"[③] 的社会建设目标。中央政府将民生改善程度纳入政府考核指标体系,纠正了过去单纯追求国内生产总值(GDP)至上的官员考核激励方式。中共十八大进一步强调改善民生,创新管理,

---

[①] 郭濂:"民生基础设施建设应转型为'民生基建'",《中国证券报》,2014年12月5日。
[②] 王询、孟望生、张为杰:"财政分权、晋升激励与民生公共品偏向——基于全国省级面板数据的实证研究",《云南财经大学学报》,2013年第4期。
[③] 胡锦涛:《高举中国特色社会主义伟大旗帜　为夺取全面建设小康社会新胜利而奋斗——在中国共产党第十七次全国代表大会上的报告》,http://politics.people.com.cn/GB/1024/6429094.html。

加强社会建设。国务院2013年9月发布的《关于加强城市基础设施建设的意见》明确要求,要紧紧围绕改善民生为导向,全面升级城市基础设施,发展民生基建成为今后基础设施建设的根本要求。如何更好地搞好民生基础设施建设成为一个亟待解决的重大问题。

党的十八届三中全会明确提出要吸引社会资本参与基础设施建设与运营。2014年9月,财政部下发《关于推广运用政府和社会资本合作模式有关问题的通知》,提出借鉴国际成功经验,推广运用政府和社会资本合作模式(Public-Private Partnership,PPP),拓宽建设融资渠道,完善财政投入及管理方式,加快民生基础设施建设。PPP建设模式成为缓解民生基础设施需求无限性与政府供给能力有限性之间矛盾的现实选择。

自20世纪90年代以来,我国政府开始积极探索应用PPP模式建设基础设施。党的十六届三中全会、十八届三中全会先后明确允许和鼓励社会资本参与基础设施建设和运营;国务院于2005年、2010年和2014年专门发文先后允许和鼓励社会资本参与基础设施领域投资、经营和管理;国家发改委、原住建部等部委也于1995年、2001年、2002年、2006年下发不同文件鼓励支持和引导社会资金参与基础设施建设,开展政府和社会资本合作。在以GDP为考核标准的年代,我国地方政府官员急于表现政绩,把PPP看作实现"不花钱、多办事"的捷径,各地的PPP项目如雨后春笋般涌现。然而,成功的项目不多,运行不佳和失败的项目却不少[①]。很多地方政府将PPP模式简单理解为一种融资手段,大多停留在政府利用特许经营权融资的浅层次建设—运营—移交(BOT)、建设—拥有—运营(BOO)、建设—拥有—运营—移交(BOOT)等模式。政府过于注重控制权、融资功能和经济收益,而轻责任、风险、服务质量与效率。在PPP项目中出现"政府控制,民资依附""政府避险,民资冒险""政府吃肉,民资喝汤"等不合理现象,导致社会资本参与建设积极性不高。PPP建设民生基础设施要想取得成功,必须制定并完善:PPP相关法律法规与政策、技术标准等制度性文件;政府公共部门和私有部门的责任分担,控制权分配、风险分摊和利益分享等基本原则以及运行监管制度。

本书将基于责权利基本关系原理,运用博弈论、契约论、公共经济理

---

① 李明哲:"PPP的认识误区与公共服务改革",《技术经济》,2012年第6期。

论，首先分析PPP模式的运行机理，构建运用PPP模式建设民生基础设施的智能化运行平台。然后，重点研究运用PPP模式建设民生基础设施的责任与权力、风险与收益优化配置和运行监管。最后，提出科学运用PPP模式建设民生基础设施的对策建议。

二、研究意义

民生基础设施建设一般具有激励弱质性、市场融资难、经营微利或者无利可图等特点。PPP模式是政府通过公私合作，将私人资本运用于公共产品和公共服务供给的一种模式，有助于缓解公共产品供给的融资难困境。将PPP模式运用于民生基础设施建设是一种新的尝试，有助于提高民生基础设施供给效率和供给质量，缓解其供给不足，更好地满足民生需求。本书的研究意义在于：第一，为应用PPP模式建设民生基础设施提供理论指导。对PPP模式的民生基础设施建设中的责权配置、风险与收益分配以及运营监管等关键问题进行研究，能够为解决PPP模式应用于民生基础设施建设实践问题提供有价值的理论依据，探索民生基础设施供给效益最大化条件下，政府与社会资本合作中责权利与风险配置的最佳配置条件；为科学建立PPP模式建设民生基础设施的责任、权力、风险与收益配置和运行有效监管机制提供理论标准。第二，为科学运用PPP模式建设民生基础设施提供实践指导。通过现状与案例分析，揭示PPP实践中的关键问题，进一步通过理论与实证研究，探寻解决实践中责权配置、风险与收益分配和运营监管等问题的方法，建立并完善PPP模式建设民生基础设施的责权利配置与运行监管机制。在综合研究基础上，提出我国科学运用PPP模式建设民生基础设施的政策建议。

第二节 研究现状与述评

一、研究现状

民生基础设施是提升居民生活质量的基础，是我国2020年全面建成小康社会的重要基础性物质保障，也是2050年全体人民共同富裕基本实现的根本保障。我国"十三五"规划的重点之一就是要"加快完善安全高效、智能绿色、互联互通的现代基础设施网络，更好发挥对经济社会发展的支撑引领作用"①。近些年来PPP模式建设民生基础设施的研究一直是学者们研究的热点。现聚焦于PPP模式含义理解、PPP模式建设民生基础设施的责权配置、风险分担与收益分享、运行效率与监管问题的主要文献综述如下。

（一）PPP模式含义的理解

PPP模式最早由英国提出，其本身是一个意义非常宽泛的概念。联合国发展计划署（1998）、培训研究院（2000）、欧盟委员会（2003）、国际货币基金组织（2006）等世界组织机构和 E. S. Savas（2000）、Canlpbell、Ross（2004）、Hodge and Greve（2010）等学者都给出了PPP模式的不同定义。他们强调的角度不尽相同，但核心内容基本一致，可概括为：公共部门与社会资本方合作提供公共产品和服务，共担风险、共享收益的合作形式。我国学者贾康（2009）将PPP定义为政府公共部门与民营部门合作，吸引非公共部门资金参与提供公共产品和服务，实现政府公共部门职能的同时也为民营部门带来利益，具有伙伴关系目标一致、风险共担、利益共享的特征。在PPP模式中，公共部门与社会资本方的平等合作伙伴关系体现为合作参与各方在权力、义务、风险担当、获益等方面是平等的，各尽其责，承担并完成自己最擅长的任务。

（二）PPP模式的责权配置问题

PPP模式建设民生基础设施的责权配置包括责任分担与控制权分配两方面内容。PPP责任分担文献研究发现，我国PPP项目中政府责任履行存在项目规划不全面、法律法规不健全、政策保障不稳定、资金运用不恰当、风险把握不全面、监管责任不到位等问题。在PPP项目运行中，政府应担负政策保障、规划、财政支付和健全法律法规、履行运营监管等责

---

① 新华社：《中华人民共和国国民经济和社会发展第十三个五年规划纲要》，http://www.gov.cn/xinwen/2016-03/17/content_5054992.htm。

任，PPP 联合体（由项目的社会资本各方组成，具体包括建造者、运营者和融资方）负责民生基础设施的设计、建造、运营和融资服务等责任。赵国富等（2007）认为我国应建立起 PPP 项目运作的政府职能支持体系，承担法律规制、环境保障和守信、政策与资金支持以及分担风险等责任。宋丹（2007）则认为政府承担的责任可分为宏观与微观两个层次，宏观层次需要降低政治风险，完善法律法规，推广 PPP 模式及相关人才培养，微观上需要提供经济、知识产权保护的支持，参与合作和执行监督。政府应该承担公共供给责任（程哲、王守清，2008）。刘毓（2009）认为参与 PPP 项目的各方应该明确各自承担的相应责任。PPP 项目责任划分应根据不同时期的需要而进行调整（Mike. Feintunk，2013）①。王应春（2014）的研究认为政府的服务意识淡薄、行政职权异化、公共诚信危机不利于其公共责任的履行，所以公共决策应该民主、公开。张永林（2017）的研究认为，我国 PPP 项目实践中存在项目主体的责任角色错位，责任机制不匹配，责任执行过程中存在机会主义行为。在 PPP 项目中，政府既是合作者又是监管者，因此，既要承担作为合作方应承担的相应合约责任，同时也要担负对项目的评价、选择和监测的监管责任。

  PPP 模式控制权研究源于契约理论，契约理论文献主要集中在 GHM（Grossman，Hart and Moore）、BG（Besley and Ghatak）、FM（Francesconi and Muthoo）三大理论：（1）GHM 理论认为，在不完全契约理论框架下，私人部门之间合作生产私人产品，所有权是控制权的基础，两者的配置一致。（2）BG 理论则认为，政府与社会资本合作提供纯粹公共品，控制权应由对产品价值判断较高的一方拥有。（3）FM 理论认为，政府与社会资本合作提供准公共产品，控制权配置方式由合作各方投资的重要性、产品的公共化程度和对产品价值的评价共同决定，同时还认为 PPP 的持续时间较长，应考虑社会关系（契约关系）对控制权配置的影响。因此，PPP 项目控制权的配置应综合考虑合作各方投资的重要程度、对项目产品价值的评价高低、产品的公共化程度和合作关系的长期性。在国内，学者张喆（2007）认为政府与社会资本部门间的控制权分配是影响公私合作效率的根本所在。叶晓甦等（2011）认为影响公私合作效率的控制权是建立在资

---

① Mike Feintunk. In search of the public interest. Edinburgh University Press，2013.8，74－125.

源所有权基础上的企业控制权，包括实质控制权和剩余控制权。曹宏铎等（2014）认为 PPP 项目的控制权分配应根据完成项目的能力大小来配置，谁更有能力完成项目，项目的绝对控制权就应归谁。王守清等（2017）通过建立度量控制权的决策指标体系进行相关分析后认为，我国 PPP 项目实践中的重大决策和决策过程均由政府控制，合作方仅仅负责项目落实和决策执行，控制权限很少，但是政府对 PPP 项目的监管权配置不明确。王松江、王东（2018）的研究认为，对 PPP 项目评价较高的一方拥有较多控制权将有助于激发民间资本投资 PPP 项目的积极性。李晓光、郝生跃、任旭（2018）研究认为，契约控制性和契约柔性与社会资本的控制权存在显著的正相关关系，社会资本的控制权整体上与项目绩效具有正相关关系。契约协调性与社会资本的运营管理控制权之间则呈显著的正相关关系，而与再谈判、产品（服务）定价、特许经营期和收益分配的控制权之间均是显著的负相关关系。孙慧、贾书华、王宇宁（2018）研究了谈判力因素对 PPP 项目控制权的影响，研究结果显示：在其他条件不变的情况下，项目控制权应该向谈判力稍弱的一方倾斜，激励投资实现项目效率最大化。王守清等（2019）认为产品的公共化程度、项目公司的风险管控水平、项目技术的创新化程度等 12 个因素对政企双方的控制权子权利具有不同的影响。张云华（2020）研究认为，基础设施供给水平与区域市场开放程度 2 个子维度的因素对控制权初始分配决策具有显著影响，且其贡献度普遍高于 PPP 项目特征维度的影响因素。胡振、张楠、刘华（2020）的研究表明，社会资本的自利性投入与公益性投入和政府的公益性投入分别与政府风险偏好度呈 U 型曲线关系，随着政府控制权的下降，政府风险偏好度较低时，三种投入减少，而政府风险偏好度较高时，三种投入增加。

（三）PPP 模式的风险分担与利益分享问题

Li Bing、Akintoye. A，et al.（2005），Roumboutsos and Anagnostopoulos（2008），Y. Ke et al.（2009）的研究认为，在政府与社会资本合作中，政治与政策类风险应由政府方承担，项目建设、运营风险应由私人集团承担，市场、经济风险由双方共同承担。各方参与者对其最后一单位风险承担量的溢价均相等时，风险配置最优（周运祥等，2005）。当项目发起人为风险中立者（或厌恶者）时，承担全部成本风险（或部分成本风险），承担成本比例越大（小），承担实际收益变化的比例越大（小）（范小军等，2007）。如果将风险从较规避方向较不规避方予以适度转移，既可确定最优风险分担比例，又可以降低项目的总风险，提高政府与社会资本合作效率（何涛、赵国杰，2011）。Patricia and Medda（2009），Li Bing（2009）和 Jin. X. H（2010）还使用不同模型，采用计量分析方法研究了 PPP 风险管理职责分配，风险配置策略和风险分担行为。国内学者们对 PPP 项目风险分担问题的研究主要有：柯永建、王守清、陈炳泉（2009）等研究认为基础设施 PPP 项目风险应该由对该风险最有控制力的一方承担，即政府应承担公共政策、法律变更等风险，项目公司应承担项目融资、建设、采购、经营和维护等风险（项目公司应再将相关风险分别转移给承包商、供应商、运营商或银行等）。汪勇杰、陈通、邓斌超（2016）通过博弈分析发现私人部门分担运营风险的比例小于临界值时，会选择积极合作策略，未来收益能增强私人部门对 PPP 项目风险分担的意愿。张曾莲、郝佳赫（2017）对 PPP 项目风险分担的文献统计法、案例分析法、问卷调查法与数学模型分析法进行了对比分析，并基于文献定性分析，采用打分法，对项目风险分担进行了定量分析。王建斌、吴小佳（2018）基于效用理论建立 PPP 项目风险再分担模型，研究结果显示，风险再分担的合理比例由政府和社会资本在风险再分担中的地位决定，最低风险成本由政府和社会资本对风险的期望成本决定。张玉宝（2019）基于央行国库视角分析了 PPP 项目的风险分担问题。研究显示，政府承担了较高的财政税收风险和隐性责任，政府应建立契约制度和法治精神，建立科学的风险分担动态调整机制，制定翔实的项目风险分担方案，加强各参与方间的沟通协调，提升各参与方的风险管控能力。汪勇杰等（2020）借鉴"物理—事理—人理"（WSR）理论框架分析了 PPP 项目的谈判风险分担问题，并建议事前能识别的风险应全面写入 PPP 合同，指导政府与社会资本按合同约定履约；事中已识别风险变异与未识别风险的突发，在 PPP 合同中设立弹性的调控与再谈判机制；事后经过再谈判或调控不能满意分担的风险，须借助法律机制，依法分担。已有的这些研究从风险视角，基于风险溢价理论分析了 PPP 项目风险由谁分担、分担多少和风险配置最优条件等问题。

关于PPP项目收益分享的研究认为，保证项目收益可持续稳定增长是PPP项目顺利实施与成功运营的必要条件。PPP项目实际收益与预期收益不相符，将破坏其合作的经济基础（张炳根等，2018）。PPP项目的利益分配需要考虑PPP风险分摊、资本结构和控制权（徐霞等，2009）。基于公平视角，随着公共部门与社会资本方的资源投入之比和贡献度之比的增加，公共部门的收益分配比例增加，而社会资本方的收益分配比例则减少（吴思材等，2018）。影响PPP项目利益相关者利益分配的因素有公私合作双方不同的利益诉求，投入大小与比重差别，合作态度，风险转移与分担契约的不完备性和执行度（郭慧娟等，2017）。PPP项目的收益分配不仅取决于双方资源投入、风险分摊等因素，更重要的是取决于合作双方的努力水平以及公共部门对PPP项目的监督力度（叶晓甦，2010）。进行PPP项目收益分配应遵循互惠互利，投入、风险与收益对称，结构利益最优，兼顾公平与效率等原则，综合考虑投资比重、风险分摊系数、合同执行度和合作双方的贡献度（胡丽等，2011）。武敏霞（2016）综合考虑投资比重、风险分摊系数、合同执行度、贡献度等相关因素，构建模型研究了PPP项目的收益分配。研究表明，比较满意的收益分配方案需要综合考虑多个因素，某一因素所占比例较大并不能在收益分配中占绝对优势[①]。任志涛、雷瑞波（2017）对PPP项目收益的再谈判进行研究后认为，政府与私人企业谈判能力相差越大，收益期望相差越大。发挥在谈判的良性作用应完善合同契约，合理设计合同柔性，制定外部规制手段，建立与完善监管机制，植入关系治理[②]。宋健民、张九龙、侯国强（2019）研究了污水处理PPP项目的收益动态分配问题。建立了阶段性绩效评价与绩效贡献能力的动态收益分配模型。研究认为，基于PPP项目绩效贡献度的收益分配有利于协调好政府与社会资本之间的利益冲突。郑绍羽、周婷婷（2020）构建了三阶段动态收益分配模型研究PPP公租房项目收益分配，根据实际贡献综合评价值动态调整收益分配系数，兼顾了公平与效率，有效地协调了政府与社会资本方的利益冲突。对于PPP模式建设公益性强的民生基础

[①] 武敏霞："基于NASH谈判模型的PPP项目收益分配研究"，《工程经济》，2016年第8期。

[②] 任志涛、雷瑞波："基于讨价还价模型的PPP项目收益分配再谈判研究"，《建筑经济》，2017年第1期。

设施收益与风险该如何配置有待深入研究。

(四) PPP 模式的运行效率与监管问题

Hodge (2004), Vining, et al. (2005) 的研究认为，与传统模式相比，PPP 模式能及时完成项目，实现风险转移，节约建设成本，能以更节约的方式建设基础设施；而 Hall (1998) 的研究则认为，私人资金参与基础设施建设，并没有减轻政府预算压力，也没有提高资金利用效率。Shaoul (2004) 对英国 PPP 的案例分析也显示，在 PPP 合作中政府预算不降反升，私人企业获利丰厚，而效率低招致公众差评。Hart (2003) 认为分析 PPP 模式的效率需要对 PPP 合约特性和实施条件进行完整的成本—收益分析。合约能降低运营成本且提高服务效率时，PPP 模式具有激励优势；建设和运营阶段存在正外部性时，才能提升 PPP 的相对效率（Martimort and Pouyet, 2008）；PPP 的融资方式、途径和成本都会影响其效率提升（Decorla-Souza and Patrick, 2006）。适当的风险配置合约、良好的制度质量、坚实的政治承诺、政策连贯性、政府权威地位和服务质量易于监管都是实现 PPP 效率提升的关键（Hart, 2003, Hammami et al., 2006, Estache, Antonio, 2006, Martimort et al., 2008）。同时合理的控制权配置、合作参与度和嵌入度也能够提高 PPP 合作效率（张喆等，2009）。影响 PPP 模式效率的因素复杂，不同学者开展了大量研究，主要有：叶晓甦、戚海沬[①]（2015）研究认为，影响 PPP 合作效率的关键影响因素包括政府政策、合作渠道、监督机制、公众参与、履约能力、信息公开、融资能力、承包商管理、运营能力、风险管控和经济环境。刘穷志、芦越[②]（2016）的研究则认为，良好的宏观经济、制度环境、要素市场的强流动性和减少政府干预对 PPP 项目的技术效率具有正向影响，非国有资本并没有提高技术效率，中国 PPP 项目投资效率存在地区差异，中部与东部高于西部地区。张禄等（2017）研究认为，引入政府担保和契约保证金制度可以保证实现 PPP 项目的事前和事后社会效率，并且能够提高政府的财

---

① 叶晓甦、戚海沬："PPP 项目合作效率关键影响因素研究——基于控制权视角"，《项目管理技术》，2015 年第 4 期。

② 刘穷志、芦越："制度质量、经济环境与 PPP 项目的效率——以中国的水务基础设施 PPP 项目为例"，《经济与管理》，2016 年第 6 期。

务效率①。吉富星（2018）研究认为，PPP 契约不完全特性造成其效率不确定性，且政企权益最大化条件存在偏离。政府应充分有效地利用信息和激励，尽可能提升 PPP 契约完备性，建立合理的风险分担与激励相容机制。引导社会资本持续创新，并加强项目规范管理②。汪立鑫等（2019）研究发现，政府与社会资本合作，从整体上来看，并没有明显提升基础设施的产出效率；从动态角度看，PPP 项目实施降低了基础设施的规模效率与技术效率③。邵颖红等（2019）研究认为，政府和社会资本间的信任对他们之间合作效率产生正向促进作用，善意信任对合作效率的正向促进作用最大；利益相关者满意度在信任与合作效率间存在部分中介作用；相较于公共部门满意度，社会资本满意度对信任与合作效率的中介作用更显著。杜亚灵等（2020）研究认为，在技术复杂的大额项目中，国有企业充当私人部门效率更高；在技术简单的小额项目中，外资企业、民营企业，充当私人部门效率更高④。效率高低是决定运用 PPP 模式成功建设民生基础设施的关键，影响我国运用 PPP 模式建设民生基础设施效率的因素复杂，许多问题，特别是 PPP 项目责权利配置问题有待进一步深入研究。

许多关于 PPP 模式监管问题的研究认为我国 PPP 模式建设民生基础设施的运行监管存在：现有规章制度内容简略，缺乏高级别的法律规范；部门协调不畅，相关标准不一；对变相融资行为监管力度不足等问题（蒋东利，2017）。PPP 规范缺失、监管暂时没有进入行政法框架，存在有为才有位的思想，导致 PPP 陷入双重监管主体的困境（刘力等，2015）。政府既作为履行合约义务的平等参与主体，又作为 PPP 的监督主体，在 PPP 中扮演的角色产生冲突（石贤平，2015）。而且事实上，大量的 PPP 项目由"公私合营"异化为"公公合营"（蒋东利，2017）。因此，大

---

① 张禄、石磊、戴大双、马力："PPP 项目政府担保对项目效率影响研究"，《中国管理科学》，2017 年第 8 期。

② 吉富星："不完全契约框架下 PPP 项目效率困境与规范创新研究"，《当代财经》，2018 年第 4 期。

③ 汪立鑫、左川、李苍祺："PPP 项目是否提升了基础设施的产出效率？"，《财政研究》，2019 年第 1 期。

④ 杜亚灵、寇越、柯丹："中国 PPP 项目效率研究：基于国有企业与私营企业充当私人部门的对比分析"，《价值工程》，2020 年第 3 期。

多学者提议，应夯实监管框架构建的基础，逐步形成监管框架的关键要素，参照国际经验制定有效的监管框架（蒋东利，2017）；成立统一的PPP管理中心统筹PPP监管（刘力等，2015）；建立PPP法律监管体系，加强对社会资本方准入的监管，加强对PPP项目价格、质量、退出监管，建立项目后评价制度（徐霞等，2009）。保护社会资本正当权益，维护公众利益，平衡政府双重角色（石贤平，2015）。完善财政资金监管法律制度，加强对政府投资监管（温来成等，2016；侯昕宇，2015；王超等，2018）。

（五）中国民生基础设施建设的PPP模式应用研究

我国应用PPP模式建设民生基础设施的研究文献近些年增长迅速，但比较零散，不系统。主要有：①对某一具体民生基础设施PPP项目可行性、必要性论证。如边立明（2007）对调水工程公私合作机制的研究；李长军、高存红（2014）的PPP模式在国家体育场（鸟巢）项目的应用分析；王经绫、华龙（2014）的应用PPP机制建设我国养老机构的必要性研究。②公私合作参与各方关系分析。如谭栋敏（2008）对高等教育服务多元提供主体间关系的研究；张喆等（2009）对医疗卫生单位公私合作控制权的分析；鲁庆成（2008）对政府、私人投资者、利益相关者和消费者之间的互动关系做了详尽分析。③对国外公私合作经验研究，借鉴于国内实践。如黄腾等（2009）比较分析了中外PPP模式的政府管理；李飞龙（2010）探讨了国外基础教育PPP办学的实践模式对我国基础教育公私合作的重要启示和借鉴意义；曾祥渭、冯德安（2014）对中外基础设施建设中PPP模式应用状况进行了对比研究；孟春等（2014）总结了国际上推广和应用PPP的经验，提出了完善我国PPP体制机制的建议；蔡今思（2014）探讨了借鉴国际PPP运用经验支持公共基础设施建设；宋恒等（2015）探讨了农村养老机构的PPP模式运行机制与路径；秦颖等（2016）分析了应用PPP模式治理流域水环境问题；徐婧（2017）分析了海绵城市建设应用PPP模式的可行性与必要性；王越（2018）研究了PPP模式在我国高等教育领域的应用；戴艳清等（2020）利用案例分析法，研究了PPP模式在公共数字文化服务中的应用。应用研究虽然十分丰富，但单独就民生基础设施建设问题，如何科学运用PPP模式研究较少，有待进一步深入研究。

二、研究述评

从文献分析来看，现有研究对 PPP 基本概念理解还无统一认识，PPP 含义随着经济社会发展实践需要将不断延展，对 PPP 项目成功的关键环节，如责任与控制权配置、风险与收益分配、运行监管仍然未取得令人信服的研究成果，人们对一些研究结论的可信性和稳健性存疑。特别是对具有弱激励、微利或无利特性的民生基础设施成功应用 PPP 模式建设中的问题，仍需要进一步深入研究。

总的说来，已有研究在以下几方面还有待深入：（1）在法治环境下，民生基础设施建设 PPP 模式的运行机理、规则和机制；（2）在多维目标下，如何实现民生基建 PPP 模式中合作各方的责任与权力合理配置，如何进行合理风险分担和收益分配；（3）如何做好 PPP 模式运行的事前、事中与事后的有效监管，提升服务质量。

第三节　研究思路与逻辑框架

本书的研究思路为：首先诠释 PPP 模式建设民生基础设施的意义，说明 PPP 模式应用于民生基础设施建设的必要性与可行性；其次，基于责权利关系基本理论，分析 PPP 模式运行机理，民生基础设施供给机制，构建 PPP 模式的民生基础设施智能化建设平台；再进一步运用责权利关系理论，建立数理模型，分析 PPP 模式的责权优化配置；再次，基于不完全契约理论，运用动态合作博弈理论分析 PPP 模式建设民生基础设施的风险与收益优化配置，并运用模拟方法计量验证理论分析；最后运用激励理论、契约理论、法经济学理论研究 PPP 模式建设民生设施项目的运行监管，提出科学运用 PPP 模式建设民生基础设施的对策建议。研究思路框架如图 1-1 所示。

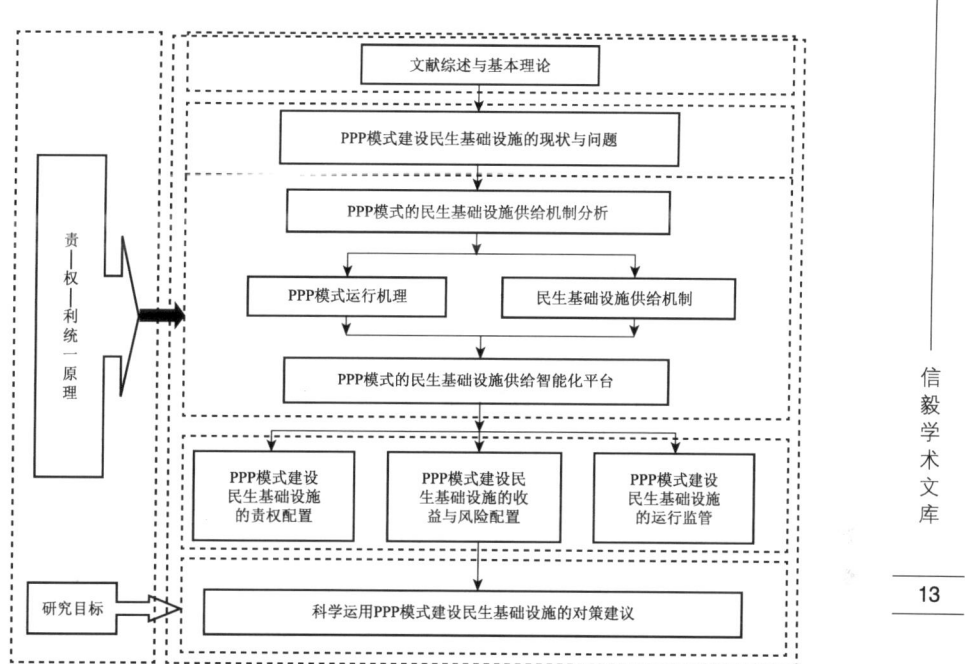

图1-1 研究框架逻辑

第四节 研究内容与研究方法

一、研究内容

本书分为八章，第一章是绪论，主要论述研究背景、意义与研究现状，研究思路、内容、框架与方法；第二章阐述基础理论和诠释PPP模式建设民生基础设施的重要意义；第三章是通过对PPP模式建设民生基础设施现状与相关案例的分析，厘清PPP模式建设民生基础设施存在的主要问题；第四章基于责权利基本关系原理和公共品供给理论，对PPP模式的基本运行机理进行分析，并构建建设民生基础设施的PPP智能化平台；第五章基于契约理论与动态博弈理论，构建责权配置模型分析PPP模式的责权优化配置；第六章基于风险理论与博弈理论，构建模型分析PPP模式的收益与风险优化配置；第七章，基于动态演化博弈理论，构建模型分析 PPP 监管策略选择，结合国外经验，提出 PPP 模式运行监管的政策建议；第八章是对研究进行总结并提出科学运用 PPP 模式建设民生基础设施的相应对策建议。

二、研究方法

1. 文献资料法

利用知网数据库检索国内文献资料，使用 Elsevier ScienceDirect 和 ProQuest 博硕士学位论文全文数据库等检索国外文献资料，通过查询国家统计局、财政部、国家发展改革委等官网，获取 PPP 模式及民生基础设施建设相关政策、法律、法规等权威文件资料。

2. 案例分析法

通过对 PPP 模式建设民生基础设施的典型案例分析，揭示我国 PPP 模式建设民生基础设施运作中存在的关键问题。

3. 博弈分析法

使用责权利关系理论、博弈理论演化分析 PPP 模式内在运行机理，民生基础设施供给机制，构建 PPP 智能化平台，并进一步使用数理模型分析 PPP 模式建设民生基础设施的责任、权力、利益与风险优化配置和有效监管。

4. 实证分析方法

利用统计资料、评估数据、使用 OLS 回归估计验证数理模型分析的理论结论。

5. 经验研究法

在对国内外 PPP 模式建设民生基础设施的监管经验研究基础上，提出 PPP 模式建设民生基础设施运行监管对策建议。

第二章 PPP 模式建设民生基础设施的基础理论

第一节 PPP 模式与民生基础设施内涵、特征与分类

为贯彻落实十八届三中全会提出的"允许社会资本通过特许经营等方式参与城市基础设施投资与运营",财政部 2014 年 9 月 23 日下发《关于推广运用政府和社会资本合作模式有关问题的通知》,要求借鉴国际成功经验,推广运用 PPP 模式,拓宽建设融资渠道,完善财政投入及管理方式,加快民生基础设施建设。众所周知,民生基础设施是全面建成小康社会的物质基础,是实施新型城镇化战略的重要组成部分,是构建公共服务体系的重要载体和依托,是提升人居环境、增强人民群众幸福感、获得感的基础物质保障。从科学研究角度来看,名词概念界定、特征和分类分析是进行该名词涉及相关问题探究的首要问题。PPP 模式与民生基础设施概念界定、分类分析是研究 PPP 模式的民生基础设施建设问题的重要基础和前提。概念的界定就是对将要研究问题的范围、本质准确地加以阐述和抽象概括,科学表达概念的内涵与外延。

PPP 模式简称 PPP。自 1992 年英国时任财政大臣拉蒙特(Lamonte)提出私人融资计划(Private Finance Initiative,PFI),寻求解决社会资本逐利性与公共服务公益性之间矛盾,兼顾公私利益的 PFI 运行模式以来,关于 PPP 的定义一直没有形成普遍公认的统一标准。现有代表性的定义主要分为两类:一类是政府与非政府组织的定义,另一类是专家学者等研究人员的定义。

一、PPP 模式的定义、特征与分类

（一）PPP 模式的定义

1. 政府与非政府组织的定义

1998 年联合国计划发展署将 PPP 定义为政府、营利性企业和非营利性组织基于某个项目而形成的相互合作关系，合作各方承担相应责任和融资风险。

1999 年加拿大 PPP 国家委员会将 PPP 定义为公共部门和私营部门之间的一个合作企业（Cooperative Venture），建立在双方专门经验的基础上，通过适当地分配资源、风险和回报来最好地满足明确规定的公共需要。

2000 年英国财政部认为 PPP（公私伙伴关系）包含国有部门引入私有制，利用社会资本方的资本与技术优势，与私有部门合作提供公共项目，开发政府资产的商业潜能。

2002 年美国 PPP 国家委员会认为 PPP 是介于外包和私有化之间并结合了两者特点的一种公共产品提供方式，它充分利用私人资源进行设计、建设、投资、经营和维护公共基础设施，并提供相关服务以满足公共需求。

2003 年欧盟委员会认为 PPP 是指公共部门和社会资本方之间的一种合作关系，其目的是为了提供传统上由公共部门提供的公共项目或服务。

2006 年国际货币基金组织将 PPP 定义为由私营部门提供传统上由公共部门提供的基础设施资产和服务的安排。这些组织机构的定义虽然不尽相同，但是均强调了三点基本要求，一是强调公私合作，二是为了解决公共产品与服务的供给不足，资金短缺，三是明确合作双方责任和风险共担。

2. 专家学者等研究人员的定义

E. S. Savas（2002）与 Perry Davis（1986）定义了广义 PPP 的三层含义，第一层含义是指公私部门共同参与生产和提供物品和服务的任何安排；第二层含义是指一些复杂的、多方参与并被民营化了的基础设施项目；第三层含义是指企业、社会贤达和地方官员为改善城市状况而进行的一种正式合作。

R. V. Pauline（2000）和 Osborne 等（2001）认为 PPP 是为了利用政府

与社会资本方各自优势，在公共产品提供中实现风险共担、利益共享和合作共赢，与社会资本方进行的，由政府监管的长期合作。

Hans Van Ham 和 Joop. Koppenjan（2002）认为 PPP 是政府和民营企业之间一种长期的合作形式，在合作过程中，合作双方共同开发产品和服务，共同分担风险、成本和产品相关的资源。

Duncan Cartlidge（2006）认为 PPP/PFI 合同具有较长的特许期，并规定了确保私营部门有足够的经济资源在特许期间提供所需服务的义务。

Klijin 等（2014）将 PPP 描述为公共部门与私人企业之间订立的一种长期契约性协议，建立合作关系实现所有权共享，共同经营资源、分担风险、共享收益，提升公共或私人产品的效率。

贾康等（2014）认为 PPP 是指公共部门与民营部门合作过程中，让非公共部门所掌握的资源参与提供公共产品和服务，从而实现政府公共部门的职能并同时也为民营部门带来利益。

国家发展改革委员会在 2014 年下发的文件《关于开展政府和社会资本合作的指导意见》中将 PPP 模式定义为：政府为增强公共产品和服务的供给能力，提高供给效率，通过特许经营、购买服务、股权合作等方式，与社会资本建立的利益共享、风险共担的长期合作关系。

除了上述各机构和专家学者们对 PPP 的定义以外，还有很多不同的表达方式，虽然各自表达方式不同，说法多样，但对 PPP 定义的实质含义理解基本一致。本书所定义的 PPP 模式是指政府（公共部门）与社会资本利用各自优势，根据优势互补、权责对称、风险共担、利益共享原则，高效率提供公共产品和服务为目的而签订的长期公平合作伙伴关系。

（二）PPP 模式的特征

PPP 模式具有以下一些共同特征。

1. 伙伴关系

PPP 模式首先是一种伙伴关系，《汉语大辞典》中将伙伴关系定义为同其他人交往的事实或条件，是同伙关系、友好关系、不拘礼节的友好。美国学者理安·艾斯勒认为伙伴关系要求人们合作并相互尊重，它包含参与、联系，并为大家的共同利益和平而和谐地工作（艾斯勒、程志民，

1993)。伙伴关系首先应该是一种平等合作关系，意味着合作双方是基于平等关系基础上的合作关系，双方的合作是为了共同利益的合作。所以PPP 首先是一种建立在公共利益基础上的平等合作关系。

2. 合作关系的长期性

合作的长期性是 PPP 的第二个特征。也就是说 PPP 是政府与社会资本就某一公共项目签订的一项长期契约关系，长期的含义包括公共项目的融资、建设和运营的全过程，合作时间包括公共产品项目的整个生命周期。这就要求政府与社会资本在合作期内既要保持法律制度和政策的稳定性，也要保证合作私人组织经营的稳定性，因此 PPP 适合稳定的伙伴关系合作。

3. 以效率为核心的优势互补合作关系

利用各自优势提升效率是 PPP 又一个特征。PPP 模式应用于公共产品与服务供给实践，关键在于 PPP 模式是基于公平合作基础上，充分发挥合作双方的优势，如政府（公共部门）在融资、建造和运营公共产品的效率较低，而在公共产品与服务的规划、管理和监督、考核方面具有较强优势，而社会资本方在公共产品供给中的建造与运营更具优势。在 PPP 模式中，政府和社会资本合作是以提升效率为目标，充分发挥各自最擅长的优势供给公共产品而开展的长期公平合作。

4. 责权对称、利益共享、风险共担关系

责权对称、利益共享、风险共担是 PPP 模式的一个重要特征。责权对称原则是指有责必配权，有权必担责。责是指供给或生产公共产品的责任，权是指因履行责任而必须享有的资源配置权、使用权和收益权。PPP 模式规定有什么责任就享有什么权限，不应存在权责错配、误配和不对称配置。利益共享是指公私合作双方或多方共享 PPP 项目收益，包括共享社会收益、经济收益和环境效益。因为 PPP 项目大多属于公益性、微利或者无利，提供的公共产品与服务的收益表现为公共利益，因而，PPP 合作不是以追求纯粹的经济利润最大化为目标，更不是以追逐超额经济利润为动机。强调的利益共享，既包括基本的经济收益，也包含社会收益和其他收益，并不完全用经济利益来衡量。风险共担是 PPP 合作伙伴关系的基础，伙伴关系中不仅共享收益，而且也强调共同分担风险。在市场经济中，任何一项经济交易行为都存在一定风险，交易过程中的交易双方都尽可能地减少风险,规避风险,尽可能做到风险损失最小化。PPP 模式中政府与社会资本合作,在风险分担问题上强调风险共担,按照收益与风险对称原则分担风险,这与一般性的交易行为有着明显的区别,风险共担是区别于其他交易的显著特征。PPP 模式共担风险遵循的原则是尽可能承担各自最擅长、最具优势方面所伴生的风险,这样可以使风险带来的损失最小化。如政府等公共部门承担自己善于应对的政治、法律、宏观政策等方面的风险,而社会资本方承担更多的来自生产经营管理过程中的风险,这样可以更好地化解风险,降低风险损失。

(三) PPP 模式的分类①

PPP 模式形式多样,对 PPP 模式的分类方法各不相同。在这里介绍典型的分类方法。

E. S. 萨瓦斯按民营化程度将 PPP 模式做出的分类如表 2 - 1 所示。

表 2 - 1   PPP 主要类型

类型	说明	民营化程度
政府直接供给 (PS 模式)	政府等公共部门直接负责基础设施的规划设计、投资、建设、维护和运营管理。如市政部门对市政设施的供给,是基础设施的传统供给模式	完全公营 ↑
国有企业 (SOES 模式)	国有企业与政府存在密切的政治关联,主要供给电力、通信、交通、供水等服务。此模式管理运营效率较低,但有稳定性较强、规模优势等特点	
服务外包 (SO 模式)	此模式下,公共部门对基础设施设计、投资、建设、维护与运行管理承担全部责任和商业风险,仅将与基础设施相关的某些特定服务以合同形式承包给私人企业来完成,承包的私人企业根据工作量、工作时间、或预先约定的固定价格成本加成原则获得报酬	
运营维护外包 (OMC 模式)	此模式下,公共部门负责基础设施设计、投资、建设,建成后,与社会资本签订合约,将基础设施的运营与维护工作交由社会资本方来完成。社会资本方通过向用户收费获得收入,然后支付给公共部门一定租金。此模式有利于提高基础设施运营与维护效率,但可能会引起基础设施使用价格上升,增加使用者负担	

---

① 以下内容参考了 E. S. 萨瓦斯的《民营化与公私部门的伙伴关系》,中国人民大学出版社 2002 年版。

续表

类型	说明	民营化程度
合作组织（CO模式）	由非营利或志愿性组织承担基础设施维护与管理责任。此模式下，基础设施的管理权限转移给最适合的合作组织管理，减轻公共部门的管理责任	
租赁建设经营（LBO）	社会资本长期租赁基础设施建设运营模式。具体为政府与社会资本方签订一个长期合同，授予社会资本方对基础设施的扩建并经营收回投资取得合理回报的权利，同时向政府缴纳租金。这种模式有利于减轻政府的经营负担，提高基础设施运营效率，而又避免国有基础设施私有化	
建设转让经营（BTO）	政府与社会资本方签订合约，由社会资本方融资建设基础设施，建成后社会资本方将基础设施所有权转移给政府，然后再由政府与其他社会资本方签订长期合作经营合同，由社会资本发展商经营基础设施，通过向使用者收费或者其他方式，收回投资并获得合理投资回报	
建设经营转让（BOT）	又称为BOOT，是基于特许权的政府与社会资本合作模式。此模式下，政府约定在一定期限内，授予社会资本方特许经营权，由社会资本方融资建设、拥有并经营基础设施，获取合理回报，同时承担融资、建设、经营期限内的一切风险。在特定期限结束后将基础设施所有权转让给政府相关部门	
外围建设（WA）	是基础设施附属设施建设的一种政府与社会资本合作模式。此模式下，政府等公共部门与社会资本方签订固定期限合作合同，由社会资本方投资建设基础设施附属设施，然后由社会资本方在固定期限内经营整个基础设施，获得合理回报，收回投资。此模式有利于在公共部门资金短缺情况下利用社会资本扩建基础设施附属设施	
购买建设经营（BBO）	基础设施改建扩建的一种政府与社会资本合作形式。此模式下，由政府与社会资本方签订合约，将现有基础设施出售给社会资本方，由社会资本方改造扩建原有基础设施，并授予社会资本方特许权，永久性地经营改建扩建后的基础设施，同时规定社会资本方经营基础设施，提供服务的定价、进入、安全、质量以及将来的发展。这种模式中，政府等公共部门基本上从供给角色转为规制监管角色，基础设施接近于完全民营化	
建设拥有经营（BOO）	完全民营化的政府与社会资本合作模式。此模式下，政府与社会资本方签订长期合作合同，规定在基于政府价格与运营等方面的规制条件下授予社会资本方特许权，社会资本开发商依据特许权投资建设基础设施，拥有基础设施所有权并负责经营，提供服务，向使用者收费等其他方式获取回报	完全民营

注：作者参考 E. S. 萨瓦斯.《民营化与公私部门的伙伴关系》，中国人民大学出版社 2002 年版编写。

政府与社会资本合作模式有多种，无论采用哪种形式合作，最为关键的是合同设计，政府切实履行承诺。如何才能成功地运用PPP模式建设基础设施，应根据基础设施不同类型运用合适的模式。E. S. 萨瓦斯归纳出了不同基础设施建设适用的PPP模式类型，具体见表2-2。

表2-2　　　　　　　基础设施建设经营的PPP模式

基础设施类型	PPP模式类型	说明
存量基础设施	Sell（出售）	社会资本方购买基础设施特许经营，政府撤资
	Lease（租赁）	社会资本方特许权下经营基础设施，政府收取租金
	O&M（合同承包）	社会资本方经营和维护基础设施，政府收取租金
改建扩建的基础设施	LBO（租赁建设经营）	社会资本对租用的基础设施改扩建，政府收取一定租金
	BBO（购买建设经营）	社会资本方购买基础设施进行改扩建并经营，政府获得售价
	WA（外围建设）	社会资本方扩建基础设施附属设施，获得一定期限的整个基础设施特许经营
新建的基础设施	BTO（建设—转让—经营）	社会资本方新建基础设施，所有权转让给政府，获得一定期限的经营权，获取回报
	BOOT（建设—拥有—转让—经营）	社会资本方新建基础设施，拥有所有权经营一定期限，转让所有权给政府
	BOT（建设—经营—转让）	社会资本方新建基础设施，拥有所有权经营一定期限，转让所有权给政府
	BOO（建设—拥有—经营）	社会资本方拥有永久特许权，新建基础设施，拥有并经营

注：作者参考E. S. 萨瓦斯的《民营化与公私部门的伙伴关系》，中国人民大学出版社2002年版编写。

国家发展改革委员会在《关于开展政府和社会资本合作的指导意见》中根据项目的具体类别指定了PPP的操作模式。明确要求经营性项目通过政府授予特许经营权，采用BOT、BOOT等模式推进；准经营性项目采用BOT、BOO等模式推进；非经营性项目采用BOO、委托经营等市场化模式推进。

二、民生基础设施的定义、特征与分类

(一) 民生基础设施的定义

目前对民生基础设施还没有统一规范的定义，政府与学者从不同角度和范畴进行了界定。中共"十七大"报告提出要加快推进以改善民生为重点的社会建设，着力解决人民群众最关心、最直接、最现实的民生问题。并谋划出了"学有所教、劳有所得、病有所医、老有所养、住有所居"的民生事业建设新局面。清晰地将教育、就业、医疗、养老和住房保障等领域的建设归类为民生建设。社会民生建设成为中国经济社会发展的重心。民生领域的基础设施建设开始成为政府公共投资建设的重点。民生领域的基础设施相应地被定义为民生基础设施。

2013年9月6日国务院发布的《关于加强城市基础设施建设的意见》进一步提出基础设施建设要坚持民生优先原则，优先加强供水、供气、供热、电力、通信、公共交通、物流配送、防灾避险等与民生密切相关的基础设施建设。加强老旧基础设施改造，提高设施水平和服务质量，保障城市基础设施供给，满足居民基本生活需求。在这份文件中，将民生基础设施定义为满足居民基本生活需求的供水、供气、供热、电力、通信、公共交通、物流配送、防灾避险等设施。国内学者王珣等（2013）将民生公共品（基础设施）定义为社会性基础设施，主要包括教育、医疗、养老和生态环保等设施。郭濂（2014）则认为民生基础设施是特指以惠及普通居民生活为导向，更注重于居民生活质量的改善和全方位需求的基础设施，主要包括生态环保、养老医疗、体育健身、文化教育、信息服务和物流网络等领域的基础设施。康达华（2018）认为民生基础设施（公共品）通常包括教育、医疗、养老、文化、环境等设施，不仅关系到人的基本健康，而且关系到人作为劳动力这一生产要素时的质量。李慧等（2018）认为民生公共品（基础设施）主要指教育、科技、文化、医疗卫生、体育在内的各项社会事业，以及就业、社会保障服务和环境保护等方面的公共品。

综合上述政府和学者们对民生基础设施概念的界定，结合我国经济发

展实际，本研究将民生基础设施定义为以满足民生基本需求为根本，改善居民生活质量和全方位需求为目标，提升民生福利水平的基础设施，主要包括教育、科技、文化、就业、养老、医疗卫生、环境保护、物流网络等领域的基础设施，属于狭义上的基础设施，侧重于社会性基础设施。

（二）民生基础设施的特征

1. 基础性

民生工程是一项系统工程，涉及广大民众的生存与发展的各个方面，是由民生活动构成的一个有机整体，其内部结构相互作用，密不可分。但是不同的组成部分在系统中扮演不同角色，承担不同功能，发挥不同作用。民生基础设施属于民生工程系统中的基础性构件。其基础性包含三个方面的含义：一是民生基础设施提供的服务是实现一切民众生存与发展活动，改善民众生活质量、提高民众福利水平的基础条件。例如，提高民众素质和精神生活需要教育设施做基础保障，保障民众身体健康需要医疗服务设施。二是强调民生基础设施所提供的服务是民众生活质量提升的基础性投入，如教育、医疗、保健与环保设施等。三是从价值构成角度看，民生基础设施提供的服务所花费用，构成了人力资本的成本。

2. 公益性

公益是指公共利益。以改善民生为重点的社会建设与人民的幸福息息相关，是一项伟大的公益事业。民生领域的教育、医疗、养老、体育、保健、生态环保都是公益性事业。民生基础设施是民生服务体系的重要组成部分，是提供民生服务，满足人民提升生活质量需求的重要公共产品，其根本属性是公益性。公益性表现在：（1）民生基础设施的目标多样、外部效益较强，大部分由国家或地方政府全额投资或部分投资建设，属于公共财政支出的一部分，是公共财政的产物。（2）民生基础设施是一种提供公共利益的设施，不是单独为某一个体、集团或组织服务，但是公益性不代表完全免费供给，也不意味着政府全额负担供给。民生基础设施建设实践中，国家鼓励企业单位、社会团体和个人等社会资本参与投资建设。民生基础设施可以分为经营性、准经营性和非经营性三类。在运营实践中，可以非营利性经营和微利经营。总体而言，民生基础设施整体上是公益性的，但也存在不完全非营利性质的民生基础设施。(3) 按照现代公益性观点，就是人人参与的公益。民生基础设施无论是政府全额出资建设，还是政府与社会资本合作建设，本质上都是广大公众参与建设。从这个角度来理解，民生基础设施属于公益性的设施。

3. 公用性

公用性是指某一群人共同使用。民生基础设施属于公共财产，具有公共性。无论是市场经济体制国家还是其他经济体制国家，公共财产的使用一般包括非特定人群的自由共同使用和特定人群的排他性共同使用。这种使用可以是免费的也可以是收费的。对于国家而言，公众对民生基础设施使用过程中应遵守自由使用原则、平等使用原则、免费或低费使用原则和公众使用权不稳定原则。公众使用权不稳定原则是指公众的使用不能对抗国家机关依法取消和改变该类公共国有财产的目的性用途和管理规则的权力，但是国家机关的该项权力并非是完全自由的，也应当受到公众利益的限制。

(三) 民生基础设施的分类

分类是按事物的性质来划分类别，是划分的一种特殊形式。要求以对象的一般属性或显著特征作为分类的标准。

基础设施的分类方法有很多种。可以根据经营属性和民生基础设施分类，如表 2-3 所示。

根据经营属性可分为经营性、准经营性和非经营性（纯公益）三种类型基础设施。

经营性基础设施是有收费机制，具有资金流入，存在潜在利润（或收益），主要有收费高速公路、电力、通讯、供气、供水等基础设施。此类基础设施可以通过市场有效配置，全社会投资来实现。

准经营性基础设施也具有收费机制，存在潜在利润流入，但是利润微薄，难以收回投资成本，附带部分公益性。市场配置失效或低效，经济效益不明显，市场运行存在资金缺口，需要通过政府补贴或优惠政策运营，此类设施主要有公交、地铁、收费不到位的公路等。

非经营性（纯公益性）基础设施提供的公共服务具有社会公益性，既无排他性也不具备竞争性。此类基础设施无收费，无资金流入，属于纯公益性民生基础设施，如敞开的公园、广场，国防设施等。此类基础设施主要目的是获取社会效益和环境效益，市场调节难以发挥其作用，其投资由政府完全承担。

准经营性基础设施和非经营性基础设施属于本研究的民生基础设施范围。福建省印发的《2018年民生基础设施补短板实施方案》将民生基础设施分为交通设施、水环境治理设施、供水安全设施、防洪防涝设施、城乡洁净设施、管网设施、景观设施和文化、健身、物流等配套服务设施。这种分类是针对当前短缺民生基础设施建设工程的分类，通常考虑了民生基础设施工程的相关性。

郭濂（2014）根据民生领域类别，将民生基础设施分为生态环保设施、医疗养老设施、体育健身设施、文化教育设施、信息服务设施和物流网络设施。此外王珣（2013）、康达华（2018）、李慧等（2018）基本上是按照社会性基础设施的分类，将民生基础设施划分为教育设施、科技设施、医疗设施、养老设施、环境设施和体育设施。此类设施大多属于准经营与非经营性基础设施。具体分类见表2-3。

表2-3　　　　经营、准经营与非经营性基础设施类别划分

分类属性	大类别		具体类别
经营属性	经营性基础设施		收费高速公路、供水、供气、供电、通讯设施等
	准经营性基础设施		公共交通设施、免费公路、地铁设施等
	非经营性基础设施		生态环保设施、基础教育科技设施、基本医疗设施等
民生基础设施	准经营性基础设施	微利交通设施	公共交通、免费公路、地铁设施
		信息服务设施	通讯管网、无线基站等
		物流网络设施	物流园区、物流配送和仓储设施
	非经营性基础设施	生态环保设施	垃圾、污水处理、污染防治设施
		医疗保健设施	医院、保健院、健身房等设施
		体育健身设施	体育运动场馆、健身休闲设施
		教育文化科技设施	文化馆、博物馆、科技馆、学校等设施
		社会养老保障设施	养老院、福利院等设施

注：作者根据相关分类文献整理而得。

经过上述分析,本书研究中的民生基础设施分类与《国家发改委关于开展政府和社会资本合作的指导意见》中操作模式规范要求一致,采用根据经营属性分类原则,将基础设施分为经营性、准经营性和非经营性三大类别,本书研究的民生基础设施主要包括准经营性和非经营性两大类别,研究类别上体现了与国家政策一致的要求与实践可行的原则。

第二节　PPP 模式建设民生基础设施的相关理论

一、责权利理论

在社会经济活动中,责权利是最基本的分析元素,它们之间的相互关系是调节一切经济活动的基本关系。责权利相统一是管理遵循的基本原则,即要求在现实生产生活中责权利对等、一致。也就是一方面责权利相辅相成、相互制约、相互作用;另一方面要求在管理活动中,为了调动各活动主体的积极性,要求责、权、利应该对等,即参与主体承担什么责任,就应该具有履行责任的相应权利,获得对称的利益(鲁贵卿,2016)①。责权利三者缺一不可,高度统一于每一项社会经济活动中。

在管理学上描述责权利相互关系的三角定理认为,任何一项社会经济活动的有效开展与顺利完成,都必须将此活动的责权利对等统一于活动主体,既要让活动主体承担责任,又要赋予其承担责任相应的权利,而且还需给予与其所承担责任对等的利益,形成相互促进、支持、相互制约、规范的对等统一的责权利等边三角形,如图 2-1 所示。

责权利是相辅相成、相互制约、相互作用的关系,不存在没有责任的虚构权力,也不存在没有权力的空泛责任,更不应该有没有利益的责任和权力。责任是权力的过程、利益是责任的实现。

---

① 鲁贵卿:"'责权利相统一'与'两个基石一条主线'的理念",《施工企业管理》,2016年第 7 期。

图 2-1　责权利三角形

责权利三者之间，责任是传导层次，也是关键环节。享受权力的同时也要承担对应的责任，只有履行了责任，才能享受相应的利益。离开责任，权力落空，利益丧失。

在理解责权利相互关系时，鲁贵卿（2016）将责权利的匹配关系归纳为八种类型（见表2-4）。

表 2-4　　　　　　　责权利匹配关系

类型	责重权重利轻	责重权轻利轻	责重权轻利重	责轻权重利重	权重责轻权轻	利重责轻权轻	责重权重利重	责轻权轻利轻
责任	大	大	大	小	小	小	大	小
权利	大	小	小	大	大	小	大	小
利益	小	小	大	大	小	大	大	小

注：作者根据鲁贵卿．管理中的"责权利"平衡之道一文中表格整理而得。

六种责权利匹配失衡情形和两种责权利匹配均衡情形分别是：（1）责重权重利轻型。此类匹配关系表现为责任大、权力大，但是利益偏小，或者是责任与权力对称匹配，但偏大，而利益相对偏小，不匹配。在这种匹配关系下容易导致权力者利用权力谋取私利，现实中采取监督权力、缩减权力的治理方法很难奏效，因为没有解决问题的根本。（2）责重权轻利轻型。这种情形表现为责任过大，权力与利益偏小，权力与利益同责任不相匹配，此时的责任形同虚设，难以完成既定目标。无论是从当事人的权力支配范围和力量，还是当事人的利益激励，都很难支撑责任的履行和责任目标的实现，在实际工作中容易出现推诿扯皮、消极怠工、抱怨不休。（3）责重利重权轻型。这种类型的责任与利益偏大，但权力小。实际管理中表现为赋予当事人的权力很难使其完成所要求的责任目标，难以承担其责任，从而也很难获得给予的预期利益，无权有责的获利行为实际上成了难以完成的一项任务，所谓的高利益成镜中月、水中花，悬挂在空中的大饼而已，激励很弱。容易出现少干、不干、得过且过，热衷于争名夺利，锦上添花。实际中管理者要做好授权工作。(4) 责轻权重利重型。此种类型表现为责任小、权力与利益大。一般在实际中也很少出现，因为权力与利益匹配后，一般责任也就相对固定下来。如果出现这种匹配关系，则表现为人浮于事，对组织是不经济的，而且会扰乱经济竞争环境，破坏公平。(5) 权重责轻利轻型。该匹配关系表现为责任与利益匹配，而权力表现为过大。实际中容易出现权力过剩，导致滥用权力，或者出现权力错配导致其没有发挥应有的作用。(6) 利重权轻责轻型。表现为利益过大，而权力与责任偏小，对于重视效率的组织来说，一般很少出现此种情形，因为在此情形下，对组织来说是不经济的配置，而且一旦出现这种配置，容易引发职位寻租行为的出现，导致组织内部损耗增加，不利于提高组织的效率。以上的六种情形均为责权利匹配失衡的情况，为经济活动管理中避免出现的责权利配置关系。(7) 责重权重利重型。表现为责任大、权力大、利益大，责权利对称匹配，一般为承担重大责任的当事人赋予相应的较大权力，同时给予高的预期利益。(8) 责轻权轻利轻型。这也是责权利均衡匹配的类型，对应责任轻的当事人配置较小的权力，给予相应的较小利益。在责权利配置中，要保持责权利均衡配置，对称匹配。

二、契约理论

PPP模式建设民生基础设施是由政府在一定期限内授权委托社会资本方负责投融资、建设、运营，到期移交接收民生基础设施的一种多任务委托代理建设经营形式。在PPP项目运作中，在项目准备期，一般由政府负责项目发起、物有所值与财政承受能力评价，制定项目实施方案、进行可行性分析，筛选出社会资本方，与社会资本方进行谈判与再谈判，签订合同，成立项目公司，然后由项目公司负责融资、建设与运营PPP项目。由于政府出资一般只占很少比例，有时甚至完全不出资，项目公司完全由社会资本方控制，所以实际上是政府将PPP项目通过特许经营权授予、签署PPP项目合同等方式将民生基础设施委托给社会资本方融资建设与运营管理。同时由社会资本方掌控的项目公司进一步通过与各相关主体签订合同来解决委托代理问题，共同完成民生基础设施融资、建设与运营。因此合同签订与委托代理问题的有效解决是项目成功的关键。契约理论是政府与社会资本合作的重要理论基础。契约理论包括交易费用理论、委托代理理论和不完全契约理论。

（一）交易费用理论

交易费用又称为交易成本，有广义与狭义之分。广义的交易费用是获得信息、谈判和履行合同所需的全部资源，狭义的交易费用是指履行合约所付出的资源。影响交易费用的因素包括有限理性、机会主义、不确定性和小数目条件。市场交易费用的高低决定采取何种契约形式进行交易，当市场交易费用高昂，大于企业内部交易成本时，采取长期契约交易，即企业内部交易。相反，当市场交易费用小于企业内部交易成本，采取短期契约交易，即市场交易进行。威廉姆斯（1977）将交易费用分为事前交易费用和事后交易费用。事前交易费用是指事前规定交易双方权力、责任与义务所花费的成本，事后交易费用包括保持长期交易关系的费用，变更交易事项发生的费用和取消交易事项发生的成本和损失。交易费用是运用经济制度的成本，是制度摩擦引起的成本，信息成本是交易费用的核心。政府与社会资本合作建设民生基础设施，是一项长期合作，合作过程中发生的交易费用是必须考虑的重要成本之一。

（二）委托代理理论

委托代理理论是完全契约理论的重要内容，其理论发展如表2-5①所示。

表2-5　　　　　　　　主要学者的委托代理理论发展

学者	时间	主要贡献	贡献内容
亚当·斯密	1776年	提出委托代理问题	代理人损害委托人利益的现象
伯利和米恩斯	1932年	提出所有权与经营权应分离	产生委托代理关系
罗斯	1973年	提出委托代理关系产生条件	代理人代表委托人利益行使决策

① 殷萍萍："委托代理理论研究综述"，《现代营销（学苑版）》，2012年第7期。

续表

学者	时间	主要贡献	贡献内容
詹森和麦卡林	1976 年	将委托代理关系定义为契约,提出代理成本	委托人与代理人是一种契约关系,将由于委托代理问题给委托人带来的损失称之为代理成本
普拉特和泽克豪瑟	1985 年	认为委托代理关系是一种相互依赖关系	代理人为行动方,委托人为受影响方
肯尼斯·巴罗	1985 年	指出在委托代理中存在道德风险与逆向选择问题	监督困难产生道德风险,信息不对称产生逆向选择
哈特	1987 年	指出了委托代理问题产生的根本原因	专业化分工是委托代理问题产生的根本原因

Adam Smith (1776) 在《国富论》中指出股份公司中雇佣的职业经理不会像对待自己的私人财产一样管理经营企业的资产,存在或多或少的奢侈浪费现象,损害公司所有者的利益,这就是最初提出的委托代理问题。后来,Berle and Means (1932) 认为企业所有者为了提高企业效率,应实行所有权与经营权分离,将企业交给经营能力更强的职业经理人经营,因此便产生委托代理关系。1973 年 Ross 认为如果当事人双方,代理人一方代表委托人一方的利益行使某些决策权,则代理关系就随之产生了。Jensen and Meckling (1976) 则将委托代理关系定义为一种契约,约定契约一方雇佣另外一方为其提供服务,且根据提供服务的数量与质量而支付报酬。David Platt and Richard Zeckhauser (1985) 将委托代理关系简化为一个人对另一个人的相互依赖关系,行动方为代理人,受影响方为委托方。Hart (1987) 认为产生委托代理关系的根本原因是专业化分工,由于专业化分工,代理人由于具有相对优势而代理委托人行动。

20 世纪 60—70 年代,许多经济学家研究认为委托代理问题是由于信息不对称和存在不确定性以及委托人与代理人行动目标不一致而引起,因此大多建议建立激励和监督机制来减少委托代理问题带来的影响。但是由于存在成本约束,委托人不可能建立完善的监督机制和激励机制,因而在委托人与代理人之间存在目标不一致的情况下,就会存在代理人利用信息不对称,做出不利于委托人利益的决策行动,给委托人带来损失。Jensen and Meckling (1976) 将这一损失称之为代理成本。Kenneth Joseph Arrow

(1985) 将委托代理中由于监督困难而出现的问题称之为道德风险,将由于信息不对称而形成的委托问题称之为逆向选择。围绕如何解决委托代理问题,学者们分别提出了动态博弈模型、信誉模型、代理人竞争、激励机制设计等办法来分析如何建立有效的监督与激励机制减少委托代理问题带来的影响。虽然学者们提出了许多有效的办法,但是仍然存在一定的局限性。委托代理理论是建立在完全信息基础上,如果引入信息不对称问题,原有委托代理理论很难得到最优解,只能获得次优解。还有一些委托代理关系,如双向委托代理关系、双赢目标下的委托代理、多重委托代理与多任务多重委托代理关系的处理都有待进一步寻求最优的解决方案。

如何处理好委托代理关系,也就是如何制定好一个有效的契约,规范当事双方高效行动,实现最优的合作效率。因为大多契约都是建立在有限信息的基础上,而且契约的执行均在契约订立之后,加上未来存在不确定性,订立契约时很难将与契约有关的问题完全考虑到,因此不存在一个无须重新谈判的完全契约,所以契约是不完全的,便出现了不完全契约理论。

(三) 不完全契约理论

Ronald Coase 1937 年指出"由于预测的困难,关于商品或劳务供给的契约期限越长,那么对买方来说,明确规定对方该干什么就越不可能,也越不合适"①,第一次提到了契约的不完全性。Grossman 和 Hart (1986)、Hart 和 Moore (1990) 正式提出不完全契约理论。法律意义上的不完全契约倾向于责任或功能上的不完整,经济意义上的契约不完全是指契约依赖状态的不完整 (杨瑞龙、聂辉华, 2006)。不完全契约导致无效投资,部分学者从合作博弈和非合作博弈的角度给出了严格证明 (Klein et al., 1978; Grout, 1984; Williamson, 1985; Tirole, 1986)。同时大多学者们围绕"不完全契约是否导致无效投资,应该制定怎样的制度来减少不完全契约的无效投资效率损失"问题进行分析,从不同理论视角提出了减少无效投资效率损失的对策,不断完善与发展不完全契约理论。杨瑞龙、聂辉华 (2006) 从已有文献中总结归纳出通过法律干预、赔偿、治理结构选择、

---

① Coase, R. H. The Nature of the Firm. Economica, 4.16 (1937): 386 – 405。

产权和履约来减少不完全契约无效投资的五种不同理论视角。这五种不同理论视角的主要理论观点如下。

1. 法律干预理论

该理论主张国家或者法律机关通过立法或者司法程序来弥补由于契约不完全所造成的无效率。具体干预措施为：对于高昂缔约成本引起的契约不完全，国家可以通过"默认规则"（default rule）来调整契约不完全时当事人的责任、权力和义务；对于成本导致的不完全契约损失，法庭可根据可证实的条款来强制执行契约；对于预见成本引起的不完全契约，最佳的干预规则是在激励与保险之间权衡取舍（AnderliniFelli and Postlewaite，2004）。

2. 赔偿理论

由于不可预见的成本，导致一些投资的成本高于其价值，因此违约是一种帕累托改善，对双方进行赔偿，弥补不完全契约损失。在法经济学文献中，将不完全契约的赔偿分为期望损失赔偿和信任损失赔偿，之后的一些经济学家证明赔偿会导致投资过度（Shavell，1980；Rogerson，1984；Edlin and Reichelstein，1996）。杨瑞龙、聂辉华（2006）认为只有在一些相关变量确证无疑，不完全契约是局部的，或者法庭具有信息和成本优势时，补偿措施才能够解决不完全契约的效率损失。

3. 治理结构选择理论

该理论主张根据契约产生的不同交易费用，匹配不同的治理结构来解决不完全契约下的"敲竹杠"问题。越是不完全的契约，应该匹配更低激励强度、更少适应性和更强政府控制、更多官僚特征的治理结构。由于基于有限理性的契约模型很难令人满意，无法有效解决适应性效率与机会主义假设的冲突，因此，治理结构选择理论仍然存在一定的局限性（杨瑞龙、聂辉华，2006）。

4. 产权理论

该理论认为由于契约的不完全性，契约中包括事前规定的权利和事前没规定的事后剩余控制权。事后剩余控制权来源于资产的所有权，一个人拥有的产权越多，对剩余的控制权越大，因此，也就能激励事前专用性资产投资，通过产权配置能够激励投资效率提升。但是 Chiu（1998）、De

Meza 和 Lockwood（1998）提出了截然相反的观点，认为损失资产反而能够激励代理人的投资。Rajan 和 Zingales（1998）提出了权力来源的另外通道，即接近和使用资产、智慧和人等资源的能力和权力。Bolton 和 Whinston（1993）进一步将 GHM 模型拓展到多个厂商。Cai（2003）证实，当代理人的专用性投资与通用性投资相互替代时，联合产权是最佳的配置。

5. 履约理论

该理论认为利用机制设计，通过简单的选择性契约、再谈判，可以实现最优的专用性资产投资水平。Groves 等（1977）证明在一定的条件下，可以构造一个机制使所有的纳什均衡都是帕累托最优的；Maskin（1999）给出了纳什履约的一般条件，进一步证明在一定条件下，可以找到一个实现社会目标的机制（何耀琴，2016）。在 Maskin 纳什履约理论的基础上，许多经济学者对其理论进一步完善与拓展，形成了丰富的履约理论体系。根据信息的完全性与否，将履约理论分为完全信息履约理论与非完全信息履约理论。

（1）完全信息履约理论主要包括：①占优策略履约，又称为 VCG（Vickrey-Clarke-Groves）机制，该理论认为如果代理人对产品不存在收入效应，而且效用函数拟线性可加可分，那么真实显示偏好就是一个占优策略，而且这个策略能够实现公共产品的最优供给（何耀琴，2016）。但是此理论存在重大缺陷，不能满足预算平衡的要求，即转移支付总和大于小于零时，此机制失效。②纳什履约，Groves 和 Ledyard（1977）提出纳什履约机制，Maskin（1999）提出纳什履约的两个重要条件：Maskin 单调性和无否决权。此后许多学者研究了这两个条件下的履约问题，他们证明了，在无效决权，至少三个代理人情况下，社会选择规则满足 Maskin 单调，当且仅当其可由一个随机机制纳什履约。Maskin 认为只有两个代理人，社会规则是独裁机制时，可以纳什履约；Moore（1988）和 Dutta 等人（1991）也分别验证了两个代理人情况下，如果满足 Maskin 单调性和限制否决权（或者非空低交叉性），社会规则是纳什履约的。③子博弈完美履约。该理论分析了考虑动态博弈情况下的履约问题。研究结果认为，如果代理人个数不少于三个，且社会选择规则具有弱单调性和无否决权，则具有子博弈完美履约。Maskin 和 Moore 也证明了子博弈完美履约可以通过混合策略实现，如果代理人存在轮流行动，在简单的序贯机制中，单一的社会选择规则是可以子博弈完美履约的。④实质纳什履约，该理论认为任何社会选择规则都可以通过重复剔除严格劣策略的一个有界机制达到实质履约（Abreu and Matsushima，1992）。除此之外，Matsushima（1988）、Maskin 和 Moore（1988）、Palfrey 和 Srivastava（1991）、Jackson（1994）进一步研究了完美信息履约理论的精炼，如非劣纳什履约、非劣策略履约、混合策略履约和再谈判与履约等。

（2）非完全信息履约理论主要是指贝叶斯博弈履约。该理论假定代理人数量至少不少于三个且类型有限的情形下，当社会选择规则是贝叶斯单调和激励相容，在纯交换经济中，则社会选择规则是贝叶斯履约的；如果对于任意给定的社会选择函数，至少有两个代理人愿意改变此函数，且社会选择规则是贝叶斯单调和激励相容的，那么社会选择规则是贝叶斯履约的。Neeman 和 Pavlov（2013）认为，存在独立私人价值的条件下，防止事后再谈判的贝叶斯均衡是事后有效的。履约理论仍然存在重复履约，动态履约、博弈与履约的冲突，有限理性、可信度、机制内选择等局限问题。

三、公共产品理论

（一）公共产品的定义及其分类

公共产品（public goods）是指一国政府为全体社会成员提供的、满足其公共需求的产品与劳务（樊勇明，2007）。公共产品理论起源于18世纪休谟的"公共地悲剧"思想。Samuelson（1954）将公共产品定义为所有人共同享用的集体消费品，每一个人的消费不会减低其他人的消费，即消费的非竞争性。Musgrave（1959）在《公共财政理论》中提出了公共产品的非排他性。目前被国内外学术界普遍接受的公共产品定义包括三个属性：第一是非竞争性，即某一个人消费不会影响其他人消费的质量和数量；第二是非排他性，任何人消费时，无法排除他人消费或者排除他人消费的成本很高；第三是公共品的效用完全不可分割，消费者只能将其作为一个整体共同消费或使用。同时具有以上三个特征的物品为纯粹的公共产品。在现实中，纯粹公共产品很少见，大部分公共产品是具有有限的非排他性和有限的非竞争性，在学术上把它划分为准公共产品。

准公共产品可分为俱乐部产品与拥挤型的公共产品。俱乐部产品是指具有排他性和有限非竞争性的产品与服务，主要包括自来水、互联网络、有线网络电视、不拥挤的收费高速公路、社会保障、消防等；拥挤型的公共产品是具有非排他性和竞争性的产品与服务，如免费的拥挤高速公路、公共资源、公共公园、公共绿地等（程浩、管磊，2002）。

民生基础设施一部分属于俱乐部产品，如非义务教育设施、就业设施、私人医疗及微利的社会养老保障设施，获得这些设施提供的服务，均须支付一定的费用，具有一定的排他性，消费的竞争性少；另一部分属于拥挤型的公共产品，如义务教育阶段的基础设施、公益性医疗基础设施以及免费养老院等，消费者进入使用此类民生基础设施具有非排他性质，但是拥挤程度较高，消费的竞争性较高。

（二）公共产品供给机制

机制是指构成机体的各组成部分之间的相互关系构成及其协调运行方式。主要包括两个部分：一是由哪些部分组成？二是各组成部分是如何协调运行的？公共产品供给机制主要分析公共产品供给由哪些部门组成？为什么？这些部门之间如何协调行动供给公共产品？根据公共产品供给主体差异，公共产品供给机制可分为政府供给机制、市场供给机制、自愿供给机制和混合供给机制。

1. 政府供给机制

政府供给机制是指政府直接供给公共产品与服务并承担全部供给责任。政府供给机制源于政府的职能学说，Adam Smith 将提供公共产品与服务看作政府的一项基本职能。韦伯认为官僚制政府是一种理性和有效率的制度。随后的 Samuelson、Musgrave 等人认为公共产品的非竞争性与非排他性导致市场不能有效供给，会出现"搭便车"、分配不公与公地悲剧等问题，为了提高公共产品供给效率，必须由政府供给。政治学的立宪代议制理论也认为公民赋权其特定组织代表，并由代表们按照公民的意愿投票，选举出能维护公共利益的官员和政府，政府则以代理人身份获得合法授权，执行法律、制定政策，并提供公共产品与服务。传统公共行政学、新制度主义和政府工具论的理论中都主张政府直接提供公共服务。政府以代理人身份获得公民授权，执行法律、依法取得公共收入，制定政策、依法决策公共支出，提供公共产品与服务，接受公众监督。在政府供给机制中，政府依靠法律制度与政策，取得公共收入，通过制定、执行预算，计划、指导、协调公共产品供给具体部门，执行公共产品供给决策，提供公共产品。公共产品政府供给机制运行如图2-2所示。

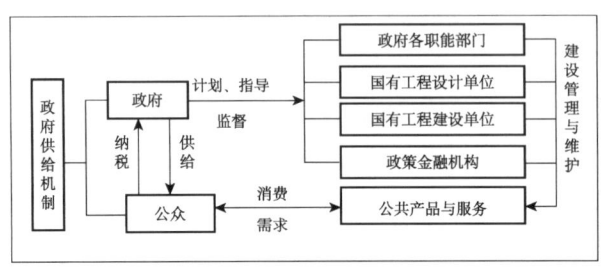

图2-2 政府供给机制流程

2. 市场供给机制

20世纪60年代以来，随着西方福利国家出现危机，经济学家们对政府作为公共服务的唯一提供者身份的合理性提出质疑。Golding、Brubaker、Smits、Demsetz以及Coase等人从理论与经验方面论证了公共产品市场供给的可能性。人们开始关注政府职能如何运作，而不是政府该做什么。为了矫正政府失灵，提高公共产品供给效率，改革传统的公共产品与服务提供方式。西方学界兴起了公共产品与服务市场化研究热潮，提出的政府工具论、公共服务民营化思想和竞争型政府的社区公共服务提供模式等都极力主张公共产品市场供给。

市场供给机制是指根据市场的供求关系与价格机制来配置公共资源，按照市场的均衡条件即公共利益最大化标准来评价公共产品生产者与消费者的效率。公共产品的市场供给并不是将公共产品供给全部交给市场，由市场自动调节供给。因为市场在供给公共产品时，会出现"免费乘车"，导致供给市场失灵、规模与数量供给不足，有时甚至出现无人供给的现象。因此，在公共产品市场供给时，既要考虑政府单一供给的低效率，同时也要考虑完全由市场供给的供给不足。公共产品的市场供给实际上是政府与市场合作的供给机制，将公共产品的生产、运营及维护管理环节交给市场，提高效率，而规划、设计及监督等环节仍由政府负责。将实现公共产品的效率交给市场，实现公平的目标交给政府，起到市场保效率、政府保公平的合理分工的作用，共同供给公共产品。公共产品市场供给机制与政府单一供给机制相比，具有三个方面的区别：是打破原有大型公共部门一统天下局面，私营部门的参与改变了原有的公共产品供给结构。大型公共组织分解为小规模竞争者，权力分散和下放，政策决策分散，各部门之间协调变得更为重要且困难；二是生产者与购买者分离，私人企业生产供给，引入私人企业竞争提高公共产品效率，实施绩效管理，政府成为公共产品与服务的购买者，按市场价格购买私人企业提供的公共产品与服务；三是用施政成本的高低来衡量政府效率，政府责任市场化，公民被看成是消费者与纳税人。

3. 自愿供给机制

自愿供给机制是指消费者个体根据自身对公共产品的投资边际收益而自愿支付相应的供给成本，直到投资公共产品的边际收益等于边际支付成本时的最佳公共产品供给量为止。假如每个经济个体均按此原则行事，则社会公共产品供给达到最佳水平。新古典理论分析认为公共产品的自愿供给机制与集体规模、个体成员供给的边际收益、初始禀赋有关。集体规模越大，成员个体"免费搭车"的动机越强，公共产品自愿供给水平越低。成员个体供给的边际收益越高，成员激励越强，"免费搭车"动机越弱，自愿供给水平越高。个体初始禀赋对自愿供给水平的影响较为复杂，需要考虑初始禀赋分配的平等程度。当初始禀赋分配公平时，初始禀赋越高（低），自愿供给水平越高（低）。随着实验经济学与行为经济学兴起，越来越多的研究认为，新古典理论的理性人假设不符合心理实际，个体成员具有社会偏好，即互惠、纯粹利他以及对不平等的厌恶。这些社会偏好会减轻个体的"免费搭车"动机强度，因而会影响公共产品的自愿供给水平。公共产品自愿供给机制的有效运行，与需求公共产品的集体规模、构成集体的个体初始禀赋、个体的公共产品投资边际收益和个体成员的社会偏好有着密切关系。它们之间相互影响、相互作用，调节公共产品的自愿供给水平。

4. 混合供给机制

混合供给制是政府与社会合作供给制，不仅是公私合作，而且是政府、私人与志愿组织三者合作，充分发挥各自的优势，做自己最擅长的事，承担自己应负的责任，共同提供公共产品。政府担负公共产品质量监控、均衡布局和公共利益的实现，承担纯公益性与准公益性公共产品的供给或采购责任，对公共产品的公共利益给予补贴，实现公平。志愿组织发挥其灵活优势，结合其互惠、利他的社会偏好、充分发挥其潜力，弥补公共产品供给的不足。志愿供给水平与社会经济发展水平密切相关。在经济发达阶段，志愿组织在公共产品供给中应发挥更大的作用。市场中的私人资本具有逐利性，因而其更多的是参与公共产品供给的竞争性与盈利性的环节，如公共产品的建设、运营与维护管理。私人资本的参与有利于增强竞争，优化公共资源配置，提高效率。混合供给机制是一种由政府主导、公民参与、市场运作的政府、私人与志愿组织合作供给机制。他们各自合理分工、发挥所长、实现公共利益最大化的同时兼顾私人的合理利润回报。混合供给机制可以确保政府在公共服务系统中拥有"剩余"，以保证政府在公共产品外包时仍然保持着提供公共产品的知识和能力，能够在公共产品的供给中起着托底的作用。同时能承担确保竞争、降低价格、管理合同等重要任务。混合供给机制可以缓解公共产品中的委托代理困境，能够提高公民的满意度，为地方政府提供了另一个新的不同于"政府再造"和市场化时期的组织学习过程，并且提供了政府创新的动力。混合供给使政府、私人提供者和公民的利益有效地结合起来，使政府能够兼顾市场效率和公共利益，在政府与市场中间找到了一条中间道路。

第三节　PPP模式建设民生基础设施的目标、必要性与可行性

民生基础设施建设是我国民生领域的一项重大任务。从中央到地方，民生问题始终是政府关注的重点，建设好民生基础设施是实现全面建成小康社会目标和解决我国人民追求美好生活需要与发展不平衡不充分之间矛盾的必然要求，是我国各级政府面临的一项十分重要的紧迫任务。在财政预算强约束条件下，科学运用PPP模式建设民生基础设施不失为合理且符合实际的有效选择。

一、建设民生基础设施的目标

建设民生基础设施有三大目标：第一是社会效益目标，体现在消除贫困，发展文化教育，改善公共环境，增加社会就业，强化社会保障等方面，旨在最大限度地利用民生基础设施满足人民日益增长的美好生活需要。反映了民生基础设施对社会发展的贡献，如促进就业、增加收入、提高生活质量，可以用人均收入、基础教育普及率、就业率、环境质量指数和社会保障参与率等指标来衡量。社会效益目标体现的是公平。第二是经济效益目标，是指在保障社会效益的前提下，社会法人组织通过特许经营民生基础设施，获取合理的经营收益和通过民生基础设施投资、建设与运营，促进消费增长，拉动相关产业发展，从而促进经济增长。经济效益目标体现的是效率。第三是环境效益目标，是指民生基础设施建设对生产与生活环境的改善，如空气质量、水质改善及景观环境的美化等。环境效益实际上是兼顾公平与效率的体现。社会效益、经济效益和环境效益是民生基础设施投资建设的基本目标，也是民生基础设施运营的行动指南。分析民生基础设施的社会效益、经济效益和环境效益具有重要的现实意义。

（一）社会效益目标

1. 促进居民收入增长，减轻贫困

完善的交通设施能更加方便居民的出行；通讯设施改善提升居民获得信息能力，促进社会群体之间的交流；电力及自来水、物流网络等设施改善，有利于生产效率提高和消费水平提升。总之民生基础设施改善，有利于降低运输成本和城乡劳动力转移成本，提高生产效率，增加就业机会，促进就业，增加居民收入。改善民生基础设施的投资促进经济增长带来的涓滴效应，也能促进居民收入水平提高。

同时，民生基础设施还发挥重要的减贫作用。短期来看，基础设施投资促进宏观经济增长，增加就业机会，提高农业劳动生产率，提升了农村居民的福利，缩小了城乡收入差距。长期来看，基础设施降低了农村劳动力的转移成本，提高了农业生产率，增加农民的收入，减低贫困（高颖等，2006）。基础设施数量的增加和质量的改善对贫困减轻、居民收入增长和收入结构改善具有重要作用（郭劲光等，2009）。实证研究表明，中国农村道路、自来水和通讯设施对农民收入增长起正向影响，尤其是道路存在显著的正向效应（刘生龙，2011）。基础设施能够提高农村经济市场化程度，降低农业经营成本，增加农业收入，有效促进农业劳动力向非农部门转移，提高农业部门边际劳动生产率，从而增加农民收入（方晓娴等，2009；刘晓光等，2015）。在农村人口占比较高时，改善交通基础设施有利于增加农村居民的收入，缩小城乡收入差距（任晓红等，2013）。

2. 促进教育水平提升，提高公民的文化素质

教育基础设施的改善，为教育发展提供了坚实的基础。统计数据显示，1986 年，我国中小学校舍建筑面积为 65707.01 万平方米，高等教育校舍建筑面积 7812 万平方米，到 2017 年年底，分别达到 187606.94 万平方米和 95400.32 万平方米，增加了 2.85 倍和 12.21 倍。从而实现我国中小学在校生人数由 1986 年的 17519.35 万人增加到 2017 年的 18506.75 万人，小学净入学率、初中毛入学率分别由 1978 年的 94%、66.4% 增加到 2017 年的 99.91% 和 103.5%，高中毛入学率由 1986 年的 5.74% 上升到 2017 年的 88.3%。高等教育毛入学率由 1978 年的 2.7% 上升到 2017 年的 45.7%[①]。改革开放 40 多年来，教育基础设施的改善极大地促进了我国教育事业的发展，提高了公民的文化素质。

3. 增加社会就业，提高居民收入

民生基础设施对就业的直接影响十分明显，劳动力供需随着民生基础设施存量增加而增加。民生基础设施对劳动力需求产生两方面影响：一方面，作为一种生产投入要素，促进企业生产从而带来劳动力需求增加；另一方面，民生基础设施行业本身作为一个服务性行业，吸收劳动力数量较大，民生基础设施行业的发展，会增加对劳动力的需求，促进就业（Rozelle et al., 1997）[②]。教育基础设施的建设与完善，为广大居民提供更多的

[①] 数据资料均来源于《中国统计年鉴（1987）》《中国统计年鉴（2018）》，中国统计出版社。

[②] Scott Rozelle, Albert Park, Jikun Huang, and Hehui Jin. Liberalization and Rural Market Integration in China. American Journal of Agricultural Economics, 79.2 (1997): 635–642。

学习机会，提高了居民的文化素质，医疗卫生设施改善有利于提高劳动者的身体素质，改善劳动者的健康状况，增加了高质量的劳动力供给。实证研究表明，我国东、中、西部地区基础设施的短期与长期就业效应均显著为正，并大多介于 0.5~1，但地区之间存在差别，在一些地区（如河南、湖北与黑龙江）就业边际效应递减，而在另一些地区（如广东、山东、浙江、上海与福建），其就业效应具有网络效应和规模报酬等特点（张广南等，2010）。总的来看，民生基础设施的改善有利于社会就业增长，能够提高居民收入。

4. 改善民生福利，增强社会保障能力

民生福利基础设施包括由国家投资兴建的社会福利院、养老公寓、养老院和儿童福利院，也包括乡镇统筹建设的农村敬老院，以及由企事业机关单位和社会个人投资兴办的各种福利服务设施和依靠社会力量兴办的实行自负盈亏管理的社区型社会福利设施和社会服务网络。这些民生福利基础设施的建设与改善，极大地改善了老年人、儿童、孤儿、残疾人等群体的生活条件，增强了生活保障。民生健康服务基础设施建设与完善，能够方便、及时和有效地为老年人、儿童和残疾人、孤儿等群体提供健康服务，提高他们的身体素质，提升生活质量。一些社区福利基础设施的建设与改善，能够极大方便老弱病残、儿童妇女和困难低收入群体的医疗、养老、康复等生活，保障他们的最低生活需求。据国家统计局数据，我国医疗卫生机构床位由 1990 年的 292.54 万张增长到 2016 年的 741.05 万张，增长 2.53 倍，自 2002 年成立疾病预防控制中心以来，疾病防控设施有了很大改善。2016 年，我国甲乙类法定报告传染病发病率控制在 1‰ 以下，其死亡率控制在百万分之二以下；新生儿、婴儿、5 岁以下儿童死亡率由 1991 年的 33.1‰、50.2‰、61‰ 降到 2016 年的 4.9‰、7.5‰、10.2‰；孕产妇死亡率由 1991 年的 0.8‰ 降到 2016 年的 0.19‰。这说明我国医疗卫生福利设施改善产生了重大的社会效益。

(二) 经济效益目标

1. 提升相关民生产业的运营效益

利用民生基础设施，为企业生产、居民生活提供服务，开展运营活动，产生经济效益。民生基础设施运营形成的基础性行业涉及的产业范围很广，主要包括交通、能源、通讯、教育、卫生医疗、环保、就业、养老与社会服务等基础性产业，其运营每年产生巨大的直接经济效益。2017年我国民生基础设施行业创造的国内生产总值达到174750.2亿元，占当年GDP总量的21.3%。具体各行业的增加值情况见表2-6。

表2-6　　　　2017年中国民生基础设施行业增加值　　　　单位：亿元

民生基础设施行业类别	增加值
交通运输、仓储与邮政业	37172.6
电力、热力、燃气和水的生产供应业	16797.2
信息传输、技术与软件服务业	26400.6
水利、环境和公共设施管理业	4762.8
教育、卫生与社会工作服务业	48945.6
文化、体育与娱乐业	6647.8
公共管理、社会保障与社会组织	34023.6
合计	174750.2

注：数据来源于2019年的《中国统计年鉴》。

2. 促进消费需求

民生基础设施是居民消费需求实现的基本条件，其数量增加与质量提升对居民消费需求均有促进作用。如公路交通状况改善直接影响车辆消费，通讯网络设施改善影响手机等通信类产品消费，供水、电力设施改善影响家用电器产品消费。教育、文化、卫生、体育设施改善有利于促进居民健康水平和文化素质提高，增强居民生产与生活能力，提升居民增加财富的能力，增加居民收入，从而影响居民消费。在我国，1985—2018年交通公路总里程增长414.48%，千人私人汽车拥有量增长544倍；2000—2018年220伏以上电力输电线路里程增加569773公里，六大类电器消费品百户拥有量增加32台。具体变化情况见图2-3和图2-4。

3. 促进经济增长

民生基础设施对经济增长的促进作用已经得到了大量的实证研究验证。主要表现在两个方面：（1）民生基础设施作为社会先行资本，构成经济增长的有机组成部分，形成经济增长的基本条件和重要保障；（2）民生

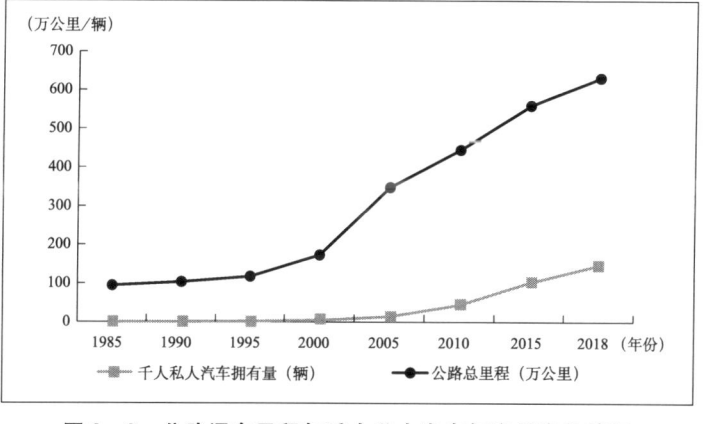

图 2-3　公路通车里程与千人私人汽车拥有量变化情况

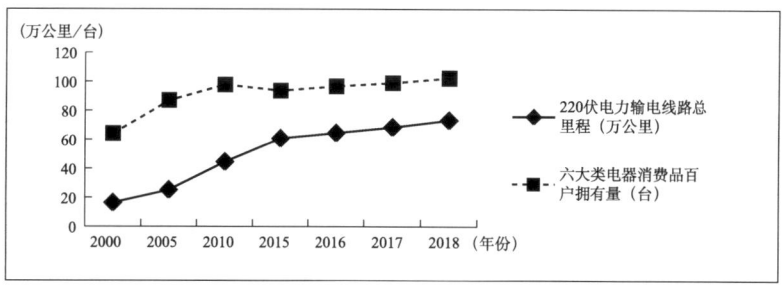

图 2-4　电力输电线路里程与六大类电器①消费品百户拥有量变化情况

基础设施发展能促进劳动者素质的提高，降低生产成本、改善投资环境和扩大市场，提升全要素生产率，从而提高整个经济运行效率，促进经济增长。Aschauer（1989）关于美国经验的开创性研究表明，美国公共基础设施资本对经济增长的产出弹性高达 0.39。Barro（1991）基于单部门的内生增长模型，根据世界主要国家的数据样本，分析基础设施的经济增长效应后也发现，基础设施促进了经济增长。Munnell（1992）利用美国州一级的面板数据，分析了基础设施的经济效应，研究表明基础设施投资从三方面促进了各州的经济增长，如促进产出增加、私人投资"挤入效应"和促进就业增长。世界银行 1994 年的研究报告指出，基础设施存量增加 1%，国内生产总值增长 1%。随后的大量学者使用世界各国数据，采用不同的计

---

①　六大类电器包括洗衣机、冰箱、彩色电视机、空调、热水器、微波炉。

量方法，分别验证了基础设施对经济增长的促进作用。主要计量估计情况如表 2-7 所示。

表 2-7　　基础设施对经济增长的促进作用估计情况

研究者	时间	估计模型与方法	估计样本	基础设施的产出弹性
Tatom et al.	1991 年	一阶差分法	美国	0.14
Holtz-Eakin et al.	1994 年	OLS 估计	美国	0.2
Cazzavillan et al.	1996 年	固定效应模型	欧洲 12 国 1957—1987 年度数据	0.25
马栓友	2000 年	内生增长模型	中国 1981—1998 年度数据	0.55
范九利、白暴力和潘泉	2004 年	生产函数法	中国 1981—2001 年度数据	0.695
Rudra. Pradhan	2013 年	向量误差修正模型	印度 1970—2010 年度数据	有显著性作用
王任飞和王进杰	2006 年	总量函数生产法	中国 1981—2000 年度数据	0.2971
金戈	2016 年	面板模型	中国 1997—2012 年度数据	0.19—0.23
Natasha. Manan et al.	2016 年	Breusch-Godfrey technique	巴基斯坦 1974—2011 年度数据	有显著性作用
Breusch-Godfrey technique et al.	2018 年	协整分析	巴基斯坦 1991—2015 年度数据	公路有正效应，铁路存在负效应

注：本表为作者根据相关文献整理而成。

（三）环境效益目标

民生基础设施建设的环境效益既包括具体民生基础设施建设项目对环境带来的影响（大多表现为负效益），也包括民生基础设施系统性改善对环境带来的影响（大多表现为正效益）。民生基础设施项目的环境影响，通常通过项目的环评确定，表现出个体化、具体化、局部影响。对于综合考察民生基础设施的环境效益来说略显不足，下面重点分析民生基础设施系统性改善对环境带来的影响。

1. 减轻环境污染

民生基础设施系统中的生态环保设施的污水处理、垃圾处理和环境绿化等直接作用于生态环境而导致生态环境改善，同时民生教育设施、科技设施、卫生设施建设将提升公民的环保意识，提高环保技术，改善环保条件，促进环境改善，减轻环境污染（王坤岩，2016）。陈泽昊等（2010）对京九铁路生态环境效益的研究发现，京九铁路建设形成的绿色长廊，净化了空气，过滤了粉尘，降低了噪声。相对公路而言，京九铁路运输的空气污染中二氧化硫、一氧化碳、二氧化碳和碳氢化合物的排放量分别减少56.51%、99.23%、77.78%和97.14%。袁惊柱（2013）使用Logit模型，对我国农村垃圾房和沼气池环保设施的生态环境保护效应进行回归分析表明，我国农村垃圾房和沼气池环保设施对农村环境保护具有正向作用。

2. 提升环境景观质量

民生基础设施建设可以完全改变微观区域的自然景观和自然条件，形成一种人为的景观环境，对宏观区域的环境能够起到"点缀"作用，增强环境景观的美感效果（金凤君，2001）。金凤君（2001）将民生基础设施对环境景观优化作用归纳为以下几个方面：①民生基础设施建设中对环境设施的美化、绿化和亮化工程，可以增加景观环境的层次感，丰富景观的内容，提高景观环境的质量。②可以强化微观环境景观。如在优美单调的自然景观中，适当建设与之相协调的桥梁、亭台楼阁等基础设施，可以加强景观的美感效果。③可以利用基础设施建设补充，削减非美感景物对整体环境景观的消极影响，如对落后农村房屋修缮、道路仿古修复、垃圾收集设施美化都能削减破旧村庄和卫生状况不足给秀美山村环境景观的消极影响。④基础设施具有创造愉悦环境的功效，如园林绿化设施，对生存环境的美化绿化，具有创造愉悦环境的作用。

3. 提升环境的使用价值

民生基础设施建设通过对人类生存环境的影响，提升环境的使用价值。具体表现为：①能够提高环境安全感，如民生基础设施建设通过抵御自然灾害和减少人为破坏环境，使处于环境之中的人安全感增强；②提高环境的舒适感，基础设施建设，提供基础设施服务，使人们感受到环境更加舒适，大大增加精神上的愉悦感；③增加环境内通行的便捷性，基础设施提供的交通、通讯服务，使人们在环境内流动更加便捷迅速；④提高环境的稳定性和可靠性，基础设施提供的服务可以使人类生存的环境更加稳定、可靠，能有效防止环境质量下降，为人们提供稳定可靠的生存环境；⑤能增强环境的美感。基础设施对环境的有益影响，最终将提升环境的使用价值。

民生基础设施具有基础性、公益性和共用性特征，其基础性就是为广大居民生活质量提升提供基本公共服务条件，公益性意味着为社会提供公共服务，公用性则意味着其为某一群体共同使用，体现着其社会功能的发挥。具体表现为提升居民生活基础条件、改善居民生活环境、增加居民就业机会、便利居民生产与生活、提高公民文化素质、提升社会文明程度、满足居民追求美好生活的需要。这些方面正是民生基础设施的社会功能体现，实际中表现为其社会效益的实现过程，社会效益通过最大限度地满足人们不断追求美好生活需求的目标来实现。因此，民生基础设施建设就是改变居民生活基本设施条件不足、布局不合理的现状。可见，社会效益是民生基础设施建设的目标之一。

民生基础设施产业属于基础服务性产业，为公众提供公共服务。服务业的发展是我国产业转型升级的主要方向。2007年国务院发布的《关于加快发展服务业的若干意见》明确提出："到2020年，基本实现经济结构向以服务经济为主的转变，服务业增加值占国内生产总值的比重超过50%"。这说明，民生基础设施建设一方面要为公众提供更好的基本公共服务，提升居民生活质量，另一方面要充分利用民生基础设施建设，拉动经济增长，大力发展服务业，提高服务业增加值占国内生产总值的比重，从这一层面来看，经济效益也是民生基础设施建设的另一个目标。

民生基础设施建设以提升居民生活质量为根本目标，改善居民生活环境，提升居民的福利水平。环境保护设施建设属于民生基础设施建设的重要内容，旨在减少环境污染、提升环境景观质量和环境使用价值，为广大居民生活质量提升提供一个生态优良、景观优美、安全、舒适、便捷、稳定和可靠的生存环境。优美的生存环境需要依靠民生基础设施建设来实现，优美生存环境是民生基础设施环境效益的最终体现，因此，实现环境效益最大化成为民生基础设施建设的重要目标之一。

总之，民生基础设施的建设目标是社会效益、经济效益和环境效益的统一。

二、PPP 模式建设民生基础设施的必要性

(一) 传统投融资模式,财政资金有限,难以满足民生基础设施建设需求

在传统投融资模式下,民生基础设施建设资金绝大部分由财政负担,一般通过财政预算、财政信用、土地增值、使用者付费和基础设施特许经营权出让等方式来筹集资金。相对于巨大的建设资金需求而言,无论是财政收入还是支出,都十分有限,仅仅依靠公共财政投资,很难满足其投资需求。近些年来,民生基础设施投资总额中财政预算资金投资占比最高不足 15%(详情见表 2-8),存在巨大资金缺口,仅仅依靠财政预算已经远远不能满足民生基础设施建设的资金需求。

表 2-8 2011—2017 年我国民生基础设施投资总额与财政预算投资额比较

项目	2011 年	2012 年	2013 年	2014 年	2015 年	2016 年	2017 年
民生基础设施投资总额(亿元)	80176.1	89781.3	112431.7	137383.2	161538.5	187594.5	213541
财政预算在民生基础设施的投资(亿元)	10082.3	12402.8	15518.8	19560.8	22730.6	26361.2	29077.6
财政预算投资所占比重(%)	12.6	13.8	13.8	14.2	14.1	14.1	13.6

注:表中数据为作者根据历年《中国统计年鉴》相应数据整理计算而得。

(二) 不断扩大的民生基础设施建设需求,政府单一供给难以满足

随着经济发展,我国现阶段社会主要矛盾已转化为人们日益增长的美好生活需要同发展不平衡不充分之间的矛盾。人们日益增长的美好生活需要,也就是人们不断提升生活质量的需要,要求不断扩大民生基础设施规模。由于我国各地区之间、城乡之间的民生基础设施规模与水平差距巨大,发展不平衡,加上近些年来我国民生基础设施短板凸显,如农村养老与城市停车等民生设施建设显得十分紧迫,建设民生基础设施的投资需求增长迅速,仅仅依靠政府单一供给,显然很难满足建设需要。因而,需要

开拓多种投融资渠道,引导社会资本参与民生基础设施建设,满足不断增长的民生投资需求。

(三) 效率与公平目标的实现需要政府与社会资本合作

根据公共经济学理论,公共产品由市场提供缺乏效率,由政府提供存在政府失灵,容易出现过度供给。单独由政府供给或者单独由市场供给公共产品都不是理想供给模式。因此,公共产品供给既要发挥政府作用,同时也要发挥市场效率。民生基础设施属于准公共产品,其建设最终目标是实现效率和公平。建设民生基础设施在充分发挥政府主导作用的同时,也要通过市场机制配置资源,提升效率,实现市场保效率,政府保公平。如果完全由市场或者政府单方面提供民生基础设施,容易出现获得效率的同时损害了公平,或者追求公平的同时降低了效率,很难达到兼顾公平与效率目标。要实现效率与公平的双重目标,必须开展政府与社会资本合作,充分发挥政府主导作用的同时引入市场机制调节资源的配置,实现高效率。所以,实现效率与公平目标的民生基础设施建设需要政府与社会资本合作。

三、PPP 模式建设民生基础设施的可行性

在我国,PPP 模式建设民生基础设施是否可行,或者说运用 PPP 模式能否承担我国民生基础设施建设的重大任务,实现其效率与公平目标?下面从我国政策环境、政府与社会资本方的积极性以及经济发展和社会资本的实际情况,来说明运用 PPP 模式建设民生基础设施的可行性。

(一) 政府鼓励,政策支持,社会资本参与积极性不断提升

自 20 世纪 90 年代开始,我国政府积极探索应用 PPP 模式建设基础设施。党的十六届三中全会、十八届三中全会先后明确允许和鼓励社会资本参与基础设施建设和运营,国务院于 2005 年、2010 年、2014 年、2015 年、2016 年、2017 年和 2018 年连续发文先后允许和鼓励社会资本参与具体基础设施领域投资、经营和管理规范,国家发改委、原建设部等部委也于 1995 年、2001 年、2002 年、2006 年、2014 年、2015 年、2016 年、2017 年下发不同文件鼓励支持和引导社会资金参与基础设施建设,开展

PPP 模式，并出台了政府与社会资本合作的指导意见。财政部在 2014—2018 年就政府与社会资本合作建设基础设施颁发了一系列政策，支持、鼓励、指导和规范 PPP 模式建设基础设施。政策支持和政府鼓励激励了大量企业参与 PPP 模式的民生基础设施建设，社会资本参与积极性不断提升。

（二）经济持续发展，社会资本充足，投资需求大

我国改革开放以来，经济取得快速发展，在 1979—2019 年间，GDP 年平均增长 9.32%，2019 年我国达到 99 万亿元人民币。财政收入（一般公共预算收入）年平均增长 13.7%，财政支出年均增长 13.95%。2019 年财政收入达到 19.04 万亿元，财政支出高达 23.89 万亿元，财政缺口达 4.85 万亿元[①]。随着经济发展，基础设施建设投资需求增长迅速，投资规模不断扩大，仅仅依靠政府财政资金很难满足资金需求巨大的民生基础设施建设。但是，我国居民储蓄率长期维持在较高水平，2019 年年末，我国各类存款总规模高达 19.82 万亿元，社会资本充足，为开展政府与社会资本的合作提供了基础条件。

（三）社会资本方有技术与运营管理优势，能提高建设与运营效率

按照市场规则招投标民生基础设施建设 PPP 项目，拥有优势技术的社会资本方企业往往容易获得参与建设机会。在合作期间，一方面，政府部门可以对参与建设民生基础设施的社会资本方，即 PPP 项目的具体实施企业，提出使用先进技术的约定。另一方面，实施企业为了达到回报利益最大化，也会采用先进技术，保证 PPP 项目的质量，节约建设与维护成本，缩短建设周期。与政府建设部门相比，社会资本方的实施企业一般拥有良好的管理能力，运营与管理流程规范，建设运营与维护管理的效率更高，有利于实现项目的效率最大化。

（四）PPP 政策规章制度与管理组织已逐步建立

据中央人民政府网、国家发展改革委网站和财政部网站政策法规的搜

---

① 此数据根据《中国统计年鉴》及相关资料计算而得。

索统计，截至 2018 年 12 月，国务院、国家发展改革委、财政部关于 PPP 提供公共服务与公共产品颁发的相关政策达 65 项，支持运用 PPP 模式鼓励、引导社会资本参与投资建设基础设施。为有效推广 PPP 模式的运行，对 PPP 项目的具体实施、具体操作、流程规范、合同管理、规范 PPP 综合信息平台的运行出台了详细的规章制度。PPP 的政策、运行规章制度已初步建立。同时，从中央到地方，成立了相应的 PPP 工作小组和 PPP 中心，扎实推进 PPP 各项工作。从制度建设、机构能力、政策扶持、项目示范等方面开展了一系列工作，积累了一定的实践经验。

四、本章小结

PPP 模式是指政府（公共部门）与社会资本利用各自优势，根据优势互补、权责对称、风险共担、利益共享基本原则，以高效率提供公共产品和服务为目的而形成的长期公平合作伙伴关系。

民生基础设施是以满足民生基本需求为根本，改善居民生活质量和全方位需求为目标，提升民生福利水平的基础设施，主要包括教育、科技、文化、就业、养老、医疗卫生、环境保护、物流网络等领域的基础设施，属于狭义上的基础设施，侧重于社会性基础设施，具有基础性、公益性与公用性特点。根据我国政策分类，民生基础设施可分为准经营与非经营型两大类别。

运用 PPP 模式建设民生基础设施涉及的基础理论主要包括责权利关系理论、契约理论和公共产品理论。责权利关系理论为 PPP 模式提供了合作各方界定责权利的基本原则，契约理论为 PPP 项目合同的签订与履行提供了理论指导，公共产品理论为民生基础设施建设提供了理论支撑。

民生基础设施建设的目标是为了实现其社会效益、经济效益与环境效益多赢，兼顾效率与公平。利用 PPP 模式建设民生基础设施不仅能有效缓解财政资金不足与民生建设需求之间的矛盾，而且还能较好地平衡民生基础设施建设的经济效益、社会效益和环境效益，兼顾公平与效率，因此得到我国政府鼓励、政策支持，PPP 法规制度与管理组织也已初步建立。经济持续发展，社会资本充足且参与 PPP 的积极性不断提升。社会资本在技术与运营管理上具有优势，能提高建设与运营效率。经济、政策、制度及社会资本环境显示，我国运用 PPP 模式建设民生基础设施既必要且可行。

第三章 PPP模式建设民生基础设施的现状与问题

第一节 我国PPP模式建设民生基础设施的历史演进

新中国成立以来，我国基础设施建设大体上可分为计划经济和市场经济两个阶段。在计划经济时期，基础设施建设投资全部由政府包揽，一切投资全部由政府配给，政府全面负责建设。此阶段我国经济处于不发达时期，基础设施水平极低，且存在"大而全，小而全"等重复建设问题。自20世纪80年代以来，随着我国改革开放政策的逐步实施，人口与物资流动加大。到20世纪80年代末期，出现了严重的基础设施"瓶颈"。进入20世纪90年代，我国开始逐步建立市场经济体制，由此开始了探讨政府与市场共同供给基础设施历程。从总体上来看，PPP供给基础设施进程可以大致分为以下几个阶段。

一、早期探索试点阶段（1985—2000年）

BOT最早发端于北美大陆用于交通部门建设铁路和一级公路项目，然后逐步推广应用于地铁、港口码头、桥梁隧道和电厂等基础设施。在20世纪80年代，大多数发达国家与发展中国家经济不景气，为了解决公共基础设施建设资金不足，一些国家政府极力推进政府与国际私人资本合作，于是出现了国际BOT方式（庄宗明、姜丁平，1994）。1985年，我国最早利用BOT方式引进外资，建设了深圳沙角B电厂项目。为此，作为PPP模式的最基本模式 BOT 便开始在我国探索试点。1994 年原国家计委初始确定了广西来宾 B 电厂、成都第六水厂、广东电白高速公路、武汉军山长江大桥和长沙望城电厂 5 项工程为 BOT 试点项目。在 20 世纪 90 年代,为了利用外资建设基础设施,我国政府逐步发展 BOT 项目。1995 年和 1997 年原对外贸易经济合作部和原国家计委、电力部、交通部和国家外汇管理局先后颁布《关于以 BOT 方式吸收外商投资有关问题的通知》《指导外商投资方向暂行规定》《外商投资产业指导目录》《关于境内机构进行项目融资有关事宜的通知》《境外进行项目融资管理暂行办法》等 10 个利用 BOT 方式吸引外资建设基础设施的相关政策法规,指导 BOT 的实践,但是仍然尚未形成完善的 BOT 项目运营法律体系。在这一时期,国家积极试点探索 BOT 项目工程,PPP 模式作为一种新型的融资方式开始在基础设施建设领域得到普遍认可。但是,此时作为 PPP 模式的 BOT、BOOT 和资产担保证券(ABS)等合作融资方式,仍然仅仅是作为地方政府招商引资的一种途径,合作范围较窄,合作制度也不完善。

二、全面推广与调整阶段(2001—2012 年)

党的十六届三中全会明确允许和鼓励社会资本参与基础设施建设和运营。国务院在 2005 年和 2010 年先后专门发文允许和鼓励社会资本参与具体基础设施领域投资、经营和管理。国家发改委、原建设部等部委也于 2001 年、2002 年、2006 年下发不同文件鼓励支持和引导社会资金参与基础设施建设,开展 PPP。原建设部于 2002 年、2004 年和 2005 年先后出台《大力推进市政公用市场化指导意见》《市政公用事业特许经营管理办法》《关于加强市政公用事业监管的意见》等文件促进公共事业项目的市场化改革,特别是在自来水、污水处理等公共领域的市场化改革,鼓励民营资本等市场竞争者主体积极参与。在政府的大力支持下,各地 BOT、BOOT 等 PPP 项目迅速增长。但是在大力推广与实施公共领域市场化改革的实践过程中,失败的项目不少,成功的项目不多。加上 2008 年受到世界金融危机的影响,开始对前期的公共事业市场化改革行为开始反思,PPP 项目政策开始出现调整。2009 年,各级政府开始实施经济强刺激政策,除了中央政府出台的 4 万亿经济刺激计划外,各级地方政府也大规模的以负债形式实施经济的强刺激，一时间，地方政府土地财政收入激增，利用社会资本的 PPP 模式受到冷遇，PPP 发展陷入停滞。

二、全面发展阶段（2012 年至今）

2012 年 11 月 8 日党的十八大召开，中央政府进一步强调改善民生，创新管理，加强社会建设，改变政府提供公共服务的方式。2013 年 9 月国务院颁发《关于政府向社会力量购买服务的指导意见》明确提出公共服务领域要更多利用社会力量。2013 年 12 月国务院发布的《关于加强城市基础设施建设的意见》明确要求，要紧紧围绕改善民生为导向，全面升级城市基础设施。十八届三中全会也明确提出吸引社会资本参与基础设施建设和运营。2014 年 9 月，财政部下发《关于推广运用政府和社会资本合作模式有关问题的通知》，提出借鉴国际成功经验，推广运用 PPP 模式，拓宽建设融资渠道，完善财政投入及管理方式，加快民生基础设施建设。国家发展改革委 2014 年 12 月印发《关于开展政府与社会资本合作的指导意见》，鼓励和引导社会投资，增强公共产品供给能力。2015 年 4 月财政部也印发《政府与社会资本合作项目财政承受能力论证指引》。2015 年 5 月 19 日，国务院办公厅转发财政部、发展改革委、人民银行《关于在公共服务领域推广政府和社会资本合作模式的指导意见》，提出要充分激发社会资本活力，增加公共产品、公共服务，改善民生。自 2013 年以来，国务院与各部委相继出台了许多支持鼓励发展 PPP 模式、供给公共服务和建设基础设施的具体实施办法，PPP 模式再次得到大力推广，成为各级地方政府减轻地方债务、建设基础设施的主要模式，PPP 模式在我国迎来大发展。

第二节 PPP 模式建设民生基础设施的现状

自 2013 年我国大力推广 PPP 模式以来，各地 PPP 项目如雨后春笋般地大量涌现，全国范围出现了 PPP 项目热。为了掌握 PPP 项目建设民生基础设施的现状，本部分就此阶段我国各地 PPP 模式建设民生基础设施项目现状进行分析。

一、分析对象与范围确定

民生基础设施建设与地区经济发展水平存在密切关系。根据经济发展水平，分省、市、自治区和东部、中部、西部、东北四大经济区域①为空间分析对象，通过查询财政部的 PPP 项目管理数据库和国家发展改革委员会网站 PPP 专栏数据资料，重点考察 2014 年以来的 PPP 模式建设民生基础设施项目的需求、供给（执行）现状以及变化趋势。

二、PPP 模式建设项目的现状

自党的十八届三中全会提出："允许社会资本通过特许经营等方式参与城市基础设施投资与运营"，2014 年 9 月 23 日财政部下发《关于推广运用政府和社会资本合作模式有关问题的通知》以来，从组织机构到制度安排再到具体的执行规范以及操作细节，各级政府都相应出台了许多规章制度、法律法规。PPP 模式在我国基础设施建设领域得到空前大发展，PPP 项目大量涌现。2014 年至 2019 年 12 月，我国 PPP 基础设施项目规模不断扩大，落地率不断提升，社会资本参与程度不断提高，极大地缓解了基础设施建设资金紧缺状况。下面从项目数量变化、投资金额大小、落地率、合作资本构成等方面分析 PPP 项目的现状。

1. PPP 项目数量规模状况

根据国家发展改革委员会网站 PPP 专栏数据（主要为 2016 年以前数据）和财政部 PPP 项目管理数据库数据，分 2016 年 12 月末、2017 年 12 月末、2018 年 12 月末和 2019 年 12 月末 4 个时间节点，统计整理各省、市、自治区 PPP 示范项目和管理库累计项目数，具体见表 3-1 至表 3-4。统计结果发现，PPP 管理库项目数量与投资金额逐年增长，示范项目略有

---

① 中国四大经济区域为东部、中部、西部和东北四个区域。东部地区包括：北京、天津、河北、上海、江苏、浙江、福建、山东、广东和海南。中部地区包括：山西、安徽、江西、河南、湖北和湖南。西部地区包括：内蒙古、广西、重庆、四川、贵州、云南、西藏、陕西、甘肃、青海、宁夏和新疆。东北地区包括黑龙江、吉林和辽宁。

减少。从 2016 年 12 月末到 2019 年 12 月末，我国 PPP 管理库项目总量由 6984 项增长到 9440 项，数量规模增长 35.2%，项目投资总金额由 12.23 万亿元增加到 14.4 万亿元，增长 17.7%。全国四批 PPP 示范项目总量由最初的 989 项减少到 2019 年末的 966 项，投资总金额由 2.16 万亿元减少到 2.1 万亿元。

表 3-1　31 省、市、自治区 PPP 管理库项目数量情况（2016—2019 年）

省、市、自治区	2016 年 12 月 数量（项）	2016 年 12 月 占比（%）	2017 年 12 月 数量（项）	2017 年 12 月 占比（%）	2018 年 12 月 数量（项）	2018 年 12 月 占比（%）	2019 年 12 月 数量（项）	2019 年 12 月 占比（%）
北京	98	1.13	49	0.69	60	0.69	70	0.7
天津	17	0.20	10	0.14	32	0.37	49	0.5
河北	450	5.19	263	3.69	343	3.96	392	4.2
山西	41	0.47	161	2.26	354	4.09	397	4.2
内蒙古	828	9.55	509	7.14	276	3.19	283	3.0
辽宁	487	5.62	114	1.60	134	1.55	185	2.0
吉林	61	0.70	98	1.37	161	1.86	173	1.8
黑龙江	144	1.66	66	0.93	92	1.06	107	1.1
上海	1	0.01	2	0.03	3	0.03	5	0.1
江苏	346	3.99	235	3.29	367	4.24	400	4.2
浙江	317	3.66	312	4.37	492	5.68	514	5.4
安徽	180	2.08	259	3.63	448	5.18	477	5.1
福建	280	3.23	211	2.96	333	3.85	351	3.7
江西	311	3.59	149	2.09	306	3.54	358	3.8
山东	108	1.25	692	9.70	757	8.75	768	8.1
河南	795	9.17	646	9.06	643	7.43	753	8.0
湖北	132	1.52	233	3.27	393	4.54	418	4.4
湖南	316	3.64	528	7.40	420	4.85	420	4.4
广东	118	1.36	194	2.72	440	5.08	519	5.5
广西	183	2.11	97	1.36	172	1.99	206	2.2
海南	155	1.79	126	1.77	99	1.14	96	1.0
重庆	66	0.76	47	0.66	31	0.36	43	0.5
四川	848	9.78	440	6.17	513	5.93	559	5.9

续表

省、市、自治区	2016年12月		2017年12月		2018年12月		2019年12月	
	数量（项）	占比（%）	数量（项）	占比（%）	数量（项）	占比（%）	数量（项）	占比（%）
贵州	178	2.05	481	6.74	514	5.94	516	5.5
云南	417	4.81	318	4.46	446	5.15	482	5.1
西藏	2	0.02	2	0.03	2	0.02	2	0
陕西	316	3.64	196	2.75	262	3.03	282	3.0
甘肃	470	5.42	81	1.14	96	1.11	124	1.3
青海	72	0.83	33	0.46	32	0.37	39	0.4
宁夏	72	0.83	56	0.79	46	0.53	47	0.5
新疆	862	9.94	525	7.36	384	4.44	401	4.3
全国	8671	100	7133	100	8655*	100	9440	100

注：数据资料来源于财政部PPP项目管理数据库，*表示此处数据包含中央项目数。

表3-2　　31省、市、自治区PPP管理库项目投资金额情况（2016—2019年）

省、市、自治区	2016年12月末		2017年12月末		2018年12月末		2019年12月末	
	金额（亿元）	占比（%）	金额（亿元）	占比（%）	金额（亿元）	占比（%）	金额（亿元）	占比（%）
北京	2317	1.72	2122	1.97	1909	1.45	2020	1.4
天津	150	0.11	335	0.31	859	0.65	2162	1.5
河北	6788	5.03	4409	4.10	5365	4.08	6500	4.5
山西	551	0.41	1393	1.30	2752	2.09	3669	2.6
内蒙古	7095	5.26	5465	5.08	2780	2.11	2473	1.7
辽宁	5619	4.16	2019	1.88	1943	1.48	2140	1.5
吉林	1309	0.97	2798	2.60	3079	2.34	2954	2.1
黑龙江	2023	1.50	1178	1.10	1216	0.92	1135	0.8
上海	14	0.01	16	0.01	20	0.02	24	0
江苏	6795	5.03	5406	5.03	8035	6.11	8230	5.7
浙江	5432	4.02	6015	5.59	9797	7.45	9767	6.8
安徽	2118	1.57	2706	2.52	4996	3.80	5209	3.6
福建	3983	2.95	2946	2.74	3676	2.80	3557	2.5
江西	1806	1.34	1228	1.14	2593	1.97	3058	2.1
山东	12229	9.06	7042	6.55	8412	6.40	8228	5.7

续表

省、市、自治区	2016年12月末		2017年12月末		2018年12月末		2019年12月末	
	金额（亿元）	占比（%）	金额（亿元）	占比（%）	金额（亿元）	占比（%）	金额（亿元）	占比（%）
河南	9538	7.07	7870	7.32	8164	6.21	9664	6.7
湖北	2391	1.77	3924	3.65	6178	4.70	6561	4.6
湖南	5109	3.78	8251	7.67	6089	4.63	5594	3.9
广东	1902	1.41	3031	2.82	6291	4.78	6325	4.4
广西	2137	1.58	1155	1.07	2496	1.90	3158	2.2
海南	1653	1.22	1137	1.06	953	0.72	903	0.6
重庆	2141	1.59	1850	1.72	845	0.64	2361	1.6
四川	9180	6.80	6436	5.98	8460	6.43	10075	7
贵州	16034	11.88	8453	7.86	10810	8.22	12024	8.4
云南	10302	7.63	7827	7.28	11130	8.46	11354	7.9
西藏	22	0.02	97	0.09	97	0.07	97	0.1
陕西	3310	2.45	2781	2.59	3764	2.86	4012	2.8
甘肃	5732	4.25	2070	1.92	2245	1.71	3049	2.1
青海	1126	0.83	338	0.31	527	0.40	594	0.4
宁夏	1736	1.29	698	0.65	511	0.39	796	0.6
新疆	4450	3.30	6560	6.10	5475	4.16	5966	4.1
全国	134992	100	107556	100	131489	100	143681	100

注：数据资料根据财政部PPP项目管理数据库数据整理而得。

表3-3　东、中、西及东北地区管理库项目数量与投资额情况

地区		2016年12月末		2017年12月末		2018年12月末		2019年12月末	
		数量（项）	投资额（亿元）	数量（项）	投资额（亿元）	数量（项）	投资额（亿元）	数量（项）	投资额（亿元）
东部	总量	1890	41263	2094	32459	2926	45317	3164	47716
	平均值	189	4126	209	3246	293	4532	316	4772
东北	总量	692	8951	278	5995	387	6238	465	6229
	平均值	231	2984	93	1998	129	2079	155	2076
中部	总量	1775	21513	1976	25372	2564	30772	2823	33755
	平均值	296	3586	329	4229	427	5129	471	5626
西部	总量	4314	60468	2785	38307	2774	44618	2984	50896
	平均值	360	5039	232	3192	231	3718	249	4241

注：数据资料根据财政部PPP项目管理数据库数据整理而得。

从地区分布来看，2016年12月至2019年12月，东、中、西与东北地区项目数量与投资额均呈现增长趋势。但是从相对数（省平均值）来看，东部地区与中部地区平均项目数量与平均投资额均呈现增长趋势，而东北地区与西部地区呈现下降趋势。2016年12月末，管理库项目数量居前三位的省份分别为新疆维吾尔自治区、四川省和内蒙古自治区，分别为862项、848项和828项，上海市与西藏自治区项目数最少，分别为1项和2项。2019年12月末，项目数最多三个省份为山东省、河南省和四川省，分别为768项、753项和559项，上海市与西藏自治区项目数量仍然为最少，仅为5项和2项。2016年12月，项目投资金额前三位分别是贵州省、山东省和云南省，投资金额分别16034亿元、12229亿元和10302亿元，最少是上海市与西藏自治区，为14亿元与22亿元。2019年12月前三位变为贵州省、云南省和四川省，投资金额分别为12024亿元、11354亿元和10075亿元，最少也是上海市与西藏自治区，为24亿元与97亿元。

财政部推出的四批示范项目，从2016—2019年，项目数量与投资金额均呈下降趋势。至2019年12月末，项目总数量降至966项，其中，第一、二、三、四批示范项目分别减少到18项、155项、418项和375项，计划投资金额下降至517亿元、4486亿元、9006亿元和7045亿元。项目覆盖全国所有地区，示范项目数量前三位分别是河南省、云南省和山东省，分别为92项、94项和86项，示范项目数量最少的省份为天津市、西藏自治区和上海市，分别只有1项、1项和2项；计划投资额前三位是云南省、河北省和北京市，投资额度分别达到2854亿元、2093亿元、1556亿元，投资额最少的省份仍然是天津市、西藏自治区和上海市，投资额仅仅只有5.16亿元、33.11亿元和15.8亿元。详情见表3-4和表3-5。

表3-4　　　　　　中国四批PPP国家示范项目变化情况

时间	第一批示范项目		第二批示范项目		第三批示范项目		第四批示范项目	
	数量（项）	金额（亿元）	数量（项）	金额（亿元）	数量（项）	金额（亿元）	数量（项）	金额（亿元）
2016年12月	22	709	205	6267	516	11700	0	0
2017年12月	22	714	162	4861	513	11957	0	0
2018年12月	20	560	158	4549	425	9234	386	7286
2019年12月	18	517	155	4486	418	9006	375	7045

注：数据资料根据财政部PPP项目管理数据库数据整理而得。

表 3-5　31 省、市、自治区四批 PPP 国家示范项目初始情况

省、市、自治区	第一批示范项目		第二批示范项目		第三批示范项目		第四批示范项目	
	数量（项）	金额（亿元）	数量（项）	金额（亿元）	数量（项）	金额（亿元）	数量（项）	金额（亿元）
北京	0	0	5	1217	6	453	6	163.74
天津	1	5.16	0	0	0	0	0	0
河北	2	20.15	5	834	31	1704	19	197.69
山西	0	0	3	41	10	70	7	29.61
内蒙古	0	0	9	489	27	452	17	147.06
辽宁	1	1.1	8	116	6	320	2	10.7
吉林	2	9.1	9	333	12	405	11	156.74
黑龙江	0	0	3	82	4	155	2	13.46
上海	1	14	0	0	0	0	1	1.8
江苏	9	514.79	5	71	14	263	4	148.18
浙江	2	568	7	139	15	235	11	807.51
安徽	4	226.4	7	65	32	774	17	135.19
福建	1	5.6	5	89	24	450	23	479.25
江西	1	13.2	2	3	14	128	7	47.01
山东	2	257.21	4	173	42	495	38	277.3
河南	0	0	41	720	24	391	27	359.52
湖北	0	0	5	92	27	422	32	589.42
湖南	1	2.99	11	229	27	482	19	173.76
广东	0	0	4	83	18	239	10	162.55
广西	0	0	7	199	4	45	10	133.19
海南	0	0	9	60	13	169	1	1
重庆	1	138	1	33	1	37	1	24.21
四川	0	0	4	61	25	314	25	629.04
贵州	1	20.27	10	86	22	529	19	461.01
云南	0	0	18	728	40	1702	36	746.36
西藏	0	0	0	0	0	0	1	33.13
陕西	1	4.03	5	201	20	246	17	510.03

续表

省、市、自治区	第一批示范项目 数量（项）	第一批示范项目 金额（亿元）	第二批示范项目 数量（项）	第二批示范项目 金额（亿元）	第三批示范项目 数量（项）	第三批示范项目 金额（亿元）	第四批示范项目 数量（项）	第四批示范项目 金额（亿元）
甘肃	0	0	3	114	14	389	8	133.15
青海	0	0	1	1	9	46	2	1.63
宁夏	0	0	1	11	7	101	4	58.37
新疆	0	0	1	10	20	119	19	476.12
全国	30	1800	193	6280	509	11155	396	7107.73

注：截至2019年12月末，第一批示范项目由初始的30项调整为18项，第二批示范项目由初始的206项，陆续调出51项，最终为155项，第三批示范项目由初始的516项，陆续调出98项，最终为418项，第四批示范项目由初始的396项，陆续调出21项，最终为375项。

2. PPP项目落地率变化状况

表3-7数据显示，截至2019年12月底，东部地区PPP项目落地率最高，平均达到75%，东北地区落地率最低，平均为57.2%。中部地区、西部地区和东北地区的PPP项目落地率均低于全国平均水平的67.05%。不同地区存在差别，如表3-6所示，落地率最高的三个地区为北京市、海南省和宁夏回族自治区，分别达到88.6%、86.5%和85.1%。落地率较低的省份是辽宁省、山西省和西藏自治区，分别为42.7%、43.3%和0。从落地数量来看，2019年12月底，东部地区的落地数量最多，高达2373项，占全国总落地数量的37.49%，西部与中部地区落地项目数量相差不大，分别为1883项和1798项，占全国总落地数量的29.75%和28.4%[①]。落地项目数量居前三位的省份分别是山东省、河南省与浙江省，数量为536项、437项和410项。落地项目数量较少的是青海省、上海市和西藏自治区，分别为22项、3项和0项。表3-8与表3-9显示，截至2019年12月底，全国四批PPP示范项目的落地率除第四批落地率为84.8%外，其余三批PPP示范项目落地率均为100%。从2016年1月至2019年12月的统计数据变化情况来看，PPP管理库项目与示范项目落地数量和落地率均呈上升趋势。

---

① 此数据东部地区不包含辽宁省，中部地区不包含吉林省和黑龙江省数据。

表3-6　　31省、市、自治区PPP管理库项目落地率情况

省、市、自治区	2016年12月			2017年12月			2018年12月			2019年12月		
	项目数量（项）	落地数量（项）	落地率（%）	项目数量（项）	落地数量（项）	落地率（%）	项目数量（项）	落地数量（项）	落地率（%）	项目数量（项）	落地数量（项）	落地率（%）
北京	98	21	21.4	49	31	63.3	60	33	55.0	70	62	88.6
天津	17	0	0	10	1	10.0	32	4	12.5	49	28	57.1
河北	450	63	14	263	135	51.3	343	211	61.5	392	277	70.7
山西	41	16	39	161	36	22.2	354	87	24.6	397	172	43.3
内蒙古	828	58	7	509	112	22.0	276	172	62.3	283	204	72.1
辽宁	487	36	7.4	114	48	42.1	134	60	44.8	185	79	42.7
吉林	61	24	39.3	98	57	58.2	161	85	52.8	173	118	68.2
黑龙江	144	14	9.7	66	23	34.9	92	51	55.4	107	69	64.5
上海	1	1	100	2	2	100.0	3	3	100.0	5	3	60.0
江苏	346	52	15	235	103	43.8	367	221	60.2	400	287	71.8
浙江	317	88	27.8	312	154	49.4	492	276	56.1	514	410	79.8
安徽	180	71	39.4	259	193	74.5	448	305	68.1	477	390	81.8
福建	280	43	15.4	211	131	62.1	333	226	67.9	351	285	81.2
江西	311	12	3.9	149	52	34.9	306	167	54.6	358	264	73.7
山东	1087	222	20.4	692	349	50.4	757	466	61.6	768	536	69.8
河南	795	77	9.7	646	168	26.0	643	272	42.3	753	437	58.0
湖北	132	27	20.5	233	69	29.6	393	181	46.1	418	273	65.3
湖南	316	62	19.6	528	117	22.2	420	236	56.2	420	262	62.4
广东	118	46	38.9	194	99	51.0	440	297	67.5	519	402	77.5
广西	183	15	8.2	97	24	24.7	172	66	38.4	206	104	50.5
海南	155	32	20.7	126	60	47.6	99	72	72.7	96	83	86.5
重庆	66	10	15.2	47	12	25.5	31	16	51.6	43	27	62.8
四川	848	81	9.6	440	172	39.1	513	276	53.8	559	360	64.4
贵州	1788	64	3.6	481	110	22.9	514	208	40.5	516	299	57.9
云南	417	34	8.2	318	109	34.3	446	190	42.6	482	270	56.0
西藏	2	0	0	2	0	0.0	2	0	0.0	2	0	0.0
陕西	316	27	8.5	196	81	41.3	262	141	53.8	282	186	66.0

续表

省、市、自治区	2016年12月			2017年12月			2018年12月			2019年12月		
	项目数量（项）	落地数量（项）	落地率（%）	项目数量（项）	落地数量（项）	落地率（%）	项目数量（项）	落地数量（项）	落地率（%）	项目数量（项）	落地数量（项）	落地率（%）
甘肃	470	8	1.7	81	15	18.5	96	37	38.5	124	56	45.2
青海	72	3	4.2	33	9	27.3	32	16	50.0	39	22	56.4
宁夏	72	4	5.6	56	17	30.4	46	35	76.1	47	40	85.1
新疆	862	146	16.9	525	240	45.7	384	281	73.2	401	315	78.6
全国	11260	1357	12.1	7133	2729	38.3	8655*	4691	54.2	9440	6330*	64.4

注：落地率 = 执行阶段与转移阶段项目数/项目总数。*包括中央项目。数据资料来源于全国PPP综合信息平台项目管理2017年、2018年、2019年报。

表3-7　各地区的PPP管理库项目落地情况

地区	2016年年末			2017年年末			2018年年末			2019年年末		
	项目数量（项）	落地数量（项）	落地率（%）	项目数量（项）	落地数量（项）	落地率（%）	项目数量（项）	落地数量（项）	落地率（%）	项目数量（项）	落地数量（项）	落地率（%）
东部	2869	568	19.8	2094	1065	50.9	2926	1809	61.8	3164	2373	75
中部	1775	265	14.9	1976	635	32.1	2564	1248	48.7	2823	1798	63.7
西部	5096	392	6.6	2785	901	32.4	2774	1438	51.8	2984	1883	63.1
东北	692	74	10.7	278	128	46.0	387	196	50.7	465	266	57.2
全国	11260	1357	12.1	7133	2729	38.3	8655	4691	54.2	9440	6330*	67.05

注：数据资料来源于全国PPP综合信息平台项目管理库2017年、2018年、2019年报，*包含中央项目。

表3-8　四批PPP国家示范项目情况（2019年12月）

批次	投资金额（亿元）	项目数（项）	落地率（%）
第一批示范项目	560	18	100
第二批示范项目	4549	155	100
第三批示范项目	9234	418	100
第四批示范项目	7286	375	84.8

注：数据资料来源于全国PPP综合信息平台项目管理库2019年报。

表 3-9　31省、市、自治区 PPP 示范项目落地情况（2019年12月）

省、市、自治区	项目数量		投资额	
	数量（项）	占全国比重（%）	金额（亿元）	占全国比重（%）
北京	14	1.5	1527	7.6
天津	1	0.1	20	0.1
河北	58	6.4	2093	10.4
山西	17	1.9	107	0.5
内蒙古	36	4.0	662	3.3
辽宁	12	1.3	113	0.6
吉林	28	3.1	613	3.1
黑龙江	6	0.7	97	0.5
上海	2	0.2	16	0.1
江苏	26	2.9	634	3.2
浙江	32	3.5	1376	6.8
安徽	53	5.8	855	4.3
福建	47	5.2	775	3.9
江西	19	2.1	141	0.7
山东	76	8.4	1090	5.4
河南	74	8.1	1219	6.1
湖北	53	5.8	923	4.6
湖南	41	4.5	563	2.8
广东	30	3.3	436	2.2
广西	16	1.8	171	0.9
海南	18	2.0	169	0.8
重庆	3	0.3	94	0.5
四川	46	5.1	799	4.0
贵州	38	4.2	961	4.8
云南	69	7.6	2750	13.7
西藏	0	0.0	0	0.0
陕西	34	3.7	951	4.7
甘肃	11	1.2	288	1.4
青海	9	1.0	45	0.2
宁夏	8	0.9	119	0.6
新疆	31	3.4	487	2.4
全国	909	100	20094	100

注：数据资料来源于全国 PPP 综合信息平台项目管理库2019年报。

3. PPP 项目合作资本构成分析

PPP 项目合作资本构成统计数据显示：截至 2019 年 12 月末，6330 个管理库项目落地，参与社会资本共 11402 家，其中民营企业 3847 家、国有企业 5934 家、港澳台企业 164 家、外商企业 89 家、其他类型企业 1368 家。民营企业占比 33.7%，国有企业占 52%，港澳台企业占 1.4%，外商企业占 0.78%，其他类型企业占 12%，变化情况详情见表 3-10 和图 3-1。

表 3-10　落地管理库 PPP 项目签约社会资本参与构成情况

时间	民营企业		国有企业		外商企业		港澳台企业		其他类型企业		总数量（家）
	数量（家）	占比（%）	数量（家）	占比（%）	数量（家）	占比（%）	数量（家）	占比（%）	数量（家）	占比（%）	
2018年12月	2713	34.9	4035	51.9	54	0.69	116	1.5	863	11.1	7781
2019年3月	3341	34.9	4916	51.4	69	0.72	136	1.4	1103	11.5	9565
2019年6月	3543	36.0	4916	49.9	76	0.77	144	1.5	1175	11.9	9854
2019年9月	3705	34.6	5537	51.7	78	0.73	147	1.4	1246	11.6	10713
2019年12月	3847	33.7	5934	52.0	89	0.78	164	1.4	1368	12.0	11402

注：数据资料来源于全国 PPP 综合信息平台项目管理库 2019 年报。

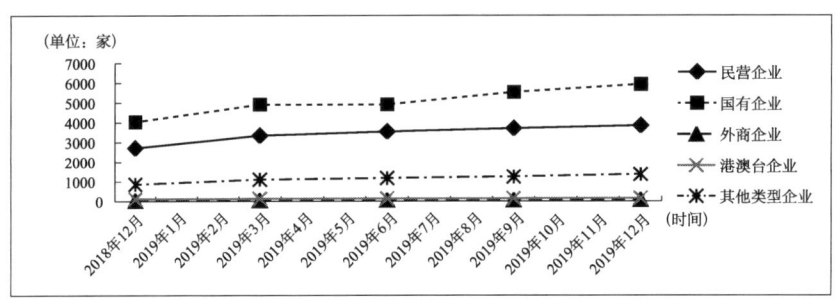

图 3-1　2018—2019 年落地 PPP 管理库项目社会资本构成变化趋势

截至 2019 年 12 月末，落地国家示范项目 909 个，涉及签约社会资本 1738 家，其中民营企业 757 家、国有企业 879 家、港澳台企业 44 家、外商企业 18 家、其他类型企业 40 家。从 2016 年 6 月至 2019 年 12 月，落地示范项目的国有企业资本所占比重较大，样本期间平均占比高达 55.39%，其次是民营企业资本，平均占比为 37.33%，两者之和达到 PPP 国家示范项目参与社会资本的92.72%，这说明我国落地的PPP国家示范项目中，国有资本和民营资本为投资的社会资本主要来源方，外商资本和港澳台地区社会资本占比平均在4.22%左右，较低。合作资本构成变化详情见表3-11和图3-2。

表3-11　　　落地PPP示范项目签约社会资本构成情况

时间	民营企业 数量（家）	民营企业 占比（%）	国有企业 数量（家）	国有企业 占比（%）	外商企业 数量（家）	外商企业 占比（%）	港澳台企业 数量（家）	港澳台企业 占比（%）	其他类型企业 数量（家）	其他类型企业 占比（%）	总数量（家）
2016年6月	43	36	65	55	3	2	0	0	8	7	119
2016年12月	163	39	232	55	6	1.5	16	4	2	0.5	419
2017年6月	291	37	436	55	15	2	21	3	22	3	785
2017年12月	340	34.7	569	58	16	1.6	27	2.8	29	3	981
2018年6月	598	39.4	821	54.2	17	1.1	40	2.6	40	2.6	1516
2018年12月	633	39.8	855	53.8	18	1.1	42	2.6	41	2.6	1589
2019年12月	757	43.6	879	50.6	18	1.0	44	2.5	40	2.3	1738

注：数据资料来源于全国PPP综合信息平台与PPP项目管理库各年季报。

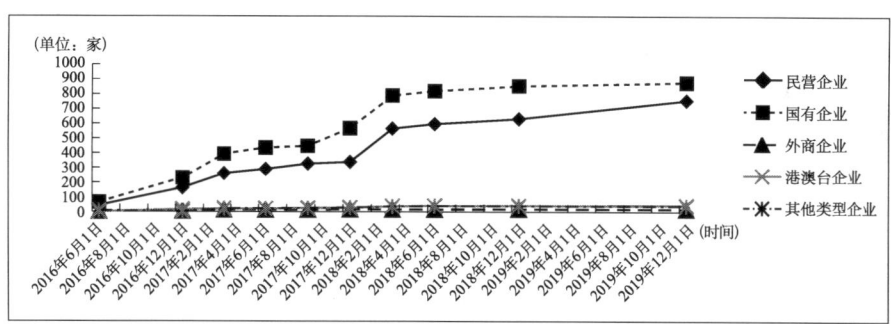

图3-2　落地PPP示范项目社会资本构成数量变化趋势

4. PPP项目回报类型分析

PPP项目常见的回报类型主要有政府付费、使用者付费和可行性缺口补助三种。政府付费是指政府直接付费购买公共产品和服务，依据项目设施的可用性、产品和服务的使用量和质量向项目公司支付购买费用。使用者付费是指由最终消费用户直接付费购买公共产品和服务，项目公司直接向最终消费者收取费用,以回收项目的建设和运营成本并获得合理回报。可行性缺口补助是介于政府付费与使用者付费之间的一种补偿性回报机制,为了使项目公司获得合理的收益,由政府补偿其使用者付费与合理收益之间的缺口,使项目具备商业上的可行性,而非让项目公司获得超额利润。

从2016年1月至2019年12月,我国累计不同回报机制类型的PPP项目占比变化情况如表3-12、图3-3与图3-4所示。从变化趋势看,我国使用者付费PPP项目数量与投资额占比均呈下降趋势,项目数量由2016年1月末的3338项减少到2019年12月末的629项,占比由47.7%降为6.7%;投资额由2016年1月末的3.4万亿元减少到2019年12月末的1.39万亿元,占比由42%降为9.6%。政府付费项目数量与投资额占比均表现为稳中有升。项目数量由2016年1月末的2000项增加到2019年12月末的3393项,占比由28.6%上升至35.9%;投资额由2016年1月末的1.8万亿元增加到2019年12月末的3.34万亿元,占比由22.2%略微上升至23.2%。可行性缺口补助项目数量与投资额占比呈上升趋势,分别由2016年1月的23.7%和35.8%上升至2019年12月的57.4%和67.1%。2019年12月底,我国PPP项目的回报类型详情如图3-5和图3-6所示。从项目数量来看,政府付费与可行性缺口补助类型项目数量占比达到93%,使用者付费项目数量仅占7%。从投资额来看,政府付费与可行性缺口补助类型项目投资额占比也高达90%,使用者付费项目投资额仅占10%。这一状况说明我国现有的大部分PPP项目均由政府承担主要支付责任,使用者个体承担支付责任较少。

表3-12 不同时点各种回报机制类型PPP项目情况

时间	使用者付费		政府付费		可行性缺口补助	
	数量(个)	投资额(亿元)	数量(个)	投资额(亿元)	数量(个)	投资额(亿元)
2016年1月	3338	34000	2000	18000	1659	29000
2016年3月	3671	36300	2211	19400	1839	32100
2016年6月	4315	41038	2743	23746	2227	40300
2016年9月	4518	43000	3214	30000	2739	51000
2016年12月	4687	46000	3591	33700	2982	55200

续表

时间	使用者付费 数量（个）	使用者付费 投资额（亿元）	政府付费 数量（个）	政府付费 投资额（亿元）	可行性缺口补助 数量（个）	可行性缺口补助 投资额（亿元）
2017年3月	4833	48000	4053	37000	3401	60000
2017年6月	4929	50000	4659	43000	3966	70000
2017年9月	1384	16000	2679	30000	2715	55000
2017年12月	1323	15802	2884	32912	2930	58863
2018年3月	899	12236	3423	34623	3098	68191
2018年6月	715	11000	3136	34000	3898	75000
2018年9月	623	9150	3259	34000	4407	80000
2018年12月	626	11000	3307	34000	4721	87000
2019年12月	629	13876	3393	33408	5418	96542

注：数据资料来源于全国PPP综合信息平台与PPP项目管理库各年季报。

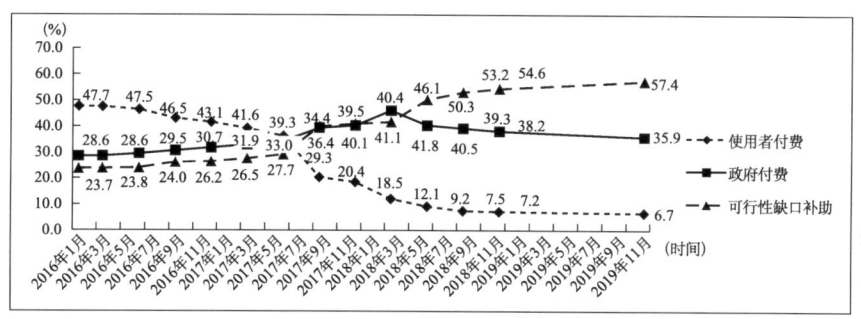

图3－3 2016—2019年我国不同回报类型PPP项目占比变化趋势（数量）

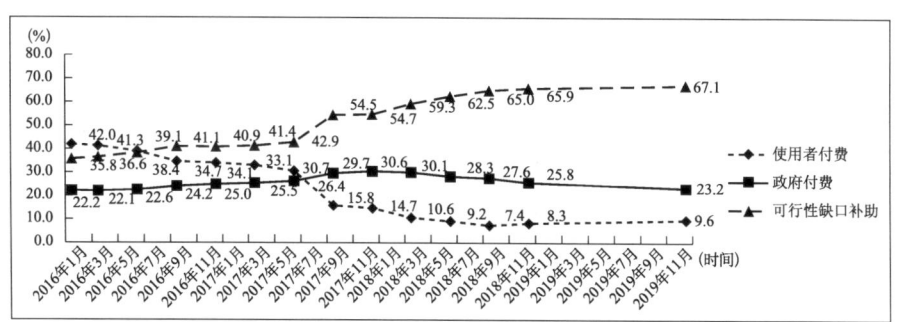

图3－4 2016—2019年我国不同回报类型PPP项目占比变化趋势（投资额）

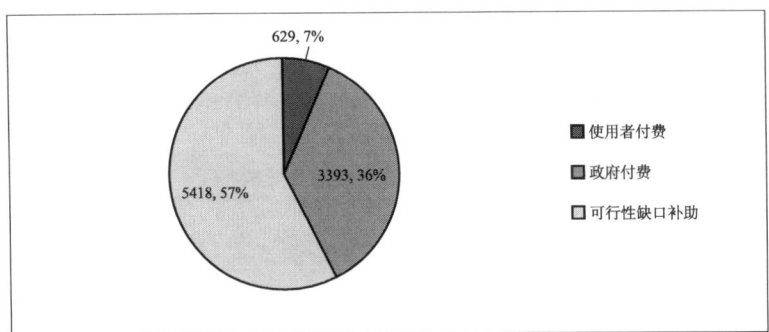

图 3-5 2019 年年末我国 PPP 项目回报类型情况（数量）

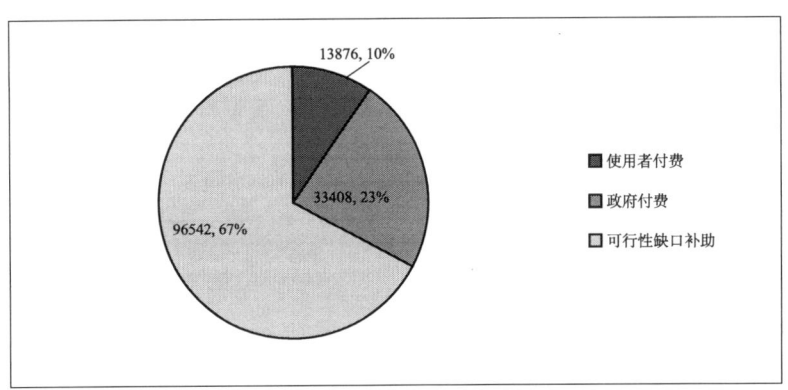

图 3-6 2019 年年末我国 PPP 项目类型情况（投资额）

三、PPP 模式的民生基础设施建设项目现状

（一）数量规模

表 3-13 数据显示，2016 年 1 月至 2019 年 12 月，我国民生基础设施 PPP 项目数量与投资规模总体呈增加趋势。项目数量与投资额分别由 2016 年年初的 5537 项和 64859 亿元增加到 2019 年年末的 8211 项和 115025 亿元，总体增幅分别为 48.29% 和 77.35%。其中，在经济性民生基础设施项目中，交通运输 PPP 项目数量增长最快，由 2016 年年初的 761 项增加到 2019 年年末的 1317 项；能源与水利 PPP 项目增长较慢，分别只增加 6 项和 51 项。在社会性民生基础设施项目中，增加最多的是市政工程与政府基

础设施项目,从 2016 年年初的 1911 项增加到 2019 年年末的 3990 项,增加 2079 项,其次是生态与环境保护和教育、科技、文化与体育等设施项目,分别增长 291 项和 171 项。但是医疗卫生、社会福利与养老及保障性安居工程项目均呈现下降趋势,分别由 2016 年年初的 350 项和 680 项减少到 2019 年年末的 262 项和 288 项,尤其是社会福利与养老及保障性安居工程项目减少 392 项,降幅达到 57.64%。

表 3-13　我国民生基础设施 PPP 管理库项目变动情况(2016—2019 年)

类别		2016 年年初		2016 年年末		2017 年年末		2018 年年末		2019 年年末	
		项目数（项）	投资额（亿元）	项目数（项）	投资额（亿元）	项目数（项）	投资额（亿元）	项目数（项）	投资额（亿元）	项目数（项）	投资额（亿元）
经济性基础设施	交通运输	761	22341	1375	39573	1008	31824	1236	38464	1317	45796
	能源	123	667	195	1220	114	704	106	554	129	677
	水利设施	348	2233	518	3874	310	2743	373	3068	399	3314
社会性基础设施	生态与环境保护	633	5264	633	6534	543	7043	827	9080	924	9988
	医疗卫生	350	1590	494	2333	261	1599	251	1940	262	2013
	教育、科技、文化与体育等设施	731	4015	1205	6822	764	5304	852	6014	902	6334
	社会福利与养老及保障性安居工程	680	7406	901	9471	373	4569	296	3948	288	3323
	市政工程与政府基础设施	1911	21343	4173	39801	2827	35410	3585	41674	3990	43580
合计		5537	64859	9494	109628	6200	89196	7526	104742	8211	115025

注:数据资料来源于全国 PPP 综合信息平台项目管理库与 2017 年、2018 年、2019 年报。社会福利项目为平台数据中的社会保障项目,下同。

从项目落地情况来看,如表 3-14 所示,2017—2019 年,PPP 项目管理库民生基础设施项目平均落地率,由 2017 年 12 月末的 40.86% 上升至 2019 年 12 月末的 69.05%,上升 28.19 个百分点,整体呈上升趋势。截至

2019年12月末,落地率最高的是社会福利与养老及保障性安居工程项目,落地率高达73.66%,其次是市政工程与政府基础设施项目,落地率为72.43%,落地率最低的是教育、科技、文化与体育设施项目,为63.22%。整体来看,民生基础设施PPP项目落地率一直呈上升趋势,主要原因是PPP项目审核比以前更加严格规范,提高了入库项目的质量要求,对难以落地的项目进行了退库处理,使得管理库中PPP项目的整体质量得到提高。

表3–14 我国民生基础设施PPP项目落地情况表(2017—2019年)

类别		2017年12月31日				2019年12月31日				
		项目数(项)		投资额(亿元)		项目数(项)		投资额(亿元)		
		入库项目	落地项目	入库项目	落地项目	落地率(%)	入库项目	落地项目	入库项目	落地项目	落地率(%)
经济性基础设施	交通运输	1008	369	31824	12282	37.60	1317	914	45796	28688	66.02
	能源	114	60	704	444	57.85	129	88	677	494	70.59
	水利设施	310	118	2743	1077	38.66	399	269	3314	2344	69.07
社会性基础设施	生态与环境保护	543	212	7043	3366	43.42	924	612	9988	7042	68.37
	医疗卫生	261	86	1599	447	30.45	262	182	2013	1383	69.08
	教育、科技、文化与体育设施	764	271	5304	1902	35.67	902	566	6334	4034	63.22
	社会福利与养老及保障性安居工程	373	125	4569	1893	37.47	288	198	3323	2611	73.66
	市政工程与政府基础设施	2827	1197	35410	17407	45.75	3990	2770	43580	32877	72.43

注:落地率为落地项目数/管理库项目数与落地投资额/投资额的平均值。
数据来源:数据资料来源于全国PPP综合信息平台项目管理库2017年、2019年报。

从表3–15可以看出,截至2019年年末,四批国家示范项目中,民生基础设施项目共落地825项，投资总额17212亿元，其中市政工程与政府基础设施项目数最多，为403项，其次是教育、科技、文化与体育设施项目共105项，交通运输设施项目95项，数量较少的是能源设施项目，为26项，医疗卫生设施25项和水利设施42项。与2018年年末相比，民生基础设施落地项目总量增加14项。具体民生基础设施项目有增有减，其中，交通运输设施，水利设施，教育、科技、文化与体育设施和生态环保设施项目略有增加，交通运输设施落地项目增加4项，医疗卫生与能源设施未增加，其余各增加1项，市政工程与政府基础设施落地项目增加最多，为9项，而社会福利与养老及保障性安居工程落地项目则减少2项。从投资金额来看，2019年12月末，投资金额最多的民生基础设施落地项目是市政工程与政府基础设施和交通运输设施，分别为7321亿元和6337亿元，最少的是医疗卫生设施与能源设施，分别为130亿元和160亿元。截至2019年6月，四批国家示范民生基础设施项目平均落地率达93%以上，能源与医疗卫生项目落地率达到100%，详情见表3-16。

表3-15 我国PPP民生基础设施示范项目落地情况（2018—2019年）

类别		2018年12月末			2019年12月末		
		项目数（项）	投资额		项目数（项）	投资额	
			金额（亿元）	占比（%）		金额（亿元）	占比（%）
经济性基础设施	交通运输	91	6301	36.6	95	6337	36.8
	能源	26	154	0.9	26	160	0.9
社会性基础设施	水利设施	41	468	2.7	42	464	2.7
	生态与环境保护	86	1367	7.9	87	1349	7.8
	医疗卫生	25	130	0.8	25	130	0.8
	教育、科技、文化与体育设施	104	1044	6.1	105	1021	5.9
	社会福利与养老及保障性安居工程	44	450	2.6	42	430	2.5
	市政工程与政府基础设施	394	7291	42.4	403	7321	42.5
合计		811	17205	100	825	17212	100

注：数据资料来源于全国PPP综合信息平台项目管理库2017年、2019年报。

表 3-16　我国民生基础设施四批 PPP 示范项目落地情况（2019 年 6 月）

类别		第一、二、三、四批示范项目				平均落地率*（%）
		第一批 落地率（%）	第二批 落地率（%）	第三批 落地率（%）	第四批 落地率（%）	
经济性基础设施	交通运输	100	100	100	92.7	98
	能源	100	100	100	100	100
	水利设施	100	100	100	81.8	95
社会性基础设施	生态与环境保护	100	100	100	97.3	99
	医疗卫生	100	100	100	100	100
	教育、科技、文化与体育设施	100	100	100	79.6	95
	社会福利与养老及保障性安居工程	100	100	100	73.7	93
	市政工程与政府基础设施	100	100	100	85.9	96

注：落地率为落地项目数、落地投资额分别与管理库项目数、投资额比率的平均值。数据资料来源于全国 PPP 综合信息平台项目管理库 2019 年报。

（二）项目结构

1. 项目类别结构

通过对全国 PPP 综合信息平台项目管理库民生基础设施项目数据整理，得出 2016—2019 年不同类型民生基础设施项目的数量结构与投资结构状况及变化趋势。

从图 3-7 与图 3-8 可知，2016 年年初至 2019 年年末，经济性与社会性民生基础设施 PPP 项目数量分别平均占比为 22.78% 与 77.22%，在此期间，二者占比保持稳定，变化不大。2019 年年末，二者占比分别为 22% 和 78%。分析结果表明：社会性民生基础设施为 PPP 项目投资主要对象，经济性民生基础设施 PPP 投资相对较少，这与我国当前重民生的基础设施投资政策吻合，这也从另一个侧面反映 PPP 项目成为执行民生政策的一种重要手段。图 3-9 显示，民生基础设施具体类别的数量构成，市政工程与政府基础设施的项目数量平均占比高达 46.75%，占据民生基础设施项目数量的近一半，其次是交通运输设施的项目数量，平均占比为 15.75%，此两类 PPP 项目数量占比高达 62.5%。这说明我国 PPP 项目大多集中于交通运输与市政工程建设，而在教育、科技、文化与体育设施与医疗卫生设施的 PPP 项目数量有下降趋势，2016 年年末占比为 18%，到 2019 年 12 月时，占比下降为 14%，平均占比为 15.5%。

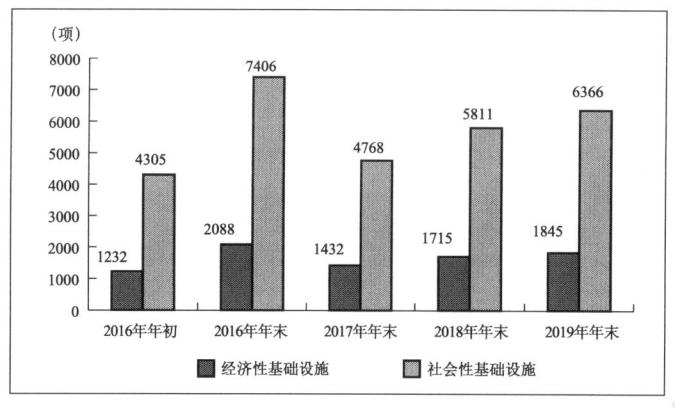

图 3-7　2016—2019 年我国民生基础设施 PPP 项目数量构成变化

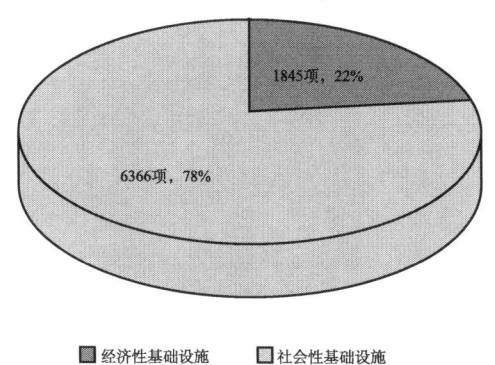

图 3-8　2019 年年末我国民生基础设施 PPP 项目数量构成

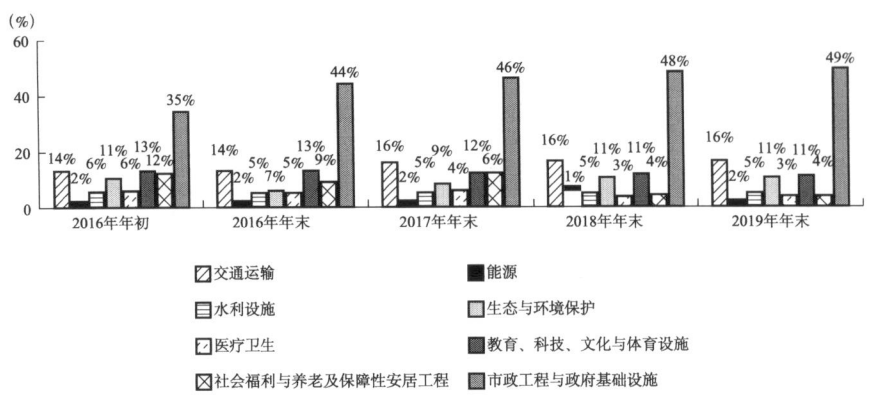

图 3-9　2016—2019 年中国民生基础设施 PPP 项目数量构成

如图 3-10 所示，2016 年年初至 2019 年年末，社会性民生基础设施 PPP 项目年平均投资额为 5.86 万亿元，经济性民生基础设施 PPP 项目年平均投资额为 4.11 万亿元；经济性民生基础设施 PPP 项目投资平均占比 41%，社会性民生基础设施 PPP 项目投资占比 59%。其中，市政工程与政府基础设施项目投资最多，平均投资占整个民生基础设施项目年平均投资总额的 46.75%，交通运输设施项目平均投资占比为 15.75%，教育、科技、文化、体育与医疗卫生设施项目投资占比 15.5%，投资占比最少的是能源和医疗卫生设施项目，平均占比分别为 1.75% 和 3.75%。从投资额来

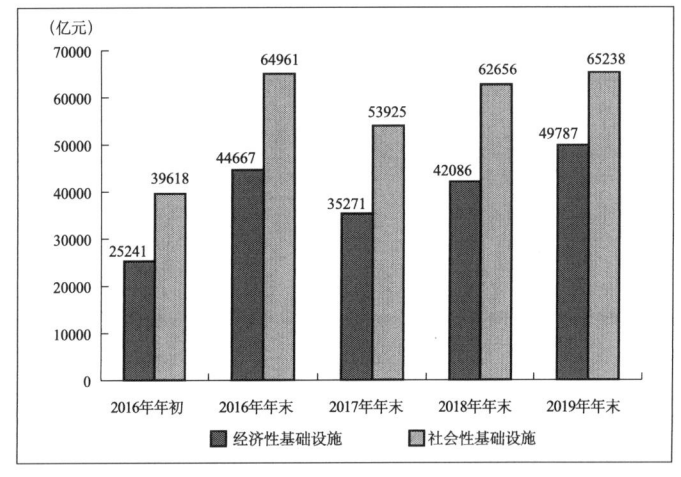

图 3-10　2016—2019 年我国民生基础设施 PPP 项目投资额构成变化

看，社会性与经济性民生基础设施投资占比差距不是很大。详情见图3-10、图3-11与图3-12。

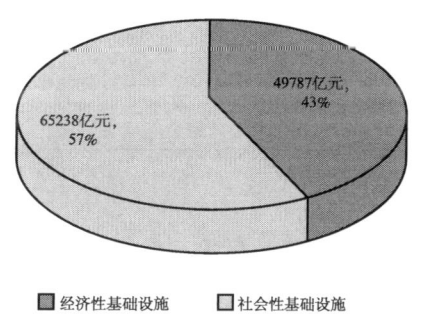

图3-11　2019年中国民生基础设施PPP项目投资额构成

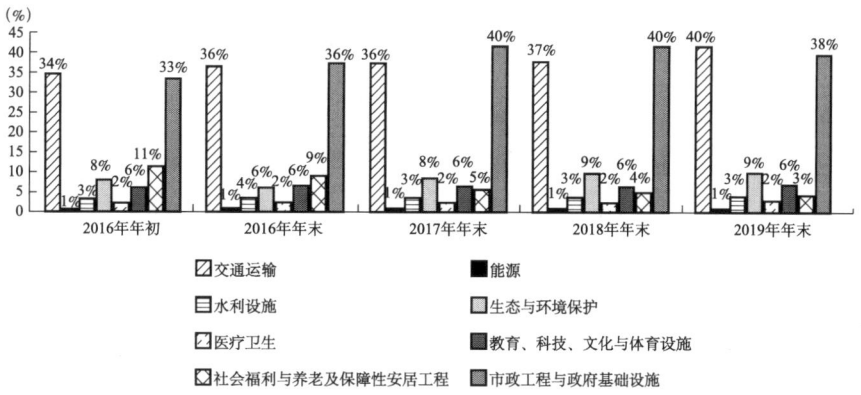

图3-12　2016—2019年我国具体民生基础设施PPP项目投资额构成变化

2. 区域分布结构

表3-17列示了我国PPP项目管理库民生基础设施项目的区域分布状况。从东部、中部、西部地区项目数量来看，截至2019年6月，中部地区民生基础设施PPP项目数量最少，为2107项，占比27.55%，东部地区最多，为2699项，占比35.29%。从投资额来看，东部地区近似等于中部与西部地区投资额的总和，占比45.9%，总投资7.16万亿元，中部地区为2.42万亿元，西部地区为4.73万亿元。东北地区PPP项目数量分别只是东部、中部和西部地区的1/9、1/6和1/8，投资额分别为

东部、中部和西部地区的7%、21%和11%，与东中西地区省市平均数量相比，数量与投资额均偏少。以上分析说明，东部地区的民生基础设施建设吸引社会资本的能力最强，中部地区与东北地区吸引社会资本能力较差。

表3-17　　我国民生基础设施PPP管理库项目四大地区分布情况（2019年6月）

类别		东部地区		中部地区		西部地区		东北地区	
		数量（项）	投资额（亿元）	数量（项）	投资额（亿元）	数量（项）	投资额（亿元）	数量（项）	投资额（亿元）
经济性基础设施	交通运输	383	9165.7	361	6610.8	473	26411.6	54	685.5
	能源	60	320.8	25	116	21	111.2	6	34.9
	水利设施	106	1081.6	103	938	160	1034.8	9	85.7
社会性基础设施	生态与环境保护	278	2503	308	3506.9	260	3272.5	31	716.2
	医疗卫生	107	843.3	63	652.6	84	502.9	7	17.4
	教育、科技、文化与体育设施	323	2449	266	1992	249	1618.8	26	155.2
	社会福利、养老及保障性安居工程	127	1766.2	71	887.1	91	899.67	6	31.7
	市政工程与政府基础设施	1315	53472.3	910	9541.6	1151	13463.7	214	3447.3
总额		2699	71601.9	2107	24245	2489	47315.2	353	5174

注：数据资料根据全国PPP综合信息平台项目管理库2019年6月末数据整理而得。

如表3-18所示，在四批全国示范PPP项目中，西部地区民生基础设施项目数量多，为321项，投资额最大，为6273.21亿元；东北地区项目数与投资额最少，分别仅为55项和771.74亿元。从省平均项目数与省平均投资额来看，东北地区省平均项目数为18.33项，省平均投资为257.25亿元，低于东部地区省平均项目数与省平均投资额的30.1项和536.7亿元，中部地区的42.7项和639.08亿元和西部地区的26.75项和522.77亿元。东北地区PPP民生基础设施项目省平均数量与省平均投资金额均最少。从具体民生基础设施分布来看，西部地区交通运输、生态与环境保护、水利设施、医疗卫生设施项目数量最多，分别为55项、30项、31项和12项，中部地区教育、科技、文化与体育设施和社会福利与养老及保障性安居工程项目较多，分别为43项和17项。各省份具体项目数与投资额见表3-19。

表3-18 中国民生基础设施PPP示范项目分地区情况（2019年6月）

	类别	东部地区		中部地区		西部地区		东北地区	
		数量（项）	投资额（亿元）	数量（项）	投资额（亿元）	数量（项）	投资额（亿元）	数量（项）	投资额（亿元）
经济性基础设施	交通运输	50	2487.4	21	778.5	55	3599.3	5	199
	能源	10	78.1	3	16.9	8	47.7	0	0
	水利设施	23	99.2	29	583.2	31	130.9	4	30.8
社会性基础设施	生态与环境保护	24	353.2	20	504.8	30	429.7	2	17
	医疗卫生	9	38	10	67.9	12	29.8	0	0
	教育、科技、文化与体育设施	40	365.4	43	443.6	36	234.3	6	87.4
	社会福利、养老、保障安居	10	88.1	17	156.7	14	52.7	5	27.5
	市政工程与政府基础设施	135	1857.7	113	1283	135	1748.8	33	410.1
	总额	301	5367	256	3834.5	321	6273.2	55	771.7
	省平均数	30.1	536.7	42.7	639.08	26.75	522.77	18.33	257.25

数据来源：数据资料根据全国PPP综合信息平台项目管理库2019年6月末数据整理而得。

表 3-19 我国民生基础设施 PPP 管理库项目各省、市、自治区情况（2019 年 6 月末）

地区		交通运输		能源		水利设施		生态环境保护		医疗卫生		教育、科技、文化与体育设施		社会福利与养老及保障性安居工程		市政工程与政府基础设施	
		数量（项）	投资额（亿元）	数量（项）	投资额（亿元）	数量（项）	投资额（亿元）	数量（项）	投资额（亿元）	数量（项）	投资额（亿元）	数量（项）	投资额（亿元）	数量（项）	投资额（亿元）	数量（项）	投资额（亿元）
东部地区	北京	4	390.31	1	4.95	6	110.73	11	244.23	0	0.00	5	61.45	3	44.48	36	1256.91
	天津	6	89.57	1	20.22	0	0.00	0	0.00	1	5.52	2	27.52	2	108.69	29	801.04
	河北	44	1828.04	4	9.99	11	122.41	32	372.42	12	94.71	39	252.60	2	12.59	169	1025.43
	上海	0	0.00	0	0.00	0	0.00	0	0.00	0	0.00	1	1.80	0	0.00	1	14.01
	江苏	45	802.09	7	53.36	8	69.33	19	358.57	6	106.78	31	346.00	41	596.77	136	2226.69
	浙江	105	2854.20	13	96.10	27	300.03	20	125.08	14	81.56	63	429.51	32	461.03	169	2505.69
	福建	34	407.76	6	18.47	10	74.60	28	306.83	18	139.54	39	306.14	8	48.30	146	1243.27
	山东	70	905.83	20	79.12	23	153.31	59	607.02	42	315.51	122	925.15	34	475.82	313	41154.40
	广东	72	1680.93	2	11.86	17	204.70	101	452.54	12	89.09	18	95.31	5	18.49	250	2661.47
	海南	3	206.94	6	26.76	4	46.46	8	36.34	2	10.56	3	3.53	0	0.00	66	583.38
	总额	383	9165.67	60	320.84	106	1081.56	278	2503.02	107	843.27	323	2449.00	127	1766.16	1315	53472.28
中部地区	山西	70	916.41	0	0.00	18	60.18	30	158.51	9	69.24	45	374.05	8	70.60	166	1120.06
	安徽	59	1232.70	3	25.35	5	57.21	65	529.07	10	112.54	35	282.47	11	68.15	202	1549.75
	江西	52	547.58	2	9.27	15	88.49	21	290.25	7	39.85	23	138.43	13	156.62	126	834.47
	河南	109	2511.10	10	42.11	46	577.04	99	1133.06	24	158.77	94	679.94	23	452.03	213	2373.17
	湖北	38	445.81	4	13.56	6	50.78	57	1108.45	5	32.66	35	228.53	3	22.01	214	2207.84
	湖南	33	957.19	6	25.74	17	104.32	36	287.59	8	239.56	34	288.61	13	117.66	171	1456.35
	总额	361	6610.79	25	116.02	103	938.02	308	3506.92	63	652.62	266	1992.03	71	887.08	910	9541.64

第三章　PPP 模式建设民生基础设施的现状与问题

续表

地区		交通运输		能源		水利设施		生态环境保护		医疗卫生		教育、科技、文化与体育设施		社会福利与养老及保障性安居工程		市政工程与政府基础设施	
		数量（项）	投资额（亿元）	数量（项）	投资额（亿元）	数量（项）	投资额（亿元）	数量（项）	投资额（亿元）	数量（项）	投资额（亿元）	数量（项）	投资额（亿元）	数量（项）	投资额（亿元）	数量（项）	投资额（亿元）
西部地区	内蒙古	30	1944.69	3	26.35	5	46.58	25	251.17	5	30.61	31	208.05	6	61.75	152	1333.82
	广西	26	1157.64	0	0.00	4	32.69	28	287.55	2	15.13	16	131.92	8	22.74	86	572.38
	重庆	13	889.30	0	0.00	2	43.69	4	26.11	0	0.00	1	12.20	0	0.00	12	202.60
	四川	118	3377.68	6	30.36	12	85.02	35	507.43	16	70.43	38	207.53	24	235.41	224	3205.64
	贵州	72	5485.91	5	13.37	17	98.57	55	526.57	25	173.16	35	246.64	19	103.78	196	2727.62
	云南	88	7120.41	0	0.00	69	316.54	55	723.77	13	87.96	35	202.03	9	73.03	129	1885.72
	西藏	0	0.00	0	0.00	0	0.00	0	0.00	0	0.00	1	0.00	0	0.00	1	0.01
	陕西	37	1057.88	2	18.63	11	77.31	27	737.95	10	73.18	31	202.23	11	70.29	109	1255.01
	甘肃	26	2021.04	0	0.00	7	43.29	7	29.53	3	0.00	11	129.32	1	1.45	50	331.66
	青海	3	333.21	0	0.00	3	92.37	4	19.05	3	1.01	5	13.77	2	2.34	13	50.50
	宁夏	6	225.71	0	0.00	4	30.97	4	33.58	3	14.30	7	22.29	1	5.08	18	169.38
	新疆	57	2798.14	5	22.44	26	167.73	16	129.77	9	37.15	41	242.81	10	323.80	173	1729.37
	总额	473	26411.62	21	111.16	160	1034.76	260	3272.50	84	502.94	249	1618.80	91	899.67	1151	13463.70
东北地区	黑龙江	31	264.94	3	12.10	3	5.08	6	24.88	1	0.38	9	25.51	0	0.00	41	723.06
	吉林	14	271.39	1	4.00	4	16.64	19	628.36	1	6.59	8	55.05	3	17.23	98	1416.97
	辽宁	13	149.17	3	18.84	2	64.00	7	62.97	3	10.44	10	74.60	3	14.48	93	1307.28
	总额	54	685.50	6	34.94	9	85.72	31	716.21	7	17.42	26	155.16	6	31.71	214	3447.31

注：数据资料根据全国PPP综合信息平台项目管理库2019年6月末数据整理而得。

第三节 PPP 模式建设民生基础设施存在的问题——基于案例研究

自 2014 年我国大规模推广 PPP 模式建设基础设施以来，运用 PPP 模式建设民生基础设施的项目数量规模与投资金额逐年增长。已有不少 PPP 项目经历设计、投融资、建设，进入到运营的最后阶段。有些 PPP 项目运行很成功，也有些项目遇到了困难，中途退出。我国运用 PPP 模式建设民生基础设施，取得了一定成绩，但也仍然存在不少有待解决的实践问题。为了进一步完善 PPP 制度，科学运用 PPP 模式完善与发展民生基础设施，满足广大公众的民生服务需求。本节通过收集 20 世纪 80 年代以来的 PPP 建设民生基础设施案例，对其进行展开分析，以期能够总结出 PPP 模式建设民生基础设施中存在的重要问题，为本书后续研究提供案例证据。

本书的案例资料主要来源于网络与全国 PPP 综合信息平台项目案例。根据收集的案例，从 PPP 项目的合作目标、项目控制权、风险分担方式、收益共享模式、监管等方面展开分析，重点归纳责任与控制权配置、风险分担与收益共享以及监管方面存在的问题，以便为进一步分析研究提供基础性依据。

一、案例整理分析概况

通过网络搜寻与检索全国 PPP 项目管理库共收集选取 43 个案例，经整理分析，对政府、社会资本方、项目公司与消费者在 PPP 中表现出的合作目标、责任、控制权、风险、收益与监管六个方面的情况列示如表 3-20 所示。

表 3-20 案例总体情况

参与方	合作目标	控制权	责任分担	风险分担	收益	监管
政府	减缓财政与建设需求之间矛盾，提供公共服务与公共产品，提高服务质量	准入权、经营特许权、定价权、监督权	出资付费、考核监管、利益协调	政策、法律、不可抗力风险	公共福利、超额收益、项目资产	准入、投融资、成本价格、质量安全、服务内容

续表

参与方	合作目标	控制权	责任分担	风险分担	收益	监管
社会资本方	获取合理的投资收益	设计、投融资、建设、运营、维护决策权	出资、组建公司、管理公司	融资、建设、运营风险、不可抗力风险	正常收益、超额收益	内部控制监督
项目公司	实现合作目标	设计、投融资、建设、运营、维护执行权	执行合同、建设质量、服务质量	合同执行风险	经济利润、社会收益	内部控制监督
消费者	使用公共产品与获得服务	使用权、消费权	付费	质量风险、服务后风险	消费产品与服务	产品与服务质量

注：根据案例整理而得。

二、PPP 项目重点问题案例分析

下面将选取某一案例，对 PPP 项目参与各方的合作目标、控制权分配、责任分担、风险分担、收益分享和运行监管的情况做进一步分析。

（一）合作目标

根据《财政部关于推广运用政府和社会资本合作模式有关问题的通知》（财金〔2014〕76号）要求：政府与社会资本合作基于：（1）落实十八届三中全会关于"允许社会资本通过特许经营方式参与城市基础设施投资和运营"的精神；（2）拓宽建设融资渠道；（3）促进政府职能转变。而国家发改委 2014 年颁发的《国家发展改革委关于开展政府与社会资本合作的指导意见》（发改投资〔2014〕2724号）则明确提出政府与社会资本合作是为了增强公共产品和服务的供给能力，提高供给效率。从这些文件可以看出，从政府角度出发，政府与社会资本合作目标有三：一是拓宽公共产品与服务的融资渠道，二是提高公共产品与服务的供给能力和供给效率，三是转变政府职能，变政府投资为社会投资，变政府建设为社会建设。从收集到的 PPP 项目案例分析来看，政府与社会资本合作的目标集中表现为：缓解财政支出压力，提高项目工程质量，提供公共服务。

社会资本方是指已建立现代企业制度的境内外企业法人，但不包括本级政府所属融资平台公司及其他控股国有企业。在《关于在公共服务领域推广政府和社会资本合作模式的指导意见》中将社会资本方定义为国有控股企业、民营企业、混合所有制企业等各类型企业。《基础设施和公用事业特许经营管理办法》则将特许经营授权对象定义为中国境内外的法人或其他组织。从这些文件给出的定义来看，社会资本方的内涵很宽泛，几乎可以涵盖所有企业（包括城投公司）。成为社会资本方的方式很多，从PPP项目库的案例来看，大多采取竞争性招投标形式。通过对PPP案例协议合同分析发现，社会资本方获利方式、考核方式以及如何取得利润等内容在协议文本中都已经清楚写明。同时反映社会资本方参与PPP模式，投资建设民生基础设施，主要目标是获取比较稳定的利润。相对于市场投资而言，民生基础设施投资利润来源更为可靠，主要风险来源于政府换届及政策的变动与调整。政府与社会资本方的合作目标并不一致。

发起政府与社会资本合作项目，不管是政府出于缓解财政支出与建设需求之间的矛盾，还是社会资本为了取得稳定利润回报的投资机会，要想达成所愿，必须完成双方合约，按时按质按量完成合作项目。因此，按时按质按量完成合作项目成为合作双方的共同目标。为了实现这一合作目标，政府与社会资本在合作中要充分考虑合作双方的控制权分配、责任和风险分担、收益分享以及运营维护中的监督管理。

（二）控制权分配

权力是指达到某种目的的能力，反映个人、社会及他人的利益关系（安东尼·吉登斯，1998）。控制权是指权力主体拥有可以自由支配的资源，而同时又排斥他人对该资源实施同种行为的权力（叶晓甦，2011）。在PPP项目中，政府与社会资本方控制权分配是PPP合作双方权利与义务约定的基础条件，实现合作效率的基础与PPP合作成功的前提条件。Hart等人（2003）将项目控制权分为特定控制权和剩余控制权。叶晓甦等人（2011）将我国的PPP项目控制权分为实际控制权和剩余控制权。政府通过契约与制度明晰实际控制权，拥有PPP项目准入权、经营特许权、服务定价权和监督权。社会资本方通过契约建立并控股项目公司，拥有从政府手中转移来的项目实质控制权和剩余控制权，然后再次通过分包合同将项目的设计、建设、运营的控制权转移给承包单位，项目公司保留项目管理权。最终形成政府方拥有项目准入审批权、考核定价权、监督权、收益权和项目资本的所有权,社会资本方拥有项目设计权、融资权、建设权、经营权和收益权。

本研究根据 Hart 等人的划分原则,将 PPP 控制权分为特定控制权与剩余控制权。政府方的特定控制权包括 PPP 的审批权、考核定价权、监督权,剩余控制权为收益权。社会资本方的特定控制权为 PPP 项目的设计权、投融资权、建设权、经营权,剩余控制权为收益权。公众方拥有公共收益权、知情权和监督权。这些权利在实践中如何分配,如何实现有效激励并提高效率,存在哪些问题,需要进一步研究。以下将通过近些年来的实际运作案例作进一步分析。

从财政部政府与社会资本合作中心的《PPP 项目案例集萃中(第一、二辑)》中的 20 个案例分析来看,社会资本方与政府出资方共同出资成立项目公司(SPV),根据股份分配项目公司的重大决策表决权和收益权。然后项目公司通过合同管理与金融、设计、建设、运营与维护等公司开展融资、设计、建设、运营与维护活动,控制 PPP 项目的设计、建设、经营与维护。政府通过制度、法律法规拥有 PPP 项目的审批准入权、特许经营许可权和监督权,政府与项目公司签署特许经营协议,授权项目公司特许经营,政府相关部门根据项目绩效评价考核定价、付费和补助。公众根据政府公开的绩效信息对项目公司行使监督权。从实践中看,项目公司一般由社会资本方绝对控股,大多情况下社会资本方占股份超过 65%,有些项目高达 100%,完全由社会资本方投入,因此社会资本方拥有项目公司的控制权。

《安徽池州主城区污水处理及市政排水设施 PPP 项目》案例中,将池州市区污水处理管网一体化,存增量一体化整体打包运作 PPP 项目。政府以 PPP 相关法律法规、制度为依据,发起、批准该项目。通过邀请投标形式,最终选定深圳水务有限公司为社会资本方,出资 80%,池州水业投资有限公司作为政府出资方,出资 20%,共同成立项目公司池州排水有限公司。池州市住建局与项目公司签署特许经营协议,特许期为 26 年,项目公司通过移交—经营—移交(TOT)方式购买原池州污水处理厂 2 座,管网 750 公里,污水泵站 7 座,污水处理能力 10.45 吨/日的设施,通过 BOT 方式新建污水处理厂 3 座,排水管网 545 公里及等相关设施,污水处理能力 10 吨/日。预计在 26 年的特许经营期内需投入 13.42 亿元。整个项目采用政府付费方式的回报机制。项目选择专业的污水处理公司——深圳水业集团有限公司作为合作的社会资本方，绝对控股项目公司，对建设、运营决策具有绝对表决控制权，政府方占股20%，由政府派出董事，对项目公司的设计、建设、经营和维护重大事项决策具有否决表决权。根据特许经营协议，项目公司获得原有污水处理厂的26年所有权与经营权，新建污水处理设施中相关的土地使用权。新成立项目公司共注册资本2.1716亿元，政府出资4343万元，占20%，社会资本方出资17373万元，占80%，其余项目所需资金通过融资解决。

以上案例中，在PPP项目识别、准备阶段与采购阶段，政府拥有项目的发起、准入批准和选择社会资本方的控制权。这有利于使PPP项目符合提高社会公共服务质量和效率的基本要求，保证PPP项目依法合规。政府实施机构发起项目、提供项目方案，开展项目财政承受能力评价和物有所值评价，提供实施方案，提交政府审批，选择合适的社会资本方，社会资本方在此阶段无控制权。PPP项目执行阶段，政府执行单位与社会资本方通过签订《特许经营协议》《资产转让协议》《股东协议》并获得池州市委、市政府批准，社会资本方深圳水务有限公司对项目公司池州排水有限公司拥有绝对控股权，对项目公司的资产及投资经营活动拥有决策权。政府通过派出董事，在项目公司行使决策表决权，对重大事项决策具有否决权，同时对项目公司运营的绩效拥有评价权，据此定价，定价规则相对灵活。PPP项目移交阶段，社会资本方无偿移交项目公司资产及相关设施和一切经营维护决策权给政府，因此政府对项目拥有完全控制权。政府与社会资本方对PPP项目的控制权在不同阶段是会发生转移变化的。变化的控制权设置满足什么条件有利于公共利益最大化？这种控制权的配置与承担的责任是否完全匹配？以及如何配置控制权是最有利于转移化解与分散风险？对这些问题的解答，将在后面的章节中专门讨论。

（三）责任分担

责任分担是指PPP项目相关利益主体对项目的相关责任进行分担，根据Hart等人的分析，公私合作伙伴关系中应该将责任配置给最擅长的相关者承担，实现成本最小化，提高效率。在分析责任分担时，必须首先明确PPP相关主体，一般来说，可将其区分为核心主体和全部主体两类。核心主体主要包括政府方、社会资本方和项目公司,全部主体包括政府方、政府履职单位、政府出资方、社会资本方、项目公司、工程承包方、投融资金融机构、咨询机构、项目产品与服务消费者。各主体之间通过合同进行管理,分担相应的责任。在实践中,我国政府与社会资本合作建设民生基础设施的各相关主体承担责任情况为:政府方承担项目发起、社会资本方选择、监督、部分投资及财政支出付费与补助的职责;社会资本方承担项目投融资、工程建设、项目公司的决策与管理职责;项目公司及工程承包方负责执行项目合同、运营与维护,提供公共产品与服务;金融、咨询中介机构负责提供项目所需的融资、监理、咨询服务;消费者承担社会监督责任。下面以典型案例对PPP项目的责任分担作进一步分析,以期能够找出所需要重点研究的问题。

《山西省吕梁市交城县社会福利养护院PPP项目》是国家第四批示范项目,目前处于执行阶段,总投资7513万元,合作期限22年。采取竞争性磋商的政府采购形式选取社会资本方为交城县社会福利服务中心和山西长城路桥建设开发有限公司联合体。交城县人民政府授权交城县民政局为政府执行机构,交城县社会福利企业公司为政府出资方。政府出资方与社会资本方依照总投资的20%注册项目公司的资本金,政府方出资10%,社会资本方出资90%,联合成立项目SPV养老机构。政府执行机构、出资方与社会资本方先行订立《吕梁市交城县社会福利养护院PPP项目合同》,规定社会资本方承担项目投融资、设计、建设、运营、维护、移交等事项,项目公司养老机构成立后,政府出资方和社会资本方要求项目公司养老机构以签署补充协议的形式,全面承继社会资本方在《吕梁市交城县社会福利养护院PPP项目合同》中的权利与义务。

在实施方案中,明确规定了社会资本方与政府各自分担的责任。在项目前期,政府方完成项目的土地预审、可行性研究报告及批复、建设项目选址意见书、用地与工程规划许可证、土地使用证、环评、工程勘察、安全预评价、初步设计及批复、PPP咨询、法律咨询及相关工程建设拆迁建等工作。在项目合作期间,政府方负责项目建设及运营的土地供应、配套设施提供、环境及周边关系协调、政府可行性缺口补助、公共服务质量与数量的监管,相关优惠政策落实,政府各职能部门依法依规监督、协调、配合、促进项目实施。社会资本方与项目公司承担项目主体及附属设施的设计、投融资、建设、运营、维护与移交等工作，并保证设施完好、正常运转、提供高质量养老公共服务，接受政府监督与考核，依法依规运营。期满后，社会资本方无偿将项目相关资产移交给政府。

从《山西省吕梁市交城县社会福利养护院PPP项目》的案例分析发现，政府（执行机构与出资方）与社会资本方以主合同形式规定各方的责任，再与养老企业（项目公司）签署补充协议，项目公司承继社会资本方的全面权利与义务。这种形式的合同，约定了社会资本方退出的方式与条件，规定社会资本方不得无理由退出，防止了社会资本方挣快钱的投机行为。但是在案例中仍存在：（1）双重委托代理问题，如政府授权政府执行机构（交城县民政局），然后由政府执行机构（民政局），政府出资方（交城县社会福利公司）与社会资本方签订PPP项目合同。在项目公司成立后，政府与社会资本方再与项目公司签署补充协议，全面承继社会资本方的权利与义务。（2）长期合同中责任规定过于详细，因长期合作存在诸多不确定因素，存在履责的困难性。（3）政府、社会资本方与项目公司三方的责任配置是否真正有利于实现公共服务质量的提升？在要求提升公共服务质量同时，政府是否被要求承担更多责任（比如更高的支付与补助），还有社会资本方本来就属于国有企业且同属于一部门管辖，是否会存在合谋行为，损害公共利益，而有利于部门利益增长或者服务某一定任期政府官员的升迁，政府如何做好各方之间的利益协调？如何分担责任能够实现各自的利益最大化？本研究将在后面章节从经济学理论视角进一步展开分析。

（四）风险分摊

从政策法规来看，我国的《基础设施和公用事业特许经营管理办法》中明确提出，在特许经营协议中必须包括特许经营期内的风险分担条款。在《政府与社会资本合作模式操作指南（试行）》中提出了风险分配基本框架，要求按照风险分配优化、风险收益对等和风险可控原则，综合考虑政府风险管理能力、项目回报机制和市场风险管理能力等要素，在政府和社会资本之间合理分配项目风险。2019年3月财政部出台的《关于推进政府和社会资本合作规范发展的实施意见》明确规定，规范的PPP项目必须符合基本的风险分摊原则：社会资本方承担项目投资、建设、运营风险，政府承担政策、法律等风险。从理论研究来看，Li Bing, Akintoye. A, et al.

(2005), Roumboutsos and Anagnostopoulos (2008), Y. Ke et al. (2009) 认为：政治与政策类风险应由政府承担，项目建造、运营相关风险应由社会资本方（私人集团）承担，市场、经济风险由双方共同承担。每一方参与者对最后一单位风险承担量的溢价均相等时，风险配置最优（周运祥等，2005）。当项目主办方为风险中立者（或厌恶者）时，项目主办方承担全部成本风险（或部分成本风险），承担成本比例越大（小），承担实际收益变化的比例越大（小）（范小军等，2007）。如果将风险从较规避方向较不规避方予以适度转移，既可确定最优风险分担比例，又可以使项目的总风险降低，提高 PPP 的合作效率（赵国杰，2011）。

在这里继续使用《山西省吕梁市交城县社会福利养护院 PPP 项目》案例作进一步分析。在此 PPP 项目中，风险分配情况见表 3-21。

表 3-21　山西省吕梁市交城县社会福利养护院 PPP 项目风险分配表

风险指标		政府承担	社会资本承担	共同承担
一级指标	二级指标			
政治、政策、法律风险	政府稳定性	√		
	征用/国有化	√		
	决策失误	√		
	法律环境	√		
	政府信用	√		
	财政风险	√		
	税收变更	√		
经济风险	通货膨胀		√	
	基准利率浮动风险			√
社会风险	协调风险			√
自然风险	环保风险			√
	地质风险			√
	不可抗力			√
项目选择风险	土地获取	√		
融资阶段风险	融资可行性		√	
	项目吸引力		√	
	融资成本		√	
	资金供应风险		√	

续表

风险指标		政府承担	社会资本承担	共同承担
一级指标	二级指标			
设计阶段风险	设计问题	√		
	投资控制风险	√		
施工阶段风险	设计（优化）风险		√	
	费用超支		√	
	合同变更		√	
	工程质量		√	
	施工安全		√	
	技术风险		√	
	分包商违约		√	
	工期延误		√	
运营与维护阶段风险	经营风险		√	
	维护费用		√	
	定价风险			√
	安全风险		√	
移交风险			√	
合同风险				√
第三方风险			√	

注：山西省吕梁市交城县社会福利养护院 PPP 项目实施方案。

据表 3-21 可知，政治、政策、法律风险，设计阶段风险，项目选择风险由政府承担，通货膨胀、融资阶段、建设阶段、运营与维护阶段、移交与第三方风险由社会资本方承担，利率风险、自然风险、定价风险及合同风险由双方共同承担。符合《政府和社会资本合作规范发展的实施意见》中对风险分担的要求。

但是在此案例中，仍然存在以下一些有待进一步讨论的问题：(1) 共同承担风险分担比较模糊。仅仅列出了一个范围，并没有对分担比例做出明确规定，合作双方存在相互博弈的空间，在后期此方面风险的预防分散存在障碍。(2) 地方政府控制法律、政策风险的能力有限，特别是县级政府，因此，存在不同层级政府对 PPP 项目的政治、法律、政策风险应对能力的差别，如何在不同层级政府之间分配此类风险也需要进一步研究。

（3）社会资本方为了获得合理回报，事先约定要求政府提供收入保证机制，抵抗风险，如最低收入保证、最低需求量保证、可用性付费和财政补贴、政府入股、税收优惠等措施来增强PPP项目的财务可行性。这在一定程度上减轻了社会资本方的融资、建设、运营风险，增加了政府方的风险分担，如何合理权衡这种风险的显性转移，锁定政府的风险负担，也需要进一步加以研究。总之，风险如何分担能够实现合作各方的收益最大化是PPP项目激励的关键，这一问题将在本书第五章做进一步分析。

（五）收益分享

收益分享是PPP项目合作协议中的核心条款，合理分配利益是成功合作的基本前提。PPP项目合作各方关注的利益不尽一致，政府关注民生基础设施PPP项目提供的公共服务数量与质量，追求公共利益最大化，社会资本方关注的是投资获得的合理利润回报。如何通过合作，实现高质量公共服务的同时保证社会资本获得合理的利润回报，是PPP项目合同需要解决的激励问题。从现有理论研究的文献可知，PPP项目的公共利益表现为运营期间提供的公共服务数量与质量，移交后的项目资产。社会资本方利益表现为合理的回报，通常通过政府付费、使用者付费和可行性缺口补助来获得合理回报。从调查的20个PPP项目民生基础设施建设案例中发现，社会资本回报由单纯政府付费12项，使用者付费1项，政府与使用者共同付费的1项，使用者付费和可行性缺口补助支付的有4项，政府、使用者付费和可行性缺口补助支付的有2项，单纯由使用者付费的项目很少，大多回报均与政府有关。根据前面的回报机制构成分析，我国PPP管理库项目，政府付费与可行性缺口补助项目数占比93%，纯粹由使用者付费项目仅占7%。这说明在PPP民生基础设施项目中，政府付费为社会资本方投资回报的主要来源，政府在PPP项目收益分配中承担了社会资本收益的保障责任。

在案例《浙江省温州市洞头区社会民生工程PPP项目》中社会资本方独资成立项目公司，承建温州市洞头区13项教育、医疗卫生、消防等民生工程，共投资4.762亿元，合作期限8年。在8年合作期内，采取政府购买付费形式支付给社会资本方温州建设集团有限公司，具体支付办法为：建安费用分8年等额支付；建设期占用资金、管理费，工程验收合格后，分 2 年等额支付；运营资金占用费分 8 年等额支付（根据银行基准利率调整）；维修费用在保修期满后按季支付；经营收益按实际计算，作为政府服务付费的一部分，在政府付费时作相应扣除。合作期满，社会资本方无偿将 13 项民生工程的资产移交给政府。政府在合作期间获得 13 项民生工程运营提供的公共服务。社会资本方与融资机构、工程承包商、咨询及其他相关主体参与项目建设运营有关的收益分配，完全由社会资本方与各方签订合同确定，政府不提供任何形式的收益担保、兜底保障。从案例中可以看出，社会资本方的合作收益完全由政府付费形式解决。实际上等于社会资本方投入部分资金（根据政策不低于项目所需资金的 20%），通过融资解决其他资金，建设项目、运营并提供服务、定期从政府获得支付，期满后，将项目资产移交政府。项目服务价格由政府与社会资本方协商确定，收益分配在事前基本约定，随着合作期内环境变化，由于出现不确定性事件概率上升，因此，很难做到优化的分配。

根据理论研究，PPP 项目收益分配的方法很多，有传统的模糊理论分配利益法，也有供应链利益分配模型，还有通过博弈论理论与蒙特卡洛模拟方法建立动态合作利益分配机制，群体重心法，Shapley 值法等。从现有的研究来看，大部分研究集中于项目合作期间的政府与社会资本方的利益分配，对于移交后项目的利益分配问题很少考虑，没有从项目的全寿命周期来考虑项目利益分配。本研究认为，应该从整个项目寿命周期，将 PPP 项目的事前、事中与事后投入与收益统筹考虑分配，实现最佳收益分配。收益分配不仅要关注 PPP 民生基础设施项目产生的私人经济利益，而且要考虑其产生的社会效益和环境效益，本着责权利对称、公平与效率兼顾原则分配项目产生的收益。在我国现有的 PPP 项目实践中，PPP 项目合同重点关注的大多是合作期间的利润分配与支付，对项目移交后的运营收益很少涉及。在项目可行性分析时，也没有站在项目整个寿命周期，考察所有投入（包括政府的土地等资产投入）产出，确定合理回报。本研究将在本书第六章对收益分配问题做进一步分析。

（六）运行监管

运行监管是保证 PPP 项目建设、运营与维护符合合同要求的主要手段。在《关于在公共服务领域推广政府与社会资本合作模式的指导意见》

中明确提出要建立多层次的监督管理体系，完善行业技术标准、公共产品或服务技术规范，加强对公共产品与服务质量的监督。建立政府、公众参与的综合评价体系，加强对PPP项目事前、事中、事后全生命周期的绩效评价管理，及时披露信息，接受公众的监督。在我国PPP项目运作实践中，政府实施机构与财政部门负责监督项目工程的投融资、建设、运营的合法性与合规性，公共产品和服务供给的质与量。消费者（或使用者）负有对公共产品与服务质量与数量监督的义务。我国现有PPP项目监管的法律法规主要有《关于在公共服务领域推广政府与社会资本合作模式的指导意见》《基础设施和公用事业特许经营管理办法》《政府与社会资本合作模式操作指南（试行）》《关于推进政府和社会资本合作规范发展的实施意见》和《民法典》等相关法规。

通过对PPP管理库项目实施方案的分析和PPP项目相关政策文件关于监管要求的研读，发现我国PPP项目监管分为履约监管、行政监管和公众监管三类。履约监管由政府委托的实施结构执行，根据投资协议（或股权协议）和PPP项目合同，监督社会资本方是否履行出资义务、项目公司是否履行融资建设义务，并对项目进行定期评估。行政监管由政府相关职能部门执行，主要负责安全生产、工程质量和环境卫生监督管理。公众监管为社会资本方和政府定期披露项目相关信息，接受公众的监督。同时在运营期间接受政府与社会资本方组成的评估小组每隔一定时期对项目的运营情况进行评价，制作材料归档管理。在PPP项目监管中涉及的部门非常多，包括政府部门、政府委托的实施机构、社会资本方以及广大的公众。如何激励每一监管者采取有效的监管策略，认真履行监管职责，保障项目的顺利实施和有效运行，高效提供高质量的公共产品与服务？怎样建立一个统一的监管体系，保障各个监管主体各司其责，协调运行，促进PPP项目的顺利推进与实施？在本书第七章将对PPP运行监管问题作进一步的深入分析。

三、本章小结

本章首先考察了我国应用PPP模式建设民生基础设施的历程，将我国的发展过程分为早期探索、中期推广与调整和现期全面发展三个阶段。然后利用全国 PPP 项目信息平台数据资料，分管理库项目与示范项目两大类别对所有 PPP 项目和民生基础设施 PPP 项目的数量与投资额增长变化趋势、落地率、社会资本构成以及地区分布做了较详细的实证分析，最后利用案例资料，对 PPP 项目运作中的六大核心问题作了重点分析。

实证研究发现：(1) 数量与投资金额。管理库项目逐年增长，示范项目略有减少。从绝对数来看，东、中、西部地区与东北地区项目数量与投资额均呈现增长趋势，但从相对数（省平均值）来看，东部与中部地区省平均项目数量与投资额均呈现增长趋势，东北地区与西部地区呈现下降趋势。全国示范项目覆盖全国所有地区，河南省、云南省和山东省数量最多，天津市、西藏自治区和上海市数量最少。

(2) 落地率，管理库项目总体呈现增加趋势，截至 2019 年 12 月，全国平均落地率均超过 50%，其中，北京市、海南省和宁夏回族自治区落地率最高，分别为 88.6%、86.5% 和 85.1%，山西省、辽宁省和西藏自治区落地率最低，分别为 42.7%、43.3% 和 0。全国示范项目，除第四批落地率为 84.8% 外，其余三批为 100%。参与社会资本构成，国有与民营资本占绝大多数，其中管理库项目达到 85.7%，示范项目高达 94.2%。回报类型，政府付费与可行缺口补助项目占比高达 93%，使用者付费占比 7%。绝大多 PPP 项目依赖政府付费与支助。

PPP 民生基础设施建设项目，截至 2019 年年末，从数量来看，社会性民生基础设施项目占绝大多数，占比达 78%，经济性民生基础设施项目占比较少，为 22%；从投资额来看，两者相差不大，前者占比 57%，后者占比为 43%。2016 年年初至 2019 年年末，从民生基础设施投资平均占比来看，市政工程与政府基础设施投资数量最大，平均占比达到 46.75%，交通运输设施平均占比达 15.75%，而医疗卫生与能源设施占比最低，只有 3.75% 和 1.75%。从地区分布看，省平均项目数量与省平均投资额，东部与西部地区较多，中部地区较少，东北地区最少。从落地率来看，截至 2019 年年末，社会福利保障与养老及保障性安居工程 PPP 项目落地率最高，达 73.66%，其次是市政工程与政府基础设施项目，落地率为 72.43%，落地率最低的是教育、科技、文化与体育 PPP 项目，为 63.22%。整体看来，PPP 民生基础设施项目落地率在不断上升。

案例分析揭示：政府运作 PPP 项目的目标与社会资本方存在不一致，

政府的目标是缓解财政支出压力、提高项目工程质量、提高公共服务效率，而社会资本方的目标是获得稳定的利润。政府在PPP项目的全过程拥有实际控制权，即使是在建设与运营阶段也拥有一票否决权，社会资本方的控制权较弱，不利于项目的效率提升，如何平衡控制权成为成功合作的关键。PPP项目中存在双重委托责任，多部门分散分担责任，政府存在卸责给执行单位与主管部门的情况，社会资本方也存在卸责给项目公司的行为，履责存在困难，责权不对称。共同承担的风险分担比较模糊，风险的预防与分散存在障碍。地方政府特别是县级政府，控制法律、政策风险的能力有限，存在不同层级政府对PPP项目的政治、法律、政策风险应对能力的差别。社会资本方为了获得合理回报，事先签订收入保证合同，存在将风险转移给政府的可能。社会资本方对经济收益分享比较关注，对公共利益的分享规则不清晰，存在重视建设利润，不重视运营收益的问题。运行监管中存在监管法律不健全，监管体制改革不深入，未形成以契约为基础的科学监管机制。

第四章 PPP模式运行与民生基础设施供给机制分析

第一节 PPP模式运行机理分析

　　PPP的目标是提供高质量的公共产品与服务，实现公共利益最大化，同时为社会资本获得合理的利润回报。如何实现这一目标？PPP的内在运作原理、动力机制与激励约束机制，即PPP模式的运行机理是什么？本部分将重点分析这个问题。

　　政府的基本功能是为社会经济活动提供产权、交易、安全与惩戒等基础性的法律法规制度和民生基础设施条件。提供民生基础设施是政府存在的根本要求。社会公共需求是政府存在与运行的动力源泉，但是社会有公共需求，并不意味着政府就一定有能力满足。在经济发展的不同阶段，政府的财政能力存在差异。在财力非常有限，不能满足社会公共需求时，就需要借助社会力量，寻求与社会资本合作，共同提供公共产品，来满足社会公共需求。政府与社会资本合作，就是发挥各自优势，提供高质量的公共产品与服务，实现公共利益最大化。我国PPP运行全过程如图4-1所示。

一、PPP运作原理

　　我国PPP运作原理为：首先，政府发起、遴选与确定PPP项目，然后根据项目要求选择社会资本合作方，与社会资本方签署PPP项目合同之后由政府与社会资本方组建PPP项目公司，PPP项目公司根据市场竞争规

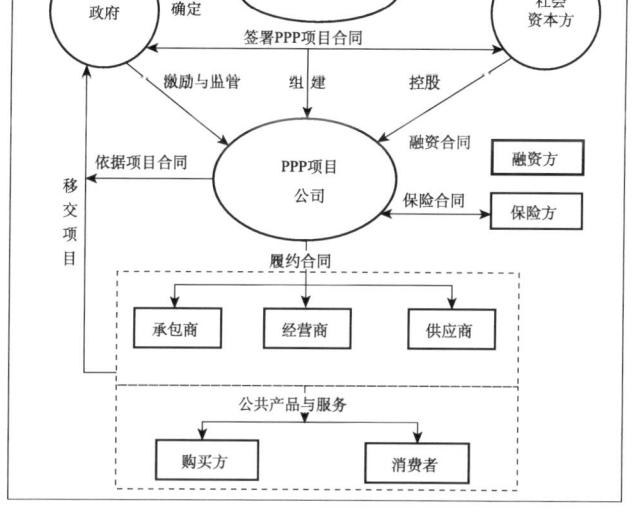

图 4-1 PPP 模式运行过程

则,与融资方签署融资合同融资,与工程承包方签署承包合同建设 PPP 项目,与运营方签署运营合同由运营方运营,向使用者提供公共产品服务,收取一定费用(政府付费项目不收),或与购买方(一般是政府)签署购买合同,由政府支付一定购买费用或补贴,项目到期后,由项目公司将项目资产移交给政府或政府指定机构,同时进行绩效核算,由政府提供一定补偿(并非所有项目),完成合作。

二、PPP 动力机制

1. 政府的动力

政府的内在动力来源于政府的内在要求——追求公共利益最大化,这一目标在运行过程中通过政府的官员考核机制来实现。以公共利益最大化为目标的政府官员考核机制促使政府官员努力寻找公共项目,组织项目申报、评审,开展物有所值与财政承受能力评估、可行性研究和遴选项目,寻找出最佳项目,入库供社会资本合作方选择。政府实施单位委托咨询机构编制项目实施方案,政府相关部门对实施方案进行审核,授权实施单位选择社会资本方。政府官员为了在政府考核中取得佳绩,通过市场竞争公开选择优质的社会资本方。

2. 社会资本方动力

按照我国相关政策的规定,社会资本方一般是指依法设立且有效存续的具有法人资格的企业,包括民营企业、国有企业、外国企业和外商投资企业。在市场经济中,企业的目标是追求利润最大化。以最小的风险逐利是企业运用资本的内在要求。基于市场竞争的压力,社会资本方为自己的资本寻找出路,参与 PPP 项目的遴选竞争,与政府经过多轮的合作谈判,寻找盈利的投资项目。因此最终促使政府选出了较好的合作伙伴,社会资本方通过竞争获得盈利的项目,实现双方共赢,签署 PPP 项目合同,开始政府与社会资本合作。

3. 项目公司动力

企业内在竞争机制是项目公司履约合同、融资、建设、运营的内在动力机制。为此,在合同约束条件下,项目公司履行合约,社会资本方承担融资、建设和运营的责任。基于市场竞争原则,项目公司与金融机构签署融资协议,与工程承包方签署承包合同,与设计、咨询方签署设计、咨询服务合同。基于市场竞争的压力,各方都尽力寻找最佳的合作伙伴,项目如期融资建设、运营、提供公共产品与服务,产生收入,获得利润与公共利益。合作期满,社会资本方根据合同要求向政府移交项目资产,政府根据合同要求,对项目资产进行评价、并给予社会资本方合理补偿,政府收回特许经营权,接收项目资产,政府与社会资本完成合作。

我国政府与社会资本合作的具体运行基本路径为:根据公共需求——政府寻找 PPP 公共项目——项目筛选、评价、审核——确定 PPP 项目——选择社会资本方——签署项目合同合作——组建项目公司(SPV)——融资、建设、运营——提供高质量的公共产品与服务——向政府移交项目资产。

三、PPP 激励约束机制

基于 PPP 项目合同的政府与社会资本合作,合作各方的权利与义务受到民商法、行政法、经济法和社会法的调整与保障。政府促进政府与社会资本合作的激励包括两个方面：一是财政激励，主要包括政府投资援助、融资协助、政府担保、税收减免优惠和开发新市场等措施。政府财政激励机制是否有效，目前研究存在不同看法，一种观点认为财政激励机制能够促进政府与社会资本双方互信互助，产生更大的协同效应，高效高质量地完成 PPP 合同（K. Schmidt and Evanthia，2008）①。而另一种观点则认为财政激励社会资本提供高质量的公共服务，在质量无法完美测量时存在风险更大，因而对公共服务质量要求低的项目，采取财政激励社会资本参与更有利于提高效率（Hart and Oliver，2003）。除了财政激励外，另一种激励是对政府官员的激励，也称为政绩激励。政绩激励是指对政府官员升迁的激励，许多研究表明政绩表现与官员的升迁具有很大的相关性。政绩激励是通过政绩考核机制来实现的，政绩考核一般包含经济发展、社会发展、生态环境、文化发展和政治发展五大类指标体系。在这五大类考核指标中，关注民生的政绩考核是其中一项重要的考核内容，发展与改善民生基础设施是民生政绩考核的重要内容。因此，促进民生基础设施的发展成为政府官员们关注的重点。在财政能力有限的现实中，单靠政府的力量很难做出良好的民生政绩，因而与社会资本合作建设民生基础设施成为政府官员表现政绩的一项重要选择。这种政绩考核的激励机制促使政府官员乐于或者热衷于通过与社会资本的合作来表现政绩。虽然存在一些不合理、不现实、不可行，甚至虚假合作，但是从促进 PPP 的发展来看，在有限财力的情况下，政绩激励在改善民生基础设施方面还是发挥了重要作用。

在激励政府与社会资本合作时，出现了"政府热，企业冷"现象，政府盲目扩大合作，脱离实际需求，甚至还出现了许多不合法、不合规的假合作，给政府与社会资本方都带来了很大的损失。有的给政府增加了沉重的债务负担，有的存在政府不兑现承诺，加上再谈判机制缺乏，出现烂尾工程，给合作双方带来巨大损失。为此，在激励政府与社会资本合作的同时需建立完善的约束机制，加强对合作各方的管制。

---

① Kalpazidou Schmidt, Evanthia. Research Management and Policy: Incentives and Obstacles to a Better Public-private Interaction. International Journal of Public Sector Management, 21.6 (2008): 623 – 636.

如何建立对政府与社会资本的约束机制？我们认为应该从以下两个方面考虑：一是建立科学合理的纵向约束机制；二是建立一个公平公正、公开透明、有效的横向约束机制。

PPP模式的纵向约束机制是指某一层级政府的权力运行来自于其上级政府的制约和公众的监督机制。在西方国家，地方政府权力的运行纵向约束主要来源于公众的监督和法规的管制。我国采取的是由中央集中统一领导的国家治理体系，上级的垂直人事管理制度和事项审批制度对地方政府权力的运行形成强约束，公众的监督对地方政府权力的运行形成的约束较弱。垂直人事制度的晋升机制，一方面激励政府官员寻找项目，促进与社会资本合作；另一方面通过对合作绩效的考核约束官员的盲目行动。人事管理制度最终究竟有多大的约束力，需权衡激励与约束两方面的强弱对比。实际上，我国的人事管理制度形成的约束力很强。我国的公众对政府的监督和约束还较弱，因为政府的信息公开与普识性（让公众都明白）工作做得还不是很到位，有些地方政府甚至不公开项目的信息，导致公众很难有效监督。为此，为了建立有效的PPP纵向约束机制，需要建立一套合理配置PPP项目申报权、审批权、执行权和监督权的科学制度，推行多元化的政府官员考核机制，改革政府人事管理制度，强化公共决策失败责任追究机制。建立健全政府与社会资本合作法规，规范各级政府与社会资本合作行为。完善财政收支法规，政府债务管理规则，依法依规理财，严格约束各级政府"生财、聚财、用财"的权利与责任。

PPP模式的横向约束机制是指某一层级政府权力运行受到同级政府内部不同机构的制约和同一合作事项的债权债务人、所有者、消费者等相关主体的约束。在西方发达国家，PPP在政府内部，行政机构拥有决策权，议会负责审核、批准和监督，市场主体（所有者、消费者等）拥有监督权，且通过自身的选举权和监督权确保政府行政机构与议会的决策符合其目标要求，形成政府内权力相互制衡，社会监督有力的约束机制。在我国政府与社会资本合作中，在同一级政府内，根据国家法律，地方党委领导，地方人大监督地方行政，这三者是基于共同公共目标的一种分工，不是监督权、决策权、执行权的平等分割，因此，地方人大的监督权相对较为弱化。在许多一级地方政府的PPP项目中，由地方一把手负责，人大的监督约束不强，同时地方政府信息披露的有效性、及时性和全面性有待加强，利益相关主体、广大公众监督能力及意识存在较大差异，消费者维权意识不强，导致利益相关者对PPP项目的约束较弱。因此在我国对PPP的横向约束机制有待加强。要做好我国PPP的横向约束，必须建立一个公平公正、公开透明、有效的横向约束机制。首先我们需要改革政府内部的约束机制，建立决策权、执行权与监督权相互监督的权力运行体系，改变"一言堂""一把手集权"的"一元化"领导体制，建立党委决策、政府执行和人大监督相互监督的权力运行体系，在政府内部构建一个科学的约束监控机制。其次要建立公开、透明、及时、准确的信息披露机制，定期披露PPP的全部信息，使合作的整个程序公开透明，合作各方能及时、准确了解相关信息，做出合理的判断。广大公众能及时了解、掌握相关信息，监督PPP的合法性与合规性。第三，放松管制，在遵守国家法律法规前提下，加强媒体舆论监督，允许各媒体对PPP项目的质疑、问询与采访，鼓励媒体实事求是的舆论监督报道。最后，提高广大公众的认知能力、监督意识与监督能力。加强宣传教育，提高公众的社会正义感和公平公正评判事务的能力，强化公众的公共利益维护意识，形成合理、有效的社会监督机制。

第二节　PPP模式的责权利关系分析

PPP模式涉及的各方主体较多，在这里从理论逻辑层面分析主要相关主体（政府与社会资本方）的责权利配置关系，然后界定项目公司与其他相关主体的的责权利配置。

一、政府的责权利配置及其关系分析

本研究中所指的政府包括地方各级政府、政府的执行单位、政府的出资方，在分析责权利关系时统一抽象为政府。政府在与社会资本合作中应该承担什么责任，拥有哪些权力，分享哪些利益，其责权利配置关系如何影响政府与社会资本合作中的收益。本部分从经济学视角分析责权利匹配关系。

在与社会资本合作中，政府既是社会事务的管理者，同时也代表合作方承担合同约定的具体责任，因此要承担两方面的责任。一方面是作为社会公共事务管理者角色，政府的财政部门和社会资本合作中心负责 PPP 项目的征集、筛选和物有所值与财政承受能力评价，政府的执行机构及相关职能部门负责项目的准备、采购、移交与监管。另一方面作为合作参与方，承担合同约定应承担的责任，具体包括项目付费、协调相关土地、环境设施配套等促进项目进展的责任。

政府作为项目事务行政管理者，拥有合作项目的发起决策权，社会资本合作方的选择权，项目评价权、准入权和项目产品及服务的购买权、监管权以及项目资产的接管权。作为合作参与方，根据合同约定，获得公共服务的收益权和部分超额经济收益控制权。

在政府与社会资本合作中，政府作为公共利益的代表，希望获得高质量的公共产品和公共服务，尽可能以最小成本获得最大公共收益，同时在合作中参与项目建设投资，获取合理的超额利润。因此，政府在 PPP 项目的利益目标为实现公共收益最大化的同时也获得相应的经济收益。

一个 PPP 项目的成功与否，关键在于合作各方的责权利配置是否合理，是否能够有效激励合作各方的积极性，高效率地完成项目，因此，责权利配置是影响合作目标实现的重要因素。下面将讨论政府作为合作方时，责权利匹配关系对政府目标的影响。

在这里假定政府与社会资本合作的目标是公共收益最大化，公共收益和公共产出与政府损耗（由于责权利匹配关系不合理引起的损失）密切相关。公共收益用 R_p 表示，G 表示合作公共产出，I 表示净投入，Z 表示合作各方承担的责任份额，Q 表示合作各方拥有的权利份额，L 表示合作各方获得的利益份额，K 表示责权利的配置不合理程度，与 Z、Q、L 之间的关系相关。假设 Z、Q、L 之间存在固定配置关系，用方程 $L = \alpha Q + \beta Z$，$K = K(\alpha, \beta)$；D 为合作中由于责权利配置不合理带来的损耗，$D = D(K)$，D_G 表示政府由于责权利匹配不合理导致的损耗，可表示为 $D_G = D_G(K_G)$，D_i 表示社会资本方由于责权利匹配不合理导致的损耗，$D_i = D_i(K_i)$；Z_G、Q_G、L_G 分别表示政府分担的责任、权力和利益份额；Z_i、Q_i、L_i 分别表示社会资本方分担的责任、权利和利益份额。

PPP 模式中，政府追求公共利益最大化，可表示为：

$$\text{Max} \quad R_p = R_p(G)$$
$$\text{St:} \, G = (I, D)$$
$$D = D_G + D_i$$
$$D_G = D_G(L_G, Q_G, Z_G)$$
$$L_G + L_i = 1$$
$$Q_G + Q_i = 1$$
$$Z_G + Z_i = 1$$

构建拉格朗日函数为：

$$LR = R_p(G, D_G + D_i) - \lambda_1(L_G + L_i - 1) - \lambda_2(Q_G + Q_i - 1) - \lambda_3(Z_G + Z_i - 1) \tag{4-1}$$

由式（4-1）的一阶导条件可得：

$$\frac{\partial LR}{\partial L_G} = \frac{\partial R_p}{\partial D_G}\frac{\partial D_G}{\partial L_G} - \lambda_1 = 0 \tag{4-2}$$

$$\frac{\partial LR}{\partial Q_G} = \frac{\partial R_p}{\partial D_G}\frac{\partial D_G}{\partial Q_G} - \lambda_2 = 0 \tag{4-3}$$

$$\frac{\partial LR}{\partial Z_G} = \frac{\partial R_p}{\partial D_G}\frac{\partial D_G}{\partial Z_G} - \lambda_3 = 0 \tag{4-4}$$

如果 $\frac{\partial D_G}{\partial L_G} \neq 0$，$\frac{\partial D_G}{\partial Q_G} \neq 0$，$\frac{\partial D_G}{\partial Z_G} \neq 0$，式（4-2）、式（4-3）、式（4-4）可写为：

$$\frac{\partial R_p}{\partial D_G} = \frac{\lambda_1}{\frac{\partial D_G}{\partial L_G}} = \frac{\lambda_2}{\frac{\partial D_G}{\partial Q_G}} = \frac{\lambda_3}{\frac{\partial D_G}{\partial Z_G}} \tag{4-5}$$

将式（4-5）左边 $\frac{\partial R_p}{\partial D_G}$ 看成边际成本，即增加政府责权利配置不合理的边际损耗带来的其公共收益的边际损失，右边 $\frac{\lambda_1}{\frac{\partial D_G}{\partial L_G}}$、$\frac{\lambda_2}{\frac{\partial D_G}{\partial Q_G}}$、$\frac{\lambda_3}{\frac{\partial D_G}{\partial Z_G}}$ 看成一般意义上的边际收益，它与单位责、权、利份额的边际公共收益，责权利配置份额的边际损耗相关。当式（4-5）成立时，政府实现公共收益最大化目标，责、权、利份额均为最佳份额，分别表示为 Z_G^*、Q_G^*、L_G^*。假定在某一时间点，一定环境条件下，$\frac{\partial R_p}{\partial D_G}$ 和 λ_1、λ_2、λ_3 一定，$\frac{\partial D_G}{\partial L_G}$、$\frac{\partial D_G}{\partial Q_G}$、$\frac{\partial D_G}{\partial Z_G}$

随 L_G、Q_G、Z_G 变化而变化，政府公共利益最大化目标的实现与其责权利配置密切相关。下面分不同变化情形展开分析。

(1) 当 Z_G 增加（减少），而 Q_G、L_G 不变，$\frac{\partial D_G}{\partial Z_G}$ 增加（减少），式（4-5）出现左边大于（大于）右边，公共收益下降，此时责权利配置类型实质上变为了责重权轻利轻型（责轻权重利重型），即政府责任分担过大（过小），而权力、利益分配份额没有变化，相对变小（变大）。

(2) 当 Q_G 增加（减少），而 Z_G、L_G 不变，$\frac{\partial D_G}{\partial Q_G}$ 增加（减少），式（4-5）出现左边大于（大于）右边，公共收益下降，此时责权利配置类型实质上变为了权重责轻利轻型（权轻责重利重型），即政府权利配置过大（过小），而责任、利益分配份额没有变化，相对变小（变大）。

(3) 当 L_G 增加（减少），而 Q_G、Z_G 不变，$\frac{\partial D_G}{\partial L_G}$ 增加（减少），式（4-5）出现左边大于（大于）右边，公共收益下降，此时责权利配置类型实质上变为了利重责轻权轻型（利轻责重权重型），即政府利益分配过大（过小），而权力、责任配置份额没有变化，相对变小（变大）。

(4) 当 L_G、Z_G 增加（减少），而 Q_G 不变，$\frac{\partial D_G}{\partial L_G}$ 和 $\frac{\partial D_G}{\partial Z_G}$ 增加（减少），式（4-5）也出现左边大于（大于）右边，公共收益下降，此时责权利配置类型实质上变为了利重责重权轻型（利轻责轻权重型），即政府利益与责任配置过大（过小），而权力配置份额没有变化，相对变小（变大）。

(5) 当 Q_G、Z_G 增加（减少），而 L_G 不变，$\frac{\partial D_G}{\partial Q_G}$ 和 $\frac{\partial D_G}{\partial Z_G}$ 增加（减少），式（4-5）也出现左边大于（大于）右边，公共收益下降，此时责权利配置类型实质上变为了权重责重利轻型（责轻权轻利重型），即政府权力与责任配置过大（过小），而利益配置份额没有变化，相对变小（变大）。

(6) 当 L_G、Q_G 增加（减少），而 Z_G 不变，$\frac{\partial D_G}{\partial L_G}$ 和 $\frac{\partial D_G}{\partial Q_G}$ 增加（减少），式（4-5）也出现左边大于（大于）右边，公共收益下降，此时责权利配置类型实质上变为了利重权重责轻型（利轻责重权轻型），即政府利益与权力分配过大（过小），而责任配置份额没有变化，相对变小（变大）。

(7) 当 L_G、Q_G、Z_G 同时增加（或减少），但是变化的程度不同，$\frac{\partial D_G}{\partial L_G}$ 和 $\frac{\partial D_G}{\partial Q_G}$、$\frac{\partial D_G}{\partial Z_G}$ 增加（减少）的数量不相等，因此 $\frac{\lambda_1}{\frac{\partial D_G}{\partial L_G}} \neq \frac{\lambda_2}{\frac{\partial D_G}{\partial Q_G}} \neq \frac{\lambda_3}{\frac{\partial D_G}{\partial Z_G}}$，式（4-5）左边不等于右边，公共收益与最大值相比，出现减少。此时责权利配置类型实质上变为了重利重权轻责型（利轻责重权轻型），即政府利益与权力分配过大（过小），而责任配置份额没有变化，相对变小（变大）。

(8) 当 L_G、Q_G、Z_G 同时增加（或减少），但是变化的程度相同，$\frac{\partial D_G}{\partial L_G}$ 和 $\frac{\partial D_G}{\partial Q_G}$、$\frac{\partial D_G}{\partial Z_G}$ 增加（减少）的数量相等，$\frac{\lambda_1}{\frac{\partial D_G}{\partial L_G}} = \frac{\lambda_2}{\frac{\partial D_G}{\partial Q_G}} = \frac{\lambda_3}{\frac{\partial D_G}{\partial Z_G}}$，由于 L_G、Q_G、Z_G 的同时增加（或减少）会导致 D_G 的增加（减少），所以等式左边的 $\frac{\partial R_p}{\partial D_G}$ 也出现增加（减少），且等于 $\frac{\lambda_1}{\frac{\partial D_G}{\partial L_G}} = \frac{\lambda_2}{\frac{\partial D_G}{\partial Q_G}} = \frac{\lambda_3}{\frac{\partial D_G}{\partial Z_G}}$。所以政府的责权利配置关系并没有变，只是由责重权重利重型变为责轻权轻利轻型或由责轻权轻利轻型变为责重权重利重型，政府公共收益最大化条件满足。

由上述分析得出结论：政府与社会资本合作时责权利配置应该坚持责重权重利重或责轻权轻利轻原则，即责权利对称匹配。

二、社会资本方的责权利配置及其关系分析

社会资本方是指已建立现代企业制度的境内外企业法人，包括民营企业、国有企业、外国企业和外商投资企业，但不包括本级政府所属融资平台公司及其他控股国有企业。社会资本方与政府合作建设民生基础设施，主要目标是获得稳定经济收益。

在政府与社会资本合作中，社会资本方作为民事主体，拥有与政府平等的谈判权利，承担项目合同约定的各项责任，具体包括设立项目公司，融资和通过控股承担项目公司的建设、运营与管理，负责监督履行项目公

司的各项承诺，履约合同，负有完成合同的各项责任。保障民生基础设施建设质量，提供运营服务和设施使用的安全。

社会资本方在与政府合作中，为了履行责任，同时应拥有相应的权力，具体包括项目谈判权，主要包括与政府谈判、与融资方谈判、与相应建筑承包商谈判，和项目建设、运营、维护和移交各环节的参与各方谈判权；项目建设、融资、运营、维护的决策权；项目建设、运营的收益控制权。

社会资本方与政府合作获得的利益包括项目建设利润分成、运营利润和移交时获得的相应补偿。根据项目建设、运营的绩效评估，社会资本方能获得合同约定的正常利润和超额利润。其经济利润获得的前提是按照合作协议实现项目公共利益最大化。

政府与社会资本合作成功与否与社会资本方的责权利合理配置有着重要的关系，责权利配置对社会资本方的目标实现有着怎样的影响，下面使用模型，从经济学视角，分析社会资本方责权利配置对其合作目标的影响。

假定社会资本方实现公共利益最大化的同时实现其经济利益最大化，使用 R_i 表示社会资本方获得的合作收益。社会资本方追求合作收益最大化，可表示如下：

Max $R_i = R_i(G)$

St $G = (I, D)$

$D = D_G + D_i$

$D_i = D_i(L_i, Q_i, Z_i)$

$L_G + L_i = 1$

$Q_G + Q_i = 1$

$Z_G + Z_i = 1$

在这里符号的含义与前面相同。

构造拉格朗日函数：

$$LR = R_i(G, D_G + D_i) - \lambda_1(L_G + L_i - 1) - \lambda_2(Q_G + Q_i - 1) \\ - \lambda_3(Z_G + Z_i - 1) \tag{4-6}$$

对式 (4-6) 求一阶导条件可得：

$$\frac{\partial LR}{\partial L_i} = \frac{\partial R_i}{\partial D_i}\frac{\partial D_i}{\partial L_i} - \lambda_1 = 0 \qquad (4-7)$$

$$\frac{\partial LR}{\partial Q_i} = \frac{\partial R_i}{\partial D_i}\frac{\partial D_i}{\partial Q_i} - \lambda_2 = 0 \qquad (4-8)$$

$$\frac{\partial LR}{\partial Z_i} = \frac{\partial R_i}{\partial D_i}\frac{\partial D_i}{\partial Z_i} - \lambda_3 = 0 \qquad (4-9)$$

如果 $\frac{\partial D_i}{\partial L_i} \neq 0$,$\frac{\partial D_i}{\partial Q_i} \neq 0$,$\frac{\partial D_i}{\partial Z_i} \neq 0$,式（4-7）、式（4-8）、式（4-9）可合并为：

$$\frac{\partial R_i}{\partial D_i} = \frac{\lambda_1}{\frac{\partial D_i}{\partial L_i}} = \frac{\lambda_2}{\frac{\partial D_i}{\partial Q_i}} = \frac{\lambda_3}{\frac{\partial D_i}{\partial Z_i}} \qquad (4-10)$$

将式（4-10）左边 $\frac{\partial R_i}{\partial D_i}$ 看成边际成本，即增加一单位的社会资本方责权利配置不合理的边际损耗带来的其合作收益的边际损失，右边 $\frac{\lambda_1}{\frac{\partial D_i}{\partial L_i}}$、$\frac{\lambda_2}{\frac{\partial D_i}{\partial Q_i}}$、$\frac{\lambda_3}{\frac{\partial D_i}{\partial Z_i}}$ 看成一般意义上的边际收益，它与责、权、利份额的边际合作收益 λ_1、λ_2、λ_3 成正比，与责权利配置份额的边际损耗成反比。当式（4-10）成立时，社会资本方实现合作收益最大化目标，责权利配置份额均为最佳份额，分别表示为 Z_i^*、Q_i^*、L_i^*。假定在某一时点，某一定环境条件下，$\frac{\partial R_i}{\partial D_i}$ 和 λ_1、λ_2、λ_3 一定，$\frac{\partial D_i}{\partial L_i}$、$\frac{\partial D_i}{\partial Q_i}$、$\frac{\partial D_i}{\partial Z_i}$ 随 L_i、Q_i、Z_i 变化而变化，社会资本方合作收益最大化目标的实现与其责权利配置密切相关。下面分不同变化情形展开分析：

（1）当 Z_i 增加（减少），而 Q_i、L_i 不变，$\frac{\partial D_i}{\partial Z_i}$ 增加（减少），式（4-10）出现左边大于（大于）右边，社会资本方合作收益减少，此时责权利配置类型实质上变为责重权轻利轻型（责轻权重利重型），即社会资本方责任分担过大（过小），而权力、利益分配份额没有变化，相对变小（变大）。

(2) 当 Q_i 增加（减少），而 Z_i、L_i 不变，$\frac{\partial D_i}{\partial Q_i}$ 增加（减少），式（4-10）出现左边大于（大于）右边，社会资本方合作收益减少，此时责权利配置类型实质上变为了权重责轻利轻型（权轻责重利重型），即社会资本方权利配置过大（过小），而责任、利益分配份额没有变化，相对变小（变大）。

(3) 当 L_i 增加（减少），而 Q_i、Z_i 不变，$\frac{\partial D_i}{\partial L_i}$ 增加（减少），式（4-10）出现左边大于（大于）右边，社会资本方合作收益下降，此时其责权利配置类型实质上变为了利重责轻权轻型（利轻责重权重型），即社会资本方利益分配过大（过小），而权力、责任配置份额没有变化，相对变小（变大）。

(4) 当 L_i、Z_i 增加（减少），而 Q_i 不变，$\frac{\partial D_i}{\partial L_i}$ 和 $\frac{\partial D_i}{\partial Z_i}$ 增加（减少），式（4-10）也出现左边大于（小于）右边，社会资本方合作收益下降，此时，社会资本方责权利配置类型实质上变为了利重责重权轻型（利轻责轻权重型），即社会资本方利益与责任配置过大（过小），而权力配置份额没有变化，相对变小（变大）。

(5) 当 Q_i、Z_i 增加（减少），而 L_i 不变，$\frac{\partial D_i}{\partial Q_i}$ 和 $\frac{\partial D_i}{\partial Z_i}$ 增加（减少），式（4-10）也出现左边大于（小于）右边，社会资本方合作收益下降，此时，其责权利配置类型实质上变为了权重责重利轻型（责轻权轻利重型），即社会资本方权力与责任配置过大（过小），而利益配置份额没有变化，相对变小（变大）。

(6) 当 L_i、Q_i 增加（减少），而 Z_i 不变，$\frac{\partial D_i}{\partial L_i}$ 和 $\frac{\partial D_i}{\partial Q_i}$ 增加（减少），式（4-10）也出现左边大于（小于）右边，社会资本方合作收益下降，此时，其责权利配置类型实质上变为了利重权重责轻型（利轻责重权轻型），即社会资本方利益与权力分配过大（过小），而责任配置份额没有变化，相对变小（变大）。

(7) 当 L_i、Q_i、Z_i 同时增加（或减少），但是变化的程度不同，$\frac{\partial D_i}{\partial L_i}$、

$\frac{\partial D_i}{\partial Q_i}$、$\frac{\partial D_i}{\partial Z_i}$增加（减少）的数量不相等，因此 $\frac{\lambda_1}{\frac{\partial D_i}{\partial L_i}} \neq \frac{\lambda_2}{\frac{\partial D_i}{\partial Q_i}} \neq \frac{\lambda_3}{\frac{\partial D_i}{\partial Z_i}}$，式（4-10）左边不等于右边，社会资本方合作收益小于最大值相比。此时，社会资本方责权利配置类型实质上变为了利重权重责轻型（利轻责重权轻型），即社会资本方利益与权力分配过大（过小），而责任配置份额没有变化，相对变小（变大）。

（8）当 L_i、Q_i、Z_i 同时增加（或减少），但是变化的程度相同，$\frac{\partial D_i}{\partial L_i}$、$\frac{\partial D_i}{\partial Q_i}$、$\frac{\partial D_i}{\partial Z_i}$ 增加（减少）的数量相等，$\frac{\lambda_1}{\frac{\partial D_i}{\partial L_i}} = \frac{\lambda_2}{\frac{\partial D_i}{\partial Q_i}} = \frac{\lambda_3}{\frac{\partial D_i}{\partial Z_i}}$，由于 L_i、Q_i、Z_i 的同时增加（或减少）会导致 D_i 的增加（减少），所以等式左边的 $\frac{\partial R_i}{\partial D_i}$ 也出现增加（减少），且等于 $\frac{\lambda_1}{\frac{\partial D_i}{\partial L_i}} = \frac{\lambda_2}{\frac{\partial D_i}{\partial Q_i}} = \frac{\lambda_3}{\frac{\partial D_i}{\partial Z_i}}$。所以式（4-10）仍然相等，社会资本方合作收益最大化条件仍然满足，但是，社会资本方的责权利配置由责重权重利重型变为责轻权轻利轻型或由责轻权轻利轻型变为责重权重利重型。

由上述分析得到结论：政府与社会资本合作时，社会资本方责权利配置也应该坚持责重权重利重或责轻权轻利轻原则，即责权利对称匹配原则。

三、项目公司与相关主体的责权利配置

政府出资方与社会资本方签署股权协议后成立 PPP 项目公司，旨在负责实施项目融资、建设、运营、维护及移交等具体任务。作为 PPP 项目合同的签约方，承担政府与社会资本方签署的项目合同中约定由社会资本方承担的项目融资、建设、运营与移交的具体执行责任，拥有融资、建设、运营的执行决策权，负责与项目各相关主体，如贷款方、承包商、咨询方、保险机构、原材料供应方、政府购买方等签订合同。负责按照合同要

求，提供高质量的公共产品与服务，获取项目建设、运营的合理利润回报。根据政府与社会资本合作的目标要求，PPP项目公司应运用市场原则进行建设、运营与维护。与一般私人产品生产企业不同之处在于，PPP项目公司提供的是公共产品与服务。按照市场原则，需满足萨缪尔森条件，即生产一单位公共产品的边际成本等于其消费的边际效用之和，供给公共产品与服务，按照市场原则配置责权利。

在PPP项目全生命周期内，PPP项目公司涉及的相关主体繁多，主要包括工程承包商、原材料供应商、运营商、政府购买方等合同履约责任主体，同时也包括提供融资贷款的金融机构、保险服务的保险机构、咨询服务的咨询单位。这些相关主体通过合同约定承担相应的责任、权力与义务，具体如表4-1所示。

表4-1　　PPP项目公司与相关主体的责权利配置情况

主体类型	责任	权力	利益
项目公司	设计、融资、建设、运营	独立决策权	合理利润 超额利润
承包方	工程建设质量、时间	工程建设权	合理利润
运营方	供给公共服务与产出	特许经营权	合理利润
原材料供应方	原材料质量、数量	供应决策权	合理利润
政府购买方	费用支付、补偿支付	监督权、拥有权	公共利益
贷款方	按合约提供贷款数量	贷款决策权	合理利息
保险方	承担承保风险、赔付	风险评价权	合理利润
咨询方	提供咨询服务	咨询服务权	合理利润

综上分析，政府、社会资本方和项目公司责权利配置的基本原则是：政府与社会资本方遵循责权利对称匹配原则；项目公司按照利于实现公共产品与服务供给最大化的目标要求，根据市场原则配置责权利。在本书后续章节将基于经济学视角的具体分析进一步详细论述。

第三节 民生基础设施供给机制与 PPP 智能化平台构建

一、民生基础设施供给机制

民生基础设施是民众生存与发展的基础,社会需求巨大,本身缺乏盈利性或盈利能力弱,社会融资艰难,政府建设资金非常有限,供需矛盾突出。急需寻找一种新的供给机制化解我国民生基础设施建设之困。本部分重点分析民生基础设施有效供给机制的结构、功能与运行方式。

民生基础设施供给一直是政府官员与学者们关注的重点。围绕如何有效供给问题,学者们有两种研究视角。一种是经济学视角,以市场供给与需求理论为基础,分析民生基础设施的供给与需求关系,当供给与需求实现市场均衡时,其供给达到最佳水平。这方面的供给模型有庇古模型、波恩模型、萨缪尔森模型和林达尔模型,这些模型都假设民生基础设施的需求是真实可知的,即公众会诚实显示其对民生基础设施的真实偏好。但是民生基础设施与一般私人商品不同,其需求的显示很难通过市场交换的形式表现出来,完全取决于个人的诚实报告,存在利己主义个体瞒报、少报需求的情形,因此,民生基础设施市场供给存在一定缺陷,并非一种完美供给模式。另一种是管理学视角,重点关注民生基础设施的供给结构与供给方法,强调结构的合理性与效率性,方法的有效性与适应性,研究管理者如何高效地利用现有公共资源供给民生基础设施。以上两种视角,经济学理论提供了民生基础设施供给机制设计的基础理论,管理学观点提供了一种现实更具操作性的实践指导。现有的民生基础设施供给机制主要有如下三种:

1. 政府直接供给机制

运营无利的公益性民生基础设施,如义务教育设施、公费医疗服务设施、基础性科技研究设施等。此类设施一般由公共事业单位使用,其使用不以营利为目的，没有净收入流入，一般由政府直接供给。供给过程中，各级政府根据社会需求，将供给支出列入公共财政预算，然后由具体政府部门执行预算，通过政府采购招投标方式遴选项目工程建设方，由工程建设方负责具体的融资、设计、建设。项目建设完成，通过政府验收合格后移交政府，最后交由具体使用单位使用，由具体使用单位负责维护与运营。政府直接供给机制中，政府负责设施的供给，企业负责建造，具体使用单位负责维护与运营。此类设施的建造、维护与更新、运营费用由公共财政列支。此类供给机制由于存在信息不对称且政府官员决策，容易出现供给与需求脱节，有时还有可能成为官员升迁出政绩的一种方式，一般表现效率较低。

2. 政府与企业联合供给机制

运营微利的准经营民生基础设施，如公共交通、物流网络、信息服务等设施。此类设施运营一般由国有企业运营，承担提供部分社会效益的功能，在运营中利润低，难以完全走向市场，开展竞争性运营。因此，一般采用政府与企业联合供给机制。在供给过程中，由企业根据需要，提出设施建设项目，政府审批，建设项目确定后，政府根据项目性质、用途、竞争性等特点，承担部分建设费用，企业承担大部分建设费用，通过公开招投标方式遴选工程建设方或交由企业自身的建筑部门建设，建成后，通过企业与政府相关部门验收合格后交由企业使用、运营。此类民生基础设施建设，政府负责小部分建设费用，企业承担大部分建设费用。项目的融资、设计、建设与运营维护均由企业负责，项目运作全过程监管由政府负责。政府与企业联合供给机制具有两大优势：一是有利于企业为政府决策（审批）提供真实需求信息，减少项目决策的盲目性；二是有利于企业利用市场竞争机制，选取更有效率的建设方，同时也能减轻政府财政支出负担。但同时由于存在部门利益，一些民生基础设施部门联合企业过度供给民生基础设施，增加政府财政支出，一些民生基础设施国有企业垄断建设市场，排挤竞争对手，致使建设效率降低。

3. 混合供给机制

混合供给制是政府与社会合作供给制，不仅仅是公私合作，而是政府、私人与志愿组织三者合作。充分发挥各自的优势，做自己最擅长的事，承担自己应负的责任，共同提供民生基础设施。政府担负公共产品质量监控、均衡布局和公共利益的实现，承担纯公益性与准公益性公共产品的供给或采购责任，对公共产品的公共利益给予补贴，实现公平。志愿组织发挥其灵活优势，结合其互惠、利他的社会偏好，充分发挥其潜力，弥补公共产品供给的不足。市场中的私人资本具有逐利性，因而其更多的是参与民生基础设施供给的竞争性与盈利性的环节，如民生基础设施建设、运营与维护管理。私人资本的参与有利于增强竞争，优化公共资源配置，提高效率。混合供给机制是一种由政府主导、公民参与、市场运作的政府、私人与志愿组织合作供给机制。在混合供给机制运行过程中，政府承担制定民生基础设施规划，颁布相应投融资政策及相关的监管制度，承担公益性、准公共性民生基础设施公共效益的投入成本。企业承担民生基础设施的具体设计、融资、建设与运营责任。志愿组织起到补充民生基础设施供给责任，供给的数量与志愿组织的财力相关联，财力越强，志愿组织供给水平越高。此供给机制汇集了政府财政资金与社会资金，能够较好地满足民生基础设施建设的需要。但是这一机制涉及的主体多，组成复杂，协调存在一定难度。

从现有的研究来看，某一单独的民生基础设施供给机制都存在一定的局限性，很难满足民生基础设施的供给要求。要实现民生基础设施的有效供给，必须扬弃地吸取各种供给机制优势，建立由政府、企业与志愿组织所组成的联合供给机制共同提供。联合供给机制结构如图4－2所示。下面就其具体结构、功能与运行方式做进一步分析。

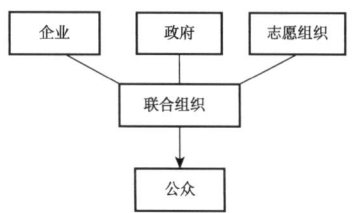

图4－2　民生基础设施联合供给机制结构

民生基础设施联合供给体由政府、企业与志愿组织组成。政府的活动以财政为基础，负责制定供给制度、供给规划与非盈利及公益性民生基础设施供给。首先是负责提供一个最基本的规则体系，包括供给的法律法规、秩序、产权和契约制度；其次政府代表公众意志，提供保障民生的基本民生设施，如提供安全保障的国防，公众吃住行的交通、水、电、汽等设施和管制不同利益主体的公共政策；然后是担负弥补市场失灵、市场不完全、纠正外部性、管制垄断等方面的责任。

企业（主要是指私人企业）是民生基础设施市场供给的主体。原因有三个方面：一是政府在提供民生基础设施时存在政府失灵，即政府在提供的过程中存在过高的交易成本，有时还难免存在特殊利益集团的"寻租"，加上政府提供民生基础设施的绩效一般缺乏明确的考核标准，因此在实际操作中，政府运行的交易成本往往比市场供给的交易成本更昂贵。因而通过市场竞争，由企业供给有助于提高供给效率。二是由于不同地区居民的民生基础设施需求存在差异，由政府均等统一供给，难以满足差异化需求，因而由市场机制来进行调节更有效率。比如某些民生基础设施数量规模对于部分社会成员可能显得过多，而对其他社会成员则又显得供给不足。存在数量上差异的民生基础设施，如果均由政府按统一标准供给，势必会存在资源浪费。三是当民生基础设施存在超额需求时，通过市场自动调节能够实现均衡。因为当市场中某一产品的边际收益高于其边际成本时，市场能激励个体自愿提供。而民生基础设施不完全是纯粹公共产品，很多设施提供的服务都存在有限的排他性和有限的竞争性，大多数为准公共产品，因而，满足市场供给的部分私人品特性。一般来说，纯公益、规模大的民生基础设施难以通过市场有效供给，但可以将其供给与生产区别开来，供给不通过市场，生产由市场调整完成。也就是说民生基础设施不完全由市场提供，但就某些局部环节，如建设与运营环节可交给企业，通过市场竞争，提高建设与运营效率。要由企业有效供给民生基础设施，除了要满足私人品属性要求外，还需要科学的法律法规与产权制度来为民生基础设施的市场供给保驾护航。

志愿组织是依据互惠互利原则，自发性建立起来的自治组织，在组织内部通过互惠互利机制实现组织的共同需求。随着社会经济发展，志愿组织成为一种非营利性的第三部门，在弥补政府失灵、市场失灵同时发生的公共产品供给领域发挥巨大的作用。在与广大公众生产生活密切相关的民生基础设施建设领域，如果得不到公众的支持，仅仅依靠市场的经济激励和政府的严格行政执法，不仅建设成本昂贵，而且不利于保持良好的民政关系（民众与政府的关系）。因此志愿组织在民生基础设施建设中具有重要的作用，一般来说，志愿组织提供公益性、体量小的特色民生基础设施。

民生基础设施联合供给机制的功能是通过整合政府、市场与志愿组织的各自功能，统一规划、合理分工、优势互补、联合高效供给民生基础设施。政府制订法律法规等供给制度，提供纯公益性、大规模、全局性的民生基础设施。企业通过市场竞争机制，供给经营性、微利型的民生基础设施及民生基础设施建设与运营等竞争性环节。志愿组织通过互惠互利机制，自愿提供公益性、小规模的特色民生基础设施，弥补因政府财力不足而导致的公益性民生基础设施供给不足。

民生基础设施联合供给机制的运行方式是统一规划布局，分类实施，统一监管。首先通过民众选举，推选出政府代理人，根据政府分工，代表民意制定民生基础设施建设法律法规与产权制度、交易制度，为民生基础设施建设提供制度基础。其次，政府根据经济社会发展要求，制定民生基础设施发展政策，并由具体政府职能部门付诸实施。在实施过程中，根据民生基础设施类别，分类供给。各级政府以财政为基础，供给基础义务教育、社会保障、环境保护、公共卫生等民生基础设施。通过政策引导与资源输入促使企业采取市场竞争形式满足民生基础设施的超额需求，供给具有一定排他性和竞争性、具有准公共品性质的民生基础设施，如养老服务设施。志愿组织负责实现政府与市场均存在失灵的民生基础设施领域公共需求目标。主要通过将特定的公共需求转化为组织的事业目标，利用政府政策和社会资金的支助，实现具有公益性质的民生基础设施供给，如希望工程等。志愿组织除了自愿提供公共产品外，同时也接受政府与企业的委托，承担政府与企业无法解决或解决成本很高的公共事务，实现政府、企业和志愿组织的共赢。

民生基础设施供给以政府、企业与志愿组织为供给主体，分别承担供给过程中的不同责任，构成一个完整的供给责任体系，担负供给责任，同时通过计划与市场两种手段，合理配置资源，实现高效率供给。政府与社会资本的定位与责任见表4-2。

表4-2 民生基础设施供给中政府与社会资本的基本定位与责任

责任		政府	社会资本
责任基本定位		负责制定民生基础设施供给制度、政策、规划,监管法规。 负责全部供给公益性与非经营的民生基础设施,部分供给准经营性民生基础设施 负责建设、运营、维护全程监管	负责部分供给准经营性民生基础设施。 具体负责实施民生基础设施设计、投融资、建设、运营与维护。 提供民生基础设施服务
分期责任	前期	负责项目发起、社会资本方遴选,物有所值与财政承受能力评价。完成项目可行性研究及批复、项目选址意见书、土地预审、用地规划许可证、土地使用证、环评、安全预评价、初步设计及批复、PPP咨询、法律咨询及相关工程建设拆迁建工作	参与社会资本遴选
	合作期	负责项目建设及运营的土地供应、配套设施供给,环境及周边关系协调、政府付费、优惠政策落实,政府依法监督、协调、配合、促进项目实施	承担项目的设计、投融资、建设、运营与维护;接受政府监管,依法运营;提供高质量的民生基础设施服务
	处置期	开展绩效考核,依法接受项目资产移交,支付相应补偿	办理项目资产移交,接受考核与补偿

二、PPP智能化平台构建

政府与社会资本合作是一种多元化的合作,涉及的合作对象多,相互关系复杂,仅凭一纸合同,很难完全明确双方的权力、责任和义务。由于合作期限较长,合作的环境、条件都处于不断变化中,因此,需要建立一个能有效开展PPP运作的智能化平台,以供合作各方平等参与,及时、迅速沟通,推进合作,成功完成项目融资、建设、运营和移交。本项目借鉴开放网络智能化平台思路尝试构建PPP智能化平台。下面就平台总体定位、服务对象、主要功能、总体架构等提出构建思路。

(一) 总体定位

智能化平台是一种网络组织形式。利用PPP智能化平台,融入政府与社会资本合作的运行思路,以网络平台和时空信息为基础,智慧化PPP合约、股权合约、融资合约、承包合约、经营合约、保险合约和咨询服务合约为一体的智慧合同体系为纽带，贯穿 PPP 项目准备、采购、执行、移交全过程。利用智慧合约和区块链技术提高合作效率和降低交易成本，构建一个公平公正、公开透明、高效与智能的 PPP 模式建设民生基础设施的管理"大脑"和"智慧合作平台"，为政府与社会资本合作建设民生基础设施提供全方位的智能化服务。

（二）服务对象

服务于各级政府、社会资本方（包括企事业单位和个体）、消费者、银行保险等金融机构、承包商、运营商、购买者以及咨询商。自动完成合约签订、社会融资、收益分配和资产移交等功能。

1. 各级政府

平台为政府提供 PPP 项目信息发布、智能化评价与筛选服务，合约制定，自动寻找合适的社会资本合作方，并向政府提供合作方的详细信息。

2. 社会资本方

平台为社会资本方提供 PPP 项目的合作方案、融资计划、建设要求、风险分担与收益分配的完整实施计划等信息。为社会资本方申请投标提供网络服务，实现社会资本方网上获取信息、网上申请投标，网络平台利用大数据分析优势对所有申报者进行自动分析、筛选。

3. PPP 项目公司

网络平台为 PPP 项目公司的组建提供股权合约，社会资本方与政府通过平台签署智慧股权合约，根据智慧股权合约组建 PPP 项目公司。PPP 项目公司利用网络平台与银行、保险、承包商、运营商、咨询商和购买者签订智慧合同，实现项目融资、建设、运营、咨询与购买合约智能化管理。

4. 银行与保险机构

平台为不同银行提供 PPP 项目的完整信息以及合作方的完整信息，银行根据信息，选择合适的合作方提供融资，签署智慧融资合约，并进行履约动态检测，保险机构签署的智慧保险合同，提供保险服务。

5. 承包商

平台一方面为承包商提供项目的建设工程信息，签约要求，同时提供承包合同申报平台;另一方面,承包商利用提供的信息,申报工程承包意向,平台通过大数据分析,将合适的承包商信息递送给 PPP 项目公司,促成承包智慧合约签署。同时承包商建设期间通过平台及时报送工程建设信息(主要包括建设成本、质量与数量),接受相关各方的监督。

6. 运营商

利用网络平台,运营商可了解 PPP 项目建设的完整信息,清楚掌握项目建设的质量、数量与预期寿命、要求提供的服务数量、质量、价格、运营成本、年限以及服务购买方等完整相关信息。运营商利用信息进行合理决策,与 PPP 项目公司签署智慧运营合约,实现运营与服务优化,同时也通过平台接受相关各方的监督。

7. 购买者或消费者

一般是政府或消费者,政府购买单位与运营方通过平台签署智慧购买合约,购买服务(此适用于政府付费项目),运营方向公众免费提供公共服务,或者消费者通过平台了解相关服务的完整信息,通过个体决策,市场购买支付,同时通过平台反馈消费信息,对运营商进行监督。平台及时披露服务信息与消费者使用效果反馈信息,有效解决信息不对称问题。

8. 咨询商

平台为咨询商与政府、PPP 项目公司、社会资本方、金融机构、承包商、运营商等之间的合作提供信息咨询服务,咨询方及时将提供的咨询服务信息(如项目实施方案等)上传平台,借助平台,咨询方能及时便捷地为合作各方提供咨询服务内容。

(三) 平台主要功能

1. 信息汇集与披露

信息汇集与披露是平台的基础功能模块,主要汇集政府与社会资本合作的政策、法规信息,所有合规(符合进入财政部项目库标准)的 PPP 项目信息,披露合作各方的完整相关信息,披露项目公司签约合同、融资合同、承包合同、运营合同及移交项目资产等所有不涉及商业秘密的信息和合作各方即时更新信息。同时也链接共享国家信息大数据系统,以期合作各方与消费者通过信息平台能查询到合作决策需要的所有信息,解决合作中的信息不对称问题。

2. PPP 项目合作者智能筛选

平台能够通过信息与要求标准比对分析,从参与竞争的合作者信息库,智能选择社会资本方、承包商、融资方、运营商、咨询商和保险商,防止人为控制选择,减少交易成本,提高合作效率。

3. PPP 合约管理

平台将所有 PPP 项目涉及的合同内容内置智能化平台,社会资本方与政府通过平台进行谈判、再谈判、签署合约,PPP 项目公司与金融机构、个人投资者、工程承包商、项目运营商签署智能合约。服务购买方利用平台进行服务付费交易。当出现涉及合约的新政策、新情况、新变化时会及时提醒合作各方,智能化调整合同,合同执行的信息与原合约出现差异时,及时提醒合作各方,同时将信息通过基础功能模块及时公开。总之,使合同管理更科学、更有利于有效执行,减少执行中的损失,提高效率。

4. PPP 融资功能

通过平台,提供一定比例的股权合约,面向个人投资者筹资,投资者可以通过购买股份的形式参与投资,同时吸引一些大的社会资本直接投资,投资比例不得低于项目资金的 10%,直接通过平台购买股份形式参与,政府也以直接购买股份形式参股 PPP 项目公司,筹集到项目所需资金的 30%—50% 后,组建公司,按各自投资金额占组建时实际筹集资金总额比例分配股份。利用平台,项目公司发布融资需求,金融机构参与竞争,签署融资合同。

5. PPP 动态分析

随着社会经济发展,公共需求发生变化,PPP 项目原合同中约定要求标准需要做相应调整,重新谈判,平台根据变化的信息,利用机器学习功能,自动更新合同要求,为合作各方提供最佳的调整方案,并及时在平台披露,接受监督。对接公众民生基础设施服务需求,对其质量与数量进行动态分析,及时向政府提供民生基础设施需求信息,政府据此发起 PPP 项目,通过平台向社会发布社会资本合作需求,开展合作方遴选。

(四) 总体架构

在信息汇集与大数据分析应用基础上，采用区块链技术，贯穿政府与社会资本合作的合约设计、合约执行、合约监督全过程。平台按照网络层、平台层和应用层3层设计。总体架构如图4-3所示。

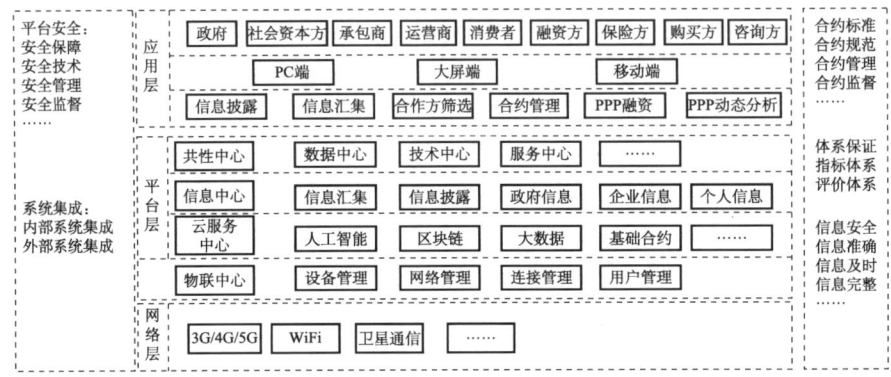

图4-3　民生基础设施建设的PPP智能平台

构建民生基础设施建设PPP智能平台旨在为PPP应用于民生基础设施建设提供一个让合作各方能够：(1) 公平参与PPP项目的规划、设计、投融资、建设、运营、维护与移交。(2) 合理分摊合作责任、风险和收益。(3) 提供高质量的民生基础设施服务。在平台中的制度设计、标准制定和评价指标体系建设需要进一步厘清合作各方的责任分担、权力配置，风险与收益匹配，运行监管等关键问题。本项目在后面的部分将就这几方面的关键问题做重点研究，以期更好地利用PPP模式服务于民生基础设施建设。

三、本章小结

本章在分析责权利关系原理基础上，提出了PPP模式中政府与社会资本责权利配置的基本原则——对称匹配原则，项目公司及相关主体的责权利配置的效率原则，并从经济学角度给出了数理证明。在综合契约理论与公共产品理论、公共产品的供给机制的基础上，提出了由政府、企业与志愿组织组成的民生基础设施联合供给机制。该机制是通过整合政府、市场与志愿组织的各自功能，构建的一个统一规划、合理分工、分类实施、统一监管、优势互补、联合高效的民生基础设施供给机制。通过对 PPP 模式的工作原理、动力机制、监督约束机制等运行机理分析，从功能定位、服务对象、主要功能和总体构架四方面提出了构建一个 PPP 智能化平台的思路。搭建了一个科学应用 PPP 模式建设民生基础设施的智能化服务平台，实现合作者公平参与 PPP 项目的规划、设计、投融资、建设、运营、维护与移交，智能化分担合作责任、风险和收益。

第五章　PPP 模式建设民生基础设施的责权配置分析

本书第四章分析了 PPP 模式运行中合作各方的责权利关系及其配置基本原则。在遵循责权利基本关系原理的前提下，本章将进一步分析 PPP 模式建设民生基础设施过程中的责权优化配置，探寻成功运用 PPP 模式建设民生基础设施的责权优化配置条件。本章内容安排如下：首先是责权配置理论阐述；其次是对我国 PPP 模式建设民生基础设施的责权配置现状考察；再次是利用契约理论，构建数理模型，分析责权最优配置，然后利用数据分析责权利之间关系；最后提出 PPP 模式建设民生基础设施责权优化配置的建议。

第一节　PPP 模式建设民生基础设施的责权配置理论

责权配置理论分为责任分担和控制权分配理论。下面对它们做一理论梳理与综述。

专门针对 PPP 模式建设民生基础设施的责任分担研究主要有公共品供给的政府责任论与企业的社会责任论。

（1）公共品供给的政府责任论，起源于早期古典经济学家们对政府职能的讨论。亚当·斯密（1776）认为政府应该担负起建设并维护公共事业或公共设施的责任，并将其作为国家的基本职能。萨缪尔森（1954）与马斯格雷夫（1989）等人从供给效率角度分析后认为，市场提供非竞争性与非排他性的公共产品缺乏效率，因此政府必须担负起供给公益性公共产品的责任。也有人认为公共产品供给应从交易成本节约来确定由谁供给，而不是想当然地把它看作政府的一项责任（邢会强，2015）。在运用 PPP 模式建设民生基础设施的项目中，政府既是合作者又是监管者，因此既要承担作为合作者按照合同要求应承担的相应责任，同时作为监管者也要担负对项目的评价、遴选和监测的责任。

（2）关于企业社会责任论的文献非常丰富。Bowen（1953）认为商人（或企业）有义务按照社会所期望的目标和价值观来进行决策或采取行动，并提出企业社会责任概念。Davis（1960）认为企业是一种社会组织，随着其权利的扩大，应该承担更多的社会责任，通过多部门合作、慈善计划和志愿活动来实现其社会责任。Carroll（1991）提出了企业社会责任的金字塔模型，明确指出企业社会责任包括经济责任、法律责任、伦理责任和慈善责任。随着对企业社会责任研究的不断深入，其实践的内容越来越丰富，涉及就业、教育、扶贫、环保等多个领域。企业社会责任被看作是弥合治理市场、政府和志愿三大失灵的新途径（刘伟、满彩霞，2019）。与传统的公共产品供给观不同，企业在追求经济盈利的同时同样需要对社会承担相应的责任。如今，政府与企业均被看作公共产品供给的责任主体，对不同的公共产品承担有差别的责任，这一认识已成学术界共识。这也为政府与社会资本合作的责任分担提供了理论基础。

在已有的文献中，大多认为政府与社会资本合作，政府承担监管责任与作为合作方的合同约定责任，社会资本方（企业）承担合约中要求的融资、建设与维护，提供高质量的公共服务责任。从定性角度规定了哪些责任的划分归属，体现各方承担起相对风险最小而又最擅长的责任要求。而对政府与社会资本方责任大小的优化配置并没有深入分析研究，在本章将利用契约理论模型，深入分析政府与社会资本合作合约中规定的责任分担比例的优化配置。

PPP 模式建设民生基础设施的控制权理论研究主要包括：（1）合约控制权的理解与界定。控制权是由制度赋予，对所有可供支配和利用资源的控制和管理的权力（殷召良，2001）。国内学者叶晓甦等（2011）认为 PPP 项目控制权是以资源为基础的企业控制权，是实现政府与社会资本合作效率的基础，通过合作契约，对 PPP 项目资产的占有、使用和收益的权力，包括实质控制权和剩余控制权。实质控制权是指 PPP 项目公司对项目资本的所有权、经营决策权和管理权；剩余控制权，主要是指剩余的决策权和分配权。从管理角度看，PPP 项目的控制权实质是法律与规范所赋予的决策权，包括对项目资产占有、使用、处置和收益分配的决策权。该决策权的赋予必须符合权职（决策权与决策者的职位）、权质（决策权大小与决策者的素质）和权责（决策权与决策者职位责任）相符（萧浩辉等，1995）。(2) 控制权配置理论。主要有：Grossman and Hart，Hart and Moore 的关于私人之间合作剩余控制权配置的 GHM 理论；Besley 和 Ghatak 在 GHM 理论基础上提出的关于公私部门合作生产纯公共物品控制权配置的 BG 理论（Besley and Ghatak，2001）；France-sconi 和 Muthoo 在 GHM 理论和 BG 理论的基础上又进一步提出了公私部门合作生产准公共物品控制权配置的 FM 理论（Francesconi and Muthoo，2006）。(3) PPP 项目控制权配置方法。主要有两种，一种是利用数学模型或博弈模型计量分析合作双方控制权配置的最优比例，另一种方法是以决策理论为基础，将控制权利束进行分解，识别 PPP 项目交易各决策点对应的控制权，进行合理配置。(4) 影响 PPP 项目控制权配置的主要因素有：①合作主体，主要包括合作双方投资的重要程度，对产出物品成本与质量改进的影响，对项目价值的评价高低，合作双方利益关系的一致性、长期性，双方的信任程度、替代程度和对预期收益的满意度；②项目、项目公司和项目相关环境，项目提供物品的公共化程度和价值可测程度，项目公司的维护成本和风险管理水平，项目的复杂程度和 PPP 项目合同类型，项目执行地的私有化程度和一些客观的特殊需求（王守清等，2019）。

大多数学者分析控制权配置时，仅仅就控制权本身如何实现最优配置展开分析，很少同时考虑合作主体的责任是否与控制权匹配。实际上如果责任与控制权不匹配容易造成权责失衡，很难成功完成 PPP 项目的合作。本研究计划在考虑合作主体责任的前提下，分析权力（控制权）的优化配置。下面先分析我国 PPP 模式建设民生基础设施项目的责权配置现状、问题和成因，然后通过建立模型分析在什么条件下能够实现权力与责任的优化配置，对照实践中存在的问题，寻找合理的责权优化配置对策。

第二节　PPP 模式建设民生基础设施责权配置的现状考察

一、PPP 模式建设民生基础设施的责权配置现状

在此部分重点以财政部 PPP 综合信息平台项目管理库的项目为调查分析对象，通过对 PPP 项目合同资料的整理分析，总结我国 PPP 项目中政府与社会资本方的责任与控制权配置情况。

（一）政府的责权配置现状

通过对财政部 PPP 综合信息平台项目管理库中国家与省级民生基础设施 PPP 示范项目合同的研究分析，政府在 PPP 项目合同中约定的权力与责任配置情况如下。

1. 政府拥有的权力

（1）监管权，是指政府按照法律法规与合同要求，对 PPP 项目投融资、建设、运营维护和移交全过程进行监管的权力。

（2）审核、审批、确认权，指政府拥有项目与社会资本方的选择权，有权按照合同约定，审核工程设计文件、投资概算，审计建设费用，确认融资及其途径，确定监理单位的权力。

（3）检查权，是指政府对项目施工质量进行抽查、检验、检查，对项目提供的产品与服务质量进行检查的权力。

（4）知情权与信息披露权，是指政府有权要求社会资本方或项目公司提供项目工程计划、工期进度表、质量控制、运营成本等专项报告，获悉项目的建设进度与质量以及成本费用情况。有权将除项目保密信息之外的财务信息、质量信息向公众披露。

（5）行政管理授权权，是指政府有权将合同约定的相关权力授予政府相关的职能部门，由职能部门行使相应的行政管理监管权，授权社会资本

方组建项目公司。

（6）终止介入接管权，是指当出现合同约定的终止重大事项时，政府可以使用一票否决权或者终止合同，政府介入具体项目建设、运营与维护。

（7）其他权力，是指政府根据法律法规享有的其他权力。

2. 政府承担的责任

（1）授权责任，是指政府必须授权政府出资方与社会资本方组建项目公司，政府将合同约定的建设管理权、特许经营权授予项目公司的责任。

（2）注资责任，是指政府按照合同约定出资组建项目公司，需要承担及时足额注入注册资本的责任。

（3）审批协调支持及前期准备责任，是指政府负责组织项目前期的实施方案制定、可行性研究、财政承受能力评估和物有所值评价、专家评审、社会资本方遴选以及相关文件的审批和出台相关政策，支持项目建设，帮助社会资本方协调其与政府及相关职能部门的关系，为项目融资提供帮助、提供项目配套设施接入等责任。

（4）供地责任，政府应无偿提供给项目公司为完成民生基础设施项目建设的土地，负责完成项目所需土地的征用、拆迁、人员安置、支付补偿费用，取得土地使用权。

（5）付费责任，是指按照项目合同约定及时、足额地向项目公司支付可用性服务费和管理维护服务费或者可行性缺口补助，且提请项目的政府方将本项目的可用性服务费和管理维护服务费或者可行性缺口补助纳入财政中期规划和年度公共预算。

（6）回购责任，当项目实施过程中出现合同约定的终止情况或者一些应由政府承担责任的事件发生而必须终止合同时，政府应该按照合同的约定承担回购项目的责任。

（7）维护市场秩序责任，是指政府应该承担维护公平、公正和稳定的市场秩序的责任。

（二）社会资本方的责权配置现状

一般在与政府签署 PPP 项目合同时，先确定社会资本方的权责，然后在 PPP 项目公司成立后，社会资本方将所有权责以附加协议形式全部转移给 PPP 项目公司，由项目公司全部承接 PPP 项目合同约定的权责。也有政府同社会资本方先草签合作协议，待 PPP 项目公司组建后，再由 PPP 项目公司与政府实施机构，按照草签的合作协议再签署 PPP 项目合同，确定 PPP 项目公司的责权配置。无论是哪一种方式，社会资本方的权责同代理 PPP 项目公司草签协议确定的 PPP 项目公司责权是存在差异的。下面根据对财政部 PPP 综合信息平台项目管理库的项目合同分析情况，归纳出社会资本方的责权配置情况。

1. 社会资本方享有的权力

（1）组建项目公司的权力，是指 PPP 项目在政府实施机构选定社会资本方后，授权社会资本方与政府出资方组建项目公司的权力。

（2）获得合理报酬的权力，是指社会资本方按照出资比例，在项目公司所占的股份比例多少，参与项目公司分红，获得合理报酬的权力。

（3）获得政府支持的权力，按照合同约定、社会资本方作为 PPP 项目公司的实际控制人，在实际执行 PPP 项目合同过程中，为了完成项目投融资、建设、运营与维护和移交的各项任务，具有获得政府支持的权力。

2. 社会资本方应承担的责任

（1）出资、融资责任，即社会资本方根据项目公司股权协议中的出资比例，不但应承担及时足额缴纳注册资本的责任，而且还要承担确保项目所需资金融资足额到位的责任。

（2）协助项目公司融资、建设、管理维护与移交，是指在项目公司执行合同时，社会资本方作为实际控制人，负有协助项目公司融资、建设、运营维护与移交的责任。

（3）承担项目公司运营亏损风险，是指作为项目公司的实际控制人，对项目公司的运营承担风险。

（4）接受政府的监管，是指在项目建设、运营维护等合作期内，社会资本方应接受并配合政府或其指定的机构进行的监管。

（5）经常性学习、了解项目相关法律，遵守法律。是指社会资本方有责任自行学习、了解项目投资建设、运营维护与移交的相关法律，以期不会产生法律认识不一致，实现更好的依法行使合作期间的各项权利和承担各项责任。

（6）确保项目公司遵守社会资本方的承诺，是指作为项目公司的实际控制人有责任确保项目公司遵守社会资本方的承诺。

（三）PPP项目公司责权配置现状

1. PPP项目公司享有的权力

（1）投融资、建设、运营与维护管理决策权（特许经营权），是指项目公司根据合同约定，政府授权项目公司拥有投融资建设项目的管理权和特许经营决策权。从实际订立的项目合同来看，项目公司的这些权限均受到政府的前置约束，比如项目公司融资时，融资机构及融资方式须获得政府方的同意，建设设计方案也需获得政府的同意后才可实施。因此此项权力是不完全的管理决策权。

（2）获得合理报酬权，是指项目公司在投资建设、运营与维护项目的过程中，按照合同约定，有获得合理投资回报的权力。

（3）项目土地使用权，是指在合作期限内，PPP项目公司拥有开展项目建设和运营维护活动所需土地的使用权。

（4）与承包商、运营商、材料设备供应商等合作方的签约权。是指项目公司具有与工程承包商、运营商、材料设备供应商、服务与产品购买商和金融机构、保险机构签署合同的权力。但是在签署合同前，需要征得政府的同意。因此此项权利也属于不完全权力。

2. PPP项目公司承担的责任

（1）投融资责任，是指PPP项目公司承担项目的投资、融资、建设、运营维护管理的费用，负责项目的投资、融资、建设、运营维护与移交。

（2）建设责任，是指PPP项目公司负责制定项目计划、配备人员，负责工程设计、建设的组织、协调和管理，承担工程建设所有风险与费用，保障项目建设质量，承担承包商的全部责任。在建设过程中，接受工程监理的工程监督，政府的质量检查、检测、监管等。

（3）运营维护责任，是指PPP项目公司承担运营与维护的所有风险与费用，按规运营，持续、稳定、安全提供合同约定标准质量的产品与服务，接受政府的绩效考核，承担运营商的全部责任风险。

（4）安全责任，是指PPP项目公司在合作期内，应遵守安全生产与建设的法律法规和合同的安全规定，接受安全部门的监督检查。

（5）环保责任，是指PPP项目公司在项目建设、运营维护过程中应符合环保要求，不得对项目所在地环境造成伤害，应担负环境保护责任。

（6）保险责任，是指PPP项目公司负责购买工程、人员和财产保险，减少项目工程建设全过程的风险损失。

（7）纳税责任，是指PPP项目公司在建设与运营维护期内，承担依法纳税的责任。

（8）信息披露责任，是指PPP项目公司应建立健全的财务制度，向政府提供建设、运营与维护的成本及相关财务信息，同时也有义务向公众披露建设与服务质量信息，接受公众监督。

（9）项目移交责任，是指在项目合作期满，PPP项目公司负责向政府指定的项目移交接收主体移交项目资产。移交之前，PPP项目公司应解除和清偿完毕其设置的所有债务、抵押、质押、留置、担保物权，以及源自本项目的建设、运营和管理维护的由PPP项目公司引起的环境污染及其他性质的请求权。

（10）其他责任，是指除以上之外的按照法律法规PPP项目公司应承担的其他责任。

综上所述，政府与社会资本合作各方分阶段权责配置整体情况如图5-1所示。

图5-1中标识了PPP项目各阶段政府、社会资本方和PPP项目公司的责权配置情况。从图中可以看出，由政府发起的PPP民生基础设施项目，在项目的前期阶段（识别准备阶段），社会资本方没有参与，无权影响项目取舍决策，完全由政府通过行政手段在各政府职能部门申报的基础上，审核、评审、遴选民生基础设施项目，项目的来源出于两种需求：一种是政府官员的政绩需要，二是民生问题反映强烈的社会需求。因此，PPP项目并不一定反映市场的实际民生需求。进入采购阶段后，政府采取市场手段，通过招投标形式遴选社会资本方，在很大程度上，社会资本方遴选取决于政府决策，是否能够遴选出最有效率的社会资本方来建设确定的PPP民生基础设施项目，取决于政府的招投标制度和行政干预强弱。在

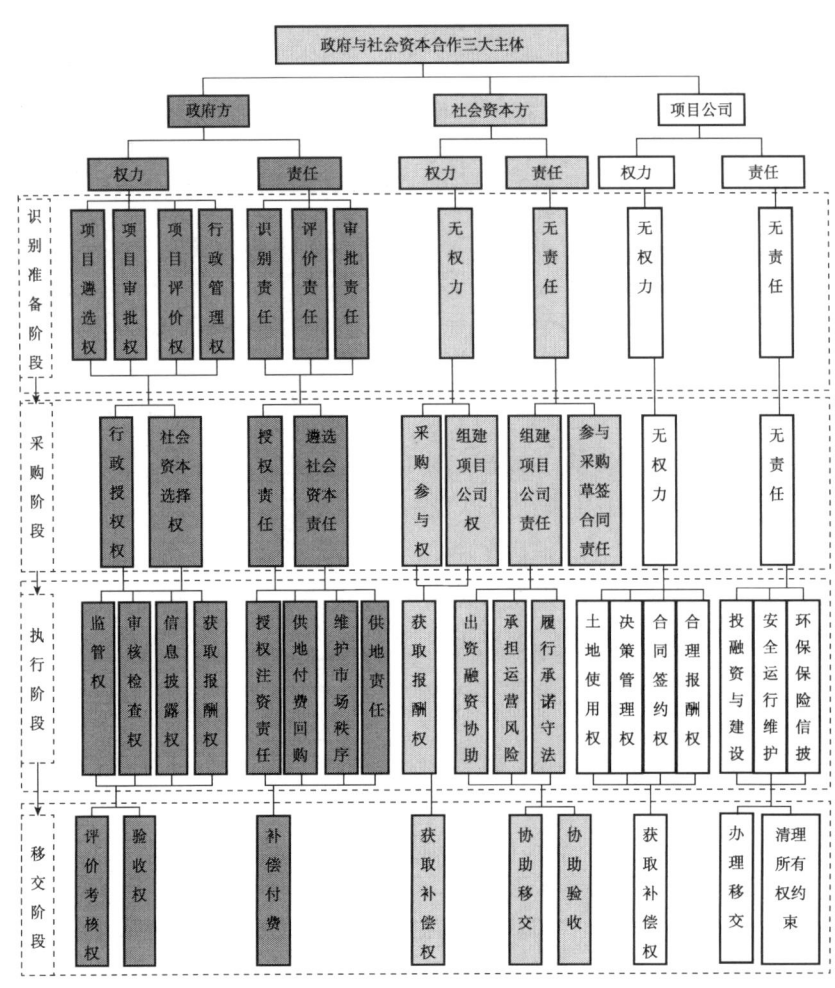

图 5-1 政府发起 PPP 项目各阶段责权配置情况

执行阶段，PPP 项目公司成立，与政府签署合同，承担完全的项目建设责任，享有合同约束条件下的有限权力。接受从项目工程设计、融资、投资、施工到运营维护全过程的政府监管。实际上项目的控制权一直掌握在政府手中，社会资本方对 PPP 项目公司的实际控制权相对较少。但是必须承担项目从投资到运营的全部运营风险。在我国 PPP 民生基础设施建设实践中权责配置存在哪些问题，有哪些需要改正的地方，下面就这些问题做进一步分析。

二、PPP 模式建设民生基础设施责权配置存在的问题

通过对 2014 年以来我国 PPP 示范项目合同的研究，发现大多合同对政府、社会资本方和 PPP 项目公司的责权都有明确约定。但是约定的责权配置仍然存在以下问题。

（一）权责配置的普适性原则较为模糊，权责配置缺乏清晰指导原则

至 2019 年 12 月底，中央政府及其组成部门颁发了四个重要的政府与社会资本合作指导性规则。这些规则对政府与社会资本方各自承担的责任与权力的界定是：2013 年国务院颁发的《国务院办公厅关于政府向社会力量购买服务的指导意见》中没有明确权责配置原则。2014 年 12 月财政部颁布的《PPP 项目合同指南（试行）》和国家发改委 2014 年发布的《政府和社会资本合作项目通用合同指南》中，提出要将政府和社会资本主体、项目公司的责任与权力列入 PPP 项目合同的核心条款内容，但没有提出责权分配的一般性原则。2019 年财政部颁发的《关于推进政府和社会资本合作规范发展的实施意见》中规范了前期 PPP 项目中出现的一些问题。如对财政支出责任提前锁定、固化，支出责任监管不到位，超越财政承受能力 10% 红线配套，由政府兜底项目建设运营风险，不及时、不完整披露信息或虚假信息披露等问题的限定。从实践来看，起到了治标作用，但仍然无法从根本上解决此类问题的出现。从现有的法规文件来看，没有制定出规范的权责配置原则。通过对大量的实践合同分析，发现一部分合同虽然能够做到写明各自的权责分工，但是一些合同存在在权责配置上约定简单，表述模糊不清，这样在具体的合作执行中很难按照约定行事，受人为控制因素的影响很大，合同执行实践缺乏明确的权责配置指导原则。

（二）政府权重责轻，社会资本责重权轻，权责配置不匹配

从 PPP 项目合同中归纳出来的政府与社会资本权责情况来看，政府拥有的监管权贯穿 PPP 项目全过程。除监管权外，在项目合同中，政府还拥有项目的遴选权、评审权、评价权、行政管理权、社会资本选择权、绩效

考核权。对项目的设计、投融资、建设、运行维护的决策具有表决权,在重大情况下还拥有一票否决权。在制度不是十分健全的情况下,很难保证政府官员恰当运用这些权力。同时从政府应该承担的责任来看,在政府付费项目中承担供地责任、付费责任,以及对自身的监督、评审、评价、行政管理、社会资本选择以及绩效考核活动结果承担责任。但是这些活动分别由政府不同职能部门承担,与签约 PPP 项目合同的政府方可能属于不同职能部门,因此会出现签约合同的政府方仅仅只是某一组织管理单位,并不承担合同约定的相应责任,进而出现签约者无须担负责任或者会减轻责任负担。从整体上看,政府更强调对项目的控制权。相反社会资本方、项目公司拥有的权力较少,从项目的识别、采购到项目的执行、移交全过程中,社会资本拥有获取合理报酬权,项目投融资、建设、运营维护过程的管理决策权,但是该项决策权不完全,受到政府的前置审核约束。在决策之前,很多决策需要事先征得政府同意或审核通过才可行使决策权,如选择融资方式、融资金额和融资渠道,在很多实践合同中都要求事先经过政府同意或许可。但要求社会资本完全承担项目投融资、建设、运营维护全过程的风险,对项目全过程中工程建设质量、项目提供的产品与服务数量、质量担负全部责任,存在权责配置不匹配。

(三) PPP 权责配置稳定性与持续性较弱,合作成功难度增加

基于缓解民生基础设施建设需求与政府财政供给矛盾的需要,2013 年中央政府提出大力发展 PPP 建设民生基础设施。随着公共需求与公共供给矛盾尖锐程度下降,加上在前期 PPP 项目中由于不规范操作而导致政府债务风险不断累积,政府对发展 PPP 项目采取越来越谨慎的态度,对项目的监管趋于更为严格,各种规章制度不断出台。这使得原有的 PPP 项目执行的环境发生变化,原有合同约定的权力与责任也将随之发生变化,这表现出原有的 PPP 责权配置稳定性与持续性受到挑战。目前我国的 PPP 大多处于从不规范到规范的发展阶段,合作制度、合作环境还处于一个不断优化的过程中。从这个角度来看,PPP 责权配置稳定性与持续性较弱。从合作主体来看,政府的责权配置分散于不同政府职能部门,如财政部门担负付费责任,地方人民政府可能承担土地的供给,政府发展改革委与财政部门拥有项目的审批权、监督权,执法机构拥有监管权。就算从整体上,政府

的责权配置合理、稳定，但是由于政府与社会资本合作期限较长，政府机构的职能调整变化也可能引起政府责权配置的不稳定。从社会资本方来看，虽然对PPP项目公司组成的社会资本方退出转让有严格的限制，但是社会资本方不一定都是单独的自然人，也可能是企业法人，因此，很难保证企业法人中实际控制人的变化。在实际控制人发生变化后，原来控制人认可的合同，新的控制人不认可，可能要求进行项目合同的再次谈判，改变原来的权责配置，于是有可能出现再次谈判失败，合作的持续性变得不确定，因而合作成功难度增加。如何保持PPP项目中权责配置的动态稳定和持续是合作成功的一个重要前提。

（四）信息披露责任不到位，公众难知情、投诉少与监督弱

在与PPP相关的中央法规和地方法规中都规定：政府与社会资本需要及时、准确与完整披露项目相关信息，保障公众的知情权，接受社会监督。但在实际操作中很难执行到位，比如在财政部PPP项目信息平台统一公布的项目信息，由于很多公众不知道、不了解信息公布的这一渠道，无法获取信息。而且许多项目的信息公开要在项目活动结束后很长一段时间披露，无法做到事中与事前知情、监督，如某些信息要求在执行6个月后才公开的规定。再者，对公众的监督权与知情权表述过于笼统、抽象，且一些监督权力与政府重叠，实践中公众表现出难知情、不知情，无法监督的状况。对于公众而言，公共服务与公共产品大多数属于免费服务，即使质量不尽如人意，广大消费者（公众）很少行使投诉权。即使公众行使投诉权，也很难得到有效回应，因为公共服务的非排他性与非竞争性特征很少影响公众私人利益的变化，公众投诉与监督的积极性也较弱。

三、PPP模式的民生基础设施建设责权配置问题的成因

在我国PPP模式责权配置中存在上述问题的主要原因有以下几个方面。

（一）合作制度与体制不完善

我国PPP的法规制度规范还不健全。从中央到地方，虽然都出台了相应的法规制度，但是大多数的地方PPP法规为执行中央制度的实施性规

则，创新性较差，没有做到因地制宜，缺乏针对性（王守清，2017）。从整体上看，近年来，政府出台的 PPP 政策规章不少，但是比较零散，没有统一的上位法律制度。以至于在实践中，地方政府自由发挥空间很大，乱象丛生，存在大量不合规不合法的虚假合作，出现责权不清、配置不合理、合作无法继续的情况。在现有的法规中，对责权配置的规定也过于笼统，缺乏明确的界定。因而造成在实践中，PPP 合同约定政府与社会资本责权大多基于《合同法》《民法通则》《政府采购法》等法律规范，缺乏明确的专门法律。由于社会经济发展，不断出现新现象、新问题，政府为了适应社会需求，PPP 制度处于不断完善之中，制度变化较频繁，容易导致实践中 PPP 权责配置不稳定，难以持续。

我国投资体制可分为两大类：一类是市场投资，主要是企业私人产品与服务供给的投资；另一类是政府投资，主要是公共产品与服务供给投资。民生基础设施建设投资属于政府投资范围。通过 PPP 模式来投资建设民生基础设施，政府付费与可行性缺口补助项目由政府通过采购方式购买社会资本组建的项目公司提供的公共服务与产品，其中政府付费与可行性缺口补助支出需列入财政预算。因此，政府对 PPP 项目投融资、建设、运营维护实行严格监管，形成强约束。同时由于社会资本组建的 PPP 项目公司属于企业性质，在提供公共产品与服务时追求利润最大化，如果缺乏监管，可能会采用降低公共服务和产品质量来谋取更高经济利润。所以，政府只有增强自身的控制权，减少企业的控制权，增加其约束（责任）的办法来保证实现项目公共利益最大化目标，最终导致政府与社会资本方权责不匹配。

（二）政府与社会资本合作双方真实意图偏离合作目标

导致 PPP 责权配置不匹配，信息披露不充分，公众监督名存实无现状的重要原因是政府与社会资本合作双方目标偏离合作的真正目的。PPP 的真正目的应该是充分发挥市场机制作用，提升公共产品与服务的质量与供给效率，实现公共利益最大化（财政部等，2014）。在 PPP 实践中，许多地方政府利用 PPP 模式建设民生基础设施的真实意图有三个：一是政府官员急于短期表现政绩。在财力不足的情况下，利用 PPP 模式大量融资，建设民生基础设施。二是社会资本在国际国内投资机遇减少，为追求稳健，投资风险较小项目，获取建设利润。三是政府对民生考核力度加大，政府官员改变原有的单纯GDP目标，追求民生政绩。从三种不同的合作意图来看，第三种可能与PPP的真实目标一致，另两种意图偏离PPP的真实目标。因此在实践中，政府官员为了能短期出政绩，开展融资，政府需保持对项目的全程控制权，包括融资数量规模、工程进度、质量和成本等信息，将PPP的实际权力控制在政府手中。而社会资本为了获取更高的建设利润，成本信息披露就会存在不充分问题，导致公众的知情权受到侵害，使公众很难做到对项目的全过程监督。所以合作各方的合作意图与PPP真正目标的不一致导致合作各方对控制权的争夺，公众知情权难以保障，监督权缺失。

（三）社会信用基础不足

我国PPP项目实践中存在企业与政府不诚信现状。如企业低价投标，而事后"敲竹杠"；政府换届、规划变更和财政困难时拒绝履行PPP合同责任。由于社会信用基础不足，政府为了防止社会资本方的事后"敲竹杠"，因而事先在订立合同时，为自己设置更多的权力，以减少责任；社会资本方，为了防止政府违约，不履行责任，在具体的投融资、建设与运营维护过程中隐藏信息、不披露财务等真实信息，导致政府与公众的监督效果下降或监督成本上升。因此在PPP责权配置中出现政府重权轻责，信息披露不充分，监督不力。

第三节　PPP模式建设民生基础设施的责权配置模型分析

一、PPP模式责权配置理论模型

PPP模式是基于不完全契约的长期合作，其责权配置是建立在不完全契约条件下的。现有文献研究显示，PPP责权配置的理论模型有基于契约理论和管理决策理论的两种责权配置模型。

（一）基于契约理论的责权配置模型

此类模型重点分析了契约控制权的配置，主要有 GHM 理论模型、BG 模型和 FM 模型。

1. GHM 理论模型

GHM 理论模型由 Grossman 和 Hart（1986）、Hart 和 Moore（1990）提出，即 Grossman-Hart-Moore 模型。在该模型中，将契约权利分为特定控制权和剩余控制权，特定控制权是指在合约中能够事先明确界定的权利，在不完全契约中除了特定控制权之外，没有明确界定的权利称为剩余控制权。GHM 理论认为剩余控制权配置应遵循社会福利最大化原则，合约双方谁更能增加社会总体福利，谁的利益就应该得到优先保证，也就是应该将剩余控制权配置给效率更高的一方当事人。如果对专用投资方的激励增加的效率大于其对手方减少的效率，剩余控制权的转移就是帕累托改进。因此，投资相对重要或必要的一方应该得到剩余控制权。当专用性投资和通用性投资存在替代关系时，共享所有权是剩余控制权分配的最佳选择。契约不完全性导致专用性投资不足和效率低，解决的有效办法是企业合并。Hart 等人进一步的研究认为：在企业经营状况良好时，控制权应该由经营者或股东行使，在经营状况不好时，控制权应由债权人行使。如果企业的资金来源于内部融资，控制权应该根据融资结构和股权结构由员工来配置。GHM 模型讨论的是私人企业之间合作生产私人产品过程中的剩余控制权分配，并不适用于分析 PPP 模式的民生基础设施建设项目的剩余控制权分配。因为 PPP 建设民生基础设施与私人企业合作生产私人产品存在很大差异。

2. BG 模型

Besley 和 Ghatak（2001）在拓展 GHM 模型的基础上，研究了纯公共品生产的控制权最佳配置。BG 理论认为对公共产品评价最高的一方应该被配置控制权，不管投资技术如何。BG 模型的主要内容如下：

假设政府（g）与非政府组织（n）合作投资一个纯粹公共品项目，$Y=(y_g, y_n)$ 表示投资决策变量，y_g 表示政府投资，y_n 表示非政府投资。投资不仅仅是物质资本投资。$b(Y)$ 表示项目获得的收益，假设 $b(y_g, y_n)$ 是递增的凹函数，满足稻田条件，即 $b(0,0) > 0$，$\partial^2 b(y_g, y_n)/\partial y_g \partial y_n \geq 0$。如果政府的项目投资成本是 C_g，对项目的估值参数是 $\theta_g(\theta_g > 0)$，则其收益为 $\theta_g b(Y) - C_g$；非政府组织的项目投资成本是 C_n，对项目的估值参数是 $\theta_n(\theta_n > 0)$，则其收益为 $\theta_n b(Y) - C_n$。实际上 $C_g = y_g$，$C_n = y_n$。

（1）在完全契约情况下，政府与非政府组织双方选择投资合作利益最大化可写为：$\text{Max}[(\theta_n + \theta_g)b(Y) - y_g - y_n]$，对其求最大化得到双方相应的最佳投资水平。

用 y_i^* 表 i 参与人（政府或非政府组织）合作收益最大化时的最佳投资水平，则遵循林达尔—萨缪尔森规则：$(\theta_n + \theta_g)b_k(y_g^*, y_n^*) = 1$，$k \in \{1, 2\}$，这里 $b_k(\cdot)$ 是第 k 阶导数，有 $(\theta_n + \theta_g)b_k(y_g^*, y_n^*) - y_g^* - y_n^* > 0$，$y_g^* > 0$，$y_n^* > 0$。

（2）考虑契约的不完全性，假设将合作分为三个阶段。

第一阶段：政府与非政府组织决定由谁拥有项目创造资产的剩余控制权（项目资产所有者），且由所有者承担项目设计。

第二阶段：政府与非政府组织合作，然后政府投资 y_g，非政府组织投资 y_n，不得变更。

第三阶段：政府与非政府组织谈判是否继续合作经营此项目。

如果谈判失败，$B^i(y_g, y_n)$ 表示 i 方当事人获得的收益，i 是项目控制人，满足 $B^i(y_g, y_n) \leq b(y_g, y_n)$，$i \in \{g, n\}$。$B^i(y_g, y_n)$ 满足递增、凹函数且 $B^i(0,0) > 0$，$\partial^2 B^i(y_g, y_n)/\partial y_g \partial y_n \geq 0$，$i = g, n$。假设不同所有权结构下，投资的边际回报满足：

对于所有的 y_n，$b_1(y_g, y_n) \geq B_1^g(y_g, y_n) > B_1^n(y_g, y_n)$； (5-1)

对于所有的 y_g，$b_2(y_g, y_n) \geq B_2^n(y_g, y_n) > B_2^g(y_g, y_n)$。 (5-2)

$i(i = g, n)$ 拥有控制权，u_g^{-i} 和 u_n^{-i} 分别表示政府和非政府组织的违约收益。如果谈判失败，由项目所有者决定选择谁来继续运营项目。如果投资后能够达成协议继续合作，则合作收益为 $(\theta_n + \theta_g)b(Y)$。

如果事后非政府组织 n 转移 t（$t > 0$ 或者 $t < 0$）单位收益给政府 g，根据纳什均衡解，转移收益的均衡水平为：

$$t^* = \text{argmax}_t [\theta_n b(Y) - t - u_n^{-i}(Y)][\theta_g b(Y) + t - u_g^{-i}(Y)]$$

$$= \frac{(\theta_n - \theta_g)b(Y) + u_g^{-i}(Y) - u_n^{-i}(Y)}{2}; \quad (5-3)$$

交易后，政府与非政府组织的净收益为：

政府：$\dfrac{(\theta_n + \theta_g) b(Y) + u_g^{-i}(Y) - u_n^{-i}(Y)}{2}$； (5-4)

非政府组织：$\dfrac{(\theta_n + \theta_g) b(Y) + u_n^{-i}(Y) - u_g^{-i}(Y)}{2}$。 (5-5)

政府与非政府组织的违约收益为：

政府：$u_g^{-i} = \theta_g B^i(y_g, y_n)$； (5-6)

非政府组织：$u_n^{-i} = \theta_n B^i(y_g, y_n)$。 (5-7)

其中 i 有控制权，$i = g, n$。

那么当 i 为所有权控制者时，政府与非政府组织的收益为：

政府：$v_g^i(y_g, y_n) = \dfrac{(\theta_n + \theta_g) b(y_g, y_n) + (\theta_g - \theta_n) B^i(y_g, y_n)}{2} - y_g$； (5-8)

非政府组织：

$v_n^i(y_g, y_n) = \dfrac{(\theta_n + \theta_g) b(y_g, y_n) + (\theta_n - \theta_g) B^i(y_g, y_n)}{2} - y_n$。 (5-9)

模型进一步拓展到双方联合控制，与盈利性企业合作，投资项目产品具有私人品成份，合作双方的投资是完全替代的情况进行讨论，得到如下结论：

（1）在联合控制情况下，与单方拥有控制权相比，对看好项目的一方投资激励低，对不看好项目的一方投资激励高。如果是不看好项目一方的投资更重要，与由看好的一方控制相比，双方联合控制产生更高的合作剩余。

（2）如果不重视项目的一方具有控制权，在未达成一致协议时将不能完成项目。但是，如果不重视项目一方的投资对项目很重要，那么他拥有控制权是最佳选择，否则，最佳选择应该是更看好项目（评价更高的）的一方拥有控制权。

（3）如果政府与私人合作投资提供了混合品（具有私人与公共性质的物品），最优控制权依赖于两种成份的相对重要性。如果公共品成份足够重要，那么对项目评价更高的一方应该被配置控制权，即使他不是投资者，否则投资者应该具有控制权。

（4）如果合作双方的投资具有完全替代性，均衡时只有一个投资者而且同时也具有控制权,这个投资者(同时也是控制者)也是对项目评价最高的一方。

BG 模型以 GHM 模型为基础,分析了不完全契约中合作双方提供公共产品的控制权分配问题,为社会资本方参与公共产品供给提供了理论基础,重点分析了投资激励视角下,如何配置控制权。对 PPP 项目建设纯粹公共品的控制权配置具有一定理论借鉴意义。

3. FM 模型

Francesconi 和 Muthoo (2011) 将 BG 模型分析扩展到非纯粹公共产品供给,研究了复杂伙伴关系(如 PPP)中拥有相同事后博弈能力的双方当事人控制权的最优配置问题。模型分析结果表明,控制权的最优配置与双方当事人的投资技术、对公共品的相对评价和公共品的公共性程度密切相关。与 BG 模型相同,FM 模型假设政府与非政府组织合作建设项目,将合作过程分为三个阶段:

第一阶段,政府与非政府组织共同选择一个控制权分配,假定政府获得 q 比例的控制权,$q \in [0,1]$。非政府组织获得 $1-q$ 比例控制权。如果 $q=1$,则政府具有完全控制权,$q \in (0,1)$,说明控制权是共同分享。

第二阶段,投资,至少有一方当事人能够承担投资以增加项目收益。用 $y_i(i=g,n)$ 表示投资水平,投资水平 y_i 的参与人 i 发生的成本为 $C_i(y_i)$,$C_i(y_i)$ 为单调递增,凸函数,二阶可导且 $C_i(0)=0$。

第三阶段,再谈判,此时投资已经完成,投资双方通过再谈判继续分配控制权从而影响项目收益。

假设项目收益为 $B(y,q)$,$y \equiv (y_g, y_n)$,如果采取合作决策,项目收益为 $b(y)$,且 $b(y) > B(y,q)$。

假设 B 与 q 存在线性关系,因此有 $B(y,q) = qB^g(y) + (1-q)B^n(y)$,$B^i$ 表示由 i 单独控制项目产生的收益。

双方谈判交易时,转移给对方的货币额为 t(由政府转给非政府组织或者由非政府组织转移给政府),如果达成协议,政府与非政府组织各自得到的收益为:

政府:$u_g(y) = \theta_g b(y) + t$; (5-10)

非政府组织:$u_n(y) = \theta_n b(y) - t$。 (5-11)

这里 $\theta_i > 0$, $i = g, n$, 是 i 对项目收益的评价参数, t 是 n 给 g 的货币支付, 可以为正, 也可以为负。如果他们不能达成协议, 项目通过重新分配控制权运营, 违约收益为:

政府: $\bar{u}_g(y,q) = \theta_g[qB^g(y) + (1-\alpha)(1-q)B^n(y)]$; (5-12)

非政府组织: $\bar{u}_n(y,q) = \theta_n[(1-\alpha)qB^g(y) + (1-q)B^n(y)]$。 (5-13)

这里 α 表示项目产品的非公共性程度参数, $\alpha = 1$ 表示纯私人品, BG 模型中隐含假设 $\alpha = 0$, 意味着为纯粹公共品。

因为 $b(y) > B(y,q)$, 所以有 $u_g(y) + u_n(y) > \bar{u}_g(y,q) + \bar{u}_n(y,q)$, 对于任意的 q 和 y, 总投资 i 在第二阶段的纳什均衡收益为: $V^i(y,q) = \frac{1}{2}(\theta_g + \theta_n)b(y) + \frac{1}{2}[\bar{u}_i(y,q) - \bar{u}_j(y,q)](j \neq i)$。 (5-14)

将第二项替代为违约收益后可得:

$$V^g(y,q) = \frac{1}{2}(\theta_g + \theta_n)b(y) + \frac{1}{2}(\theta_g - \theta_n)B(y,q) + \frac{\alpha}{2}[\theta_n qB^g(y) - \theta_g(1-q)B^n(y)];$$ (5-15)

$$V^n(y,q) = \frac{1}{2}(\theta_g + \theta_n)b(y) + \frac{1}{2}(\theta_g - \theta_n)B(y,q) - \frac{\alpha}{2}[\theta_n qB^g(y) - \theta_g(1-q)B^n(y)]。$$ (5-16)

在第二阶段, 最优的投资水平就是最大化 $(\theta_g + \theta_n)b(y) - C_g(y_g) - C_n(y_n)$, 有一个纯策略纳什均衡, 用 $y^e(q) \equiv (y_g^e(q), y_n^e(q))$, 那么第一阶段最优的控制权份额 q 的值: $\max_{0 \leq \pi \leq 1} S(q) = V^g(y^e(q),q) + V^n(y^e(q),q) - C_g(y_g^e(q)) - C_n(y_n^e(q))$, 对 q 求一阶导, 可得:

$$S'(q) = V_2^g(y^g(q),q)\left[\frac{\partial y_n^e}{\partial q}\right] + V^n(y^e(q),q)\left[\frac{\partial y_g^e}{\partial q}\right]。$$ (5-17)

合作双方控制权份额 q 对均衡投资水平的边际变化是:

$$V_{13}^g = \frac{\partial}{\partial q}\left[\frac{\partial V_g}{\partial y_g}\right] = \frac{1}{2}\underbrace{[(\theta_g - \theta_n)[B_1^g - B_1^n]}_{\text{BGeffect}} + \underbrace{[\alpha[\theta_g B_1^n - \theta_n B_1^g]]}_{\text{GHMeffect}}$$ (5-18)

$$V_{23}^n = \frac{\partial}{\partial q}\left[\frac{\partial V_n}{\partial y_n}\right] = \frac{1}{2}\underbrace{[(\theta_g - \theta_n)[B_2^g - B_2^n]}_{\text{BGeffect}} + \underbrace{[\alpha[\theta_g B_2^n - \theta_n B_2^g]]}_{\text{GHMeffect}}$$ (5-19)

(1) 只有一个投资者的情况:

$$V_{13}^g = \frac{\partial}{\partial q}\left[\frac{\partial V_g}{\partial y_g}\right] = \frac{1}{2}[[\theta_g - (1-\alpha)\theta_n]B_1^g + [\theta_n - (1-\alpha)\theta_g]B_1^n]$$ (5-20)

如果政府是唯一投资者且 $\alpha \geq (\theta_n - \theta_g)/\theta_n$，那么控制权最优配置是给予政府。假定政府是唯一投资者且对于任意的 y，有 $\beta_g \in (0,1)$，$B_1^n(y) = \beta_g B_1^g(y)$。如果 $\alpha > \alpha_g^*$（$\alpha < \alpha_g^*$）那么控制权最优配置是给政府 $g(n)$。

（2）有两个投资者的情况。假设在第二阶段，合作双方都能投资，对于任意的 y，有 $B_1^n(y) = \beta_g B_1^g(y)$ 和 $B_2^g(y) = \beta_n B_2^n(y)$，$\beta_g, \beta_n \in (0,1)$。

①如果 $\hat{\theta} > 1$ 且 $\alpha \leq \alpha_g^*$，那么控制权配置给非政府组织 n 为最优，即 $q^* = 0$。

②如果 $\hat{\theta} < 1$ 且 $\alpha \leq \alpha_g^*$，那么控制权配置给政府 g 为最优，即 $q^* = 1$。

假设 $\theta_g = \theta_n$，$\alpha_g = \alpha_n$，且 $\beta_g = \beta_n$，$\alpha = 0$，那么 $q \in [0,1]$ 是最优配置，但是对于任意的 $\alpha > 0$，最优控制权配置比例是 $q^* = \dfrac{1}{2}$，即政府与非政府组织各拥有一半的控制权。

（3）第一阶段控制权的博弈均衡解。假设合作双方能够投资，双方投资的重要性相似，合作双方之间不可能有旁支付，每一方宁愿选择最优的控制权配置 q^*，而不选择违约分配 q^d（随着 q^d 与 q^* 之间差距而增加，或者随着双方对项目的评价（θ_n 和 θ_g）的差距扩大而增加。

（4）多个非政府合作组织情况。在第三阶段第 i 方的纳什均衡收益为：

$$V^i(y,q) = \bar{\theta} b(y) + (1-\alpha)(\theta_i - \bar{\theta})B(y,q)$$
$$+ \alpha \left[\theta_i q_i B_i(y) - \frac{1}{N+1} \sum_{k=1}^{N+1} \theta_k q_k B_i(y) \right] \quad (5-21)$$

从上式可以知道，假设政府是唯一投资者，有限个非政府组织合作者的情况下：

①如果项目产品的私人属性程度足够高，控制权全部分配给政府是最优的。

②如果项目产品的公共属性程度足够高，控制权的最优配置取决于政府评价与非政府组织平均评价的比较。如果政府的评价更高，控制权全部配置给政府是最优的，否则控制权配置给非政府组织是最优的。

（5）合作双方联合控制情况。如果对项目评价低的一方的投资比评价高的一方投资更重要且项目产品的公共性程度高，双方联合控权比由对项目评价高的一方单独控权更优。

(6) 合作双方投资完全替代情况。

①如果 $\hat{\theta} > 1$，$\alpha < 1 - (1/\hat{\theta})$，则 $q^* = 0$，即将控制权配置给 n（非政府组织）是最优的。

②如果 $\hat{\theta} < 1$，$\alpha < 1 - \hat{\theta}$，则 $q^* = 1$，即将控制权配置给 g（政府）是最优的。

③如果 $(\hat{\theta}, \alpha)$ 的值处于上述区域之外，控制权的最优配置是不确定的、模糊的，除非进一步加入假设条件。

（二）基于管理决策理论的责权配置模型

从管理决策视角来看，控制权就是对所有可以支配和利用的资源管理与控制的权力，是一种对人与事的决定权。这种控制权可以分为名义控制权与实际控制权，名义控制权是指来源于经济上的所有权，实际控制权是指实践中决策的权力（Philippe Aghion and Jean Tirole，1997）。对于多主体参与的 PPP 项目责权配置的关键是度量各参与主体的责权分配及其各自所占的份额大小。现有研究大多集中在权力的配置，而对责任的配置研究较少。度量控制权的方法主要有：（1）利用产权经济学、公共经济学理论，从项目出发，根据政府与社会资本双方对项目评价、公共化程度等因素在不同决策点设置 0/1 二元值进行配置。赋予 0 表示参与方没有控制权，1 表示具有完全控制权。（2）以项目全过程的时间轴为主线，假设在轴上的各个决策点的决策权 0/1 配置是连续变量。将项目控制权表示为 0—1 的连续化综合配置，通过计算机模拟计算政府与社会资本方的控制权大小（张喆、贾明，2012）。（3）先识别项目决策，列出决策清单，将决策控制权分解为建议权、审批权、执行权与监督权四项子权力。通过设置 0/1 值，使用单项控制权决策度量模型配置单项决策控制权，然后根据决策的重要性评价结果赋予项目各项决策权重，从而度量出政府与社会资本方在项目中的决策权配置比例（伍迪，2015）。

从现有关于 PPP 项目责权配置的模型来看，大多集中于项目的控制权配置研究。很少分析控制权配置同时考虑责任的匹配。大多研究均假定在控制权配置的同时，责任的分担与控制权配置是均衡对称的。而实际上，在 PPP 项目中，普遍存在"重权利、轻责任"现象，也就是责权配置是不均衡对称。管理学意义上的度量责权配置模型适合实践的实证分析，很难准确抽象出现有的配置是否为最优状态,也难以具体精确度量联合决策时参与各主体控制权的合理分配份额,更没有考虑责任配置状况。本研究计划从不完全契约理论视角,分析 PPP 模式建设民生基础设施项目的责权配置,考虑责任分担条件下的最优控制权配置条件。探寻 PPP 项目责权配置优化的对策。

二、建设民生基础设施的 PPP 模式责权配置模型构建

民生基础设施建设项目属于公共性程度高的项目,采用 PPP 模式建设,如何配置控制权,如何实现责权对称?在这里将借鉴 GHM、BG、FM 理论模型,建立 PPP 模式建设民生基础设施的责权配置模型进行优化分析。

PPP 项目运作一般分为项目识别、准备、采购、执行与移交五个阶段。在识别与准备阶段,由政府执行机构拥有控制权;采购阶段,政府与社会资本开始合作,共同出资组建 PPP 项目公司;在项目执行阶段,PPP 项目公司的控制权与责任优化配置对项目的效率及其提供的公共产品与服务质量好坏密切相关;移交阶段,PPP 项目公司将项目资产移交给政府指定部门,控制权与责任由政府相关部门承担。本部分模型重点研究在政府与社会资本正式合作期内项目公司的责权优化配置。

借鉴 GHM、BG、FM 理论分析方法,建立在不完全契约理论基础之上,将 PPP 合约看作一个动态的不完全契约。

将 PPP 项目运作具体分为以下三个阶段。

第一阶段(采购阶段),政府与社会资本合作共同出资组建 PPP 项目公司,按出资比例享有相应权利。假设政府与社会资本按照股份占比分配控制权份额,其中政府(g)占有的份额为 q,社会资本(s)为 $1-q$;同时用 z 表示政府承担责任的份额,社会资本的责任份额为 $1-z$,且有 $q/z = \varphi_t$,φ_t 是一个随时间变化的常数,如果 $\varphi_t = 1$ 表示责权对称平衡。

第二阶段(建设阶段),假设政府与社会资本合作前期的非合约投资信息是透明的,均为双方共同知识(符合我国相关政策的公开、公正、透明要求),用 $I_i(I_i \in R_+, i \in \{g,s\})$ 表示各方的投资额,相对应的成本为 $C_i(I_i)$,成本函数满足递增、凸函数、二阶连续可导,且 $C_i(0) = 0$。

第三阶段（运营阶段），如果政府与社会资本同意合作运营，$t(t<0)$ 表示政府支付给社会资本的补偿交易支付（如使用者付费时为政府的补贴额，如可行性缺口补贴），不是政府付费项目的支付费用，项目收益记为 $b(I) \in R_+$，$I \in (I_g, I_s)$。如果合作成功，政府（g）与社会资本（s）获得的收益分别为：

政府：$U_g(I) = \rho_g b(I) + t$ （5-22）

社会资本方：$U_s(I) = \rho_s b(I) - t$ （5-23）

其中，$\rho_g \in R_+$ 和 $\rho_s \in R_+$，分别是政府与社会资本方各自对项目收益的评价参数。$b(I)$ 严格递增，凹函数，二阶可导，满足一阶导数大于零，二阶导数小于零。

如果政府与社会资本方运营阶段没有达成协议，不能继续合作，按照第一阶段 PPP 项目公司的控制权分配继续运营公司，政府与社会资本方获得的收益，称之为违约收益，用下式表示：

政府：$\overline{U}_g(I,q) = \rho_g [qB^g(I) + (1-\alpha)(1-q)B^s(I)]$ （5-24）

社会资本方：$\overline{U}_s(I,q) = \rho_s [(1-\alpha)qB^g(I) + (1-q)B^s(I)]$ （5-25）

其中 α 是代表项目提供的产品私人性程度 $\alpha \in [0,1]$，$\alpha=1$ 表示私人品，$\alpha=0$ 表示纯粹公共品。$B^g(I)$ 和 $B^s(I)$ 分别表示谈判失败后政府与社会资本方由分配的项目控制权取得的项目收益，设 $B(I,q) = qB^g(I) + (1-q)B^s(I)$，为谈判失败后的项目收益。

这里假设：①对于每一项投资 I 均有 $b(I) > B(I,q)$，②对于任意合作者 $i \in \{g,s\}$，$B^i(\cdot,\cdot)$，非递减，二阶连续，$B^i(0,0) = 0$；③对于每一项投资，有

$b_1(I) \geq B_1^g(I) \geq B_1^s(I)$，$b_2(I) \geq B_2^g(I) \geq B_2^s(I)$，$b_{12}(I) \geq B_{12}^g(I)$ 和 $B_{12}^s(I) \geq 0$。

其中，$b_1(I)$、$B_1^g(I)$、$B_1^s(I)$ 分别表示对政府合作者 g 投资的一阶偏导，$b_2(I)$、$B_2^g(I)$、$B_2^s(I)$ 分别表示对社会资本合作者 s 投资的一阶偏导，$b_{12}(I)$、$B_{12}^g(I)$、$B_{12}^s(I)$ 是指对 g 和 s 合作者投资的交叉偏导。

进一步假设政府与社会资本在第三阶段合作对双方都是有利可图的，即 $U_g(I) + U_s(I) > \overline{U}_g(I,q) + \overline{U}_s(I,q)$。

假设合作双方中政府的谈判能力 $\tau \in (0,1)$，政府的补偿交易支付 t 的

均衡解为: $t \in \text{argmax}_t\{[\rho_g b(I) + t - \overline{U}_g(I,q)]^\tau [\rho_n b(I)$
$- t - \overline{U}_s(I,q)]^{1-\tau}\}$ (5-26)

解得: $t^* = [\tau\rho_s - (1-\tau)\rho_g]b(I) - [\tau\overline{U}_s(I,q)$
$- (1-\tau)\overline{U}_g(I,q)]$ (5-27)

根据 FM 理论,可得政府与社会资本方纳什均衡时的收益:

政府: $V^g(I,q) = \tau(\rho_g + \rho_s)b(I) - [\tau\overline{U}_s(I,q)$
$- (1-\tau)\overline{U}_g(I,q)]$ (5-28)

社会资本方: $V^s(I,q) = (1-\tau)(\rho_g + \rho_s)b(I) + [\tau\overline{U}_s(I,q)$
$- (1-\tau)\overline{U}_g(I,q)]$ (5-29)

可得到均衡的投资水平为: $I^e(q) = (I_g^e(\gamma), I_s^e(q))$

最优控制权分配为:

$q^* \in \arg\max_{0 \leq q \leq 1} S(q) = V^g(I^e(q), q) + V^s(I^e(q), q)$
$- I_g^e(q) - I_s^e(q)$ (5-30)

$S'(q) = V_1^g(I^e(q), q)\dfrac{\partial I_s^e}{\partial q} + V_2^s(I^e(q), q)\dfrac{\partial I_g^e}{\partial q}$ (5-31)

其中, V_k^g 表示 $V^i(i \in \{g,s\})$ 对它的第 k 项 ($k=1,2,3,4$)① 的一阶偏导。下面的 V_{kl}^i 表示 V^i 对第 k,l 项 ($k,l=1,2,3,4$)② 的交叉偏导。

根据 FM 理论,可以得到政府与社会资本在均衡投资水平 $I^e(q)$ 时,均衡收益关于控制权的边际效应为:

政府: $V_{13}^g(I^e(q), q) = \dfrac{\partial}{\partial q}\left(\dfrac{\partial V_g}{\partial I_g^e}\right) = [(1-\tau)\rho_g - \tau\rho_s](B_1^g - B_1^s)$
$+ \alpha[\tau\rho_s B_1^g + (1-\tau)\rho_g B_1^s]$ (5-32)

社会资本方: $V_{23}^s(I^e(q), q) = \dfrac{\partial}{\partial q}\left(\dfrac{\partial V_s}{\partial I_s^e}\right) = [(1-\tau)\rho_g - \tau\rho_s](B_2^s - B_2^g)$
$- \alpha[\tau\rho_s B_2^g + (1-\tau)\rho_g B_2^s]$ (5-33)

从上式可知,FM 理论将等式右边第一项定义为 BG 效应,与合作各方对项目利润的评价和谈判能力有关,第二项为 GHM 效应,当项目提供的

---

① $k=1,2,3,4$ 分别代表 I_g, I_s, q, $z\varphi_t$。

② $l=1,2,3,4$ 分别代表 I_g, I_s, q, $z\varphi_t$。

产品或服务为非私人品时,严格为正。

如果进一步考虑责任与权力的匹配情况,将 $\varphi_t z$ 代替 q 代入式(5-28)和式(5-29),对 z 求导,得到式(5-34)、式(5-35),用 V_{14}^g 和 V_{24}^s 表示如下:

政府:$V_{14}^g(I^e(z),z) = \dfrac{\partial}{\partial z}\left(\dfrac{\partial V_g}{\partial I_g^e}\right) = \varphi_t[(1-\tau)\rho_g - \tau\rho_s](B_1^g - B_1^s)$

$\qquad\qquad + \varphi_t\alpha[\tau\rho_s B_1^g + (1-\tau)\rho_g B_1^s]$ （5-34）

社会资本方:$V_{24}^s(I^e(z),z) = \dfrac{\partial}{\partial z}\left(\dfrac{\partial V_s}{\partial I_s^e}\right) = \varphi_t[\tau\rho_s - (1-\tau)\rho_g](B_2^g - B_2^s)$

$\qquad\qquad - \varphi_t\alpha[\tau\rho_s B_2^g + (1-\tau)\rho_g B_2^s]$ （5-35）

如前所述,$\varphi_t = \dfrac{q}{z}$ 表示责权配置状况,$\varphi_t \in (0,1)$,如果 $\varphi_t = 1$ 表示责权对称,$\varphi_t = 0$ 表示责权配置错位;τ 表示谈判能力强弱,$\tau \in (0,1)$,$\tau = 1$ 表示具有完全控制谈判结果的能力,$\tau = 0$ 表示完全由对方主控谈判。B_i^g 表示政府方非合作收益对政府投资($i=1$)和社会资本方投资($i=2$)的一阶导数,B_i^s 表示社会资本方非合作收益对政府投资($i=1$)和社会资本方投资($i=2$)的一阶导数。下面对数理模型分不同情况做进一步分析。

三、PPP 项目建设民生基础设施的责权配置模型结果分析

(一)不同投资主体构成

1. 政府付费项目(仅有政府投资者情况)

根据 FM 理论,可推出在政府单独投资,由社会资本方建设情况下,责权最优配置条件:

(1)纯粹公共品,$\alpha = 0$,如果 $(1-\tau)\rho_g - \tau\rho_s > 0$,$\varphi[(1-\tau)\rho_g - \tau\rho_s] > 0$,责权对称完全配置给政府是责权最优配置,相反,则责权对称配置给社会资本方为最优。

如果政府与社会资本方对项目收益评价相同(即 $\rho_g = \rho_s$),政府的谈判能力弱于社会资本方 $\left(\tau < \dfrac{1}{2}\right)$,则责权应该全部配置给唯一的投资者政

府为最优。如果政府的谈判能力强于社会资本方$\left(\tau > \frac{1}{2}\right)$,也是将责权全部配置给唯一的投资者政府为最优;如果政府的谈判能力强于社会资本方$\left(\tau > \frac{1}{2}\right)$且$B_1^g > B_1^s$,且$0 < \alpha < (2\tau - 1)[B_1^g - B_1^s]/[\tau B_1^g + (1 - \tau)]B_1^n$时,责权全部配置给社会资本方为最优。

如果政府对项目收益评价高于社会资本($\rho_g > \rho_s$),且政府谈判能力满足$\rho_g/(\rho_g + \rho_s) < \tau \leq 1$,责权全部配置给社会资本方为最优。

如果政府对项目收益评价高于社会资本方($\rho_g < \rho_s$),且政府谈判能力满足$0 \leq \tau < \rho_g/(\rho_g + \rho_s)$,责权全部配置给政府为最优。

(2) 纯私人品,$\alpha = 1$,则$V_{13}^g(I^e(q), q) = (1 - \tau)\rho_g B_1^g + \tau \rho_s B_1^s > 0$,所以责权完全对称配置给政府是责权最优配置(在本研究中不讨论此种情况,因为政府与社会资本合作一般不提供纯粹私人品)。

(3) 如果是混合品,政府与社会资本方对项目收益的评价相同(即$\rho_g = \rho_s$),且政府与社会资本双方谈判能力相同$\left(\tau = \frac{1}{2}\right)$时,①当$1 > \alpha > (2\tau - 1)[B_1^g - B_1^s]/[\tau B_1^g + (1 - \tau)]B_1^n$,责权全部配置给政府为最优;②当$0 < \alpha < (2\tau - 1)[B_1^g - B_1^s]/[\tau B_1^g + (1 - \tau)]B_1^n$时,责权全部配置给社会资本方为最优。

据式(5-34)和式(5-35)可知,$\varphi_t = 1$时,责权对称匹配,合作双方的责任配置最优条件与控制权力配置相同。即权力分配给政府为最优时,责任在此条件下分配给政府也为最优,相反,权力分配给社会资本方为最优时,责任在此条件下分配给社会资本方也为最优。因为他们的最优配置条件公式相同。$\varphi_t \neq 1$时,说明责权不匹配,权力最优配置时,责任不一定为最优。具体分析不再繁叙。

2. 非政府付费项目(政府与社会资本共同投资情况)

在这种情况下,假设任意合作者i的投资回报中分给合作者$j(j \neq i)$的份额为$\beta_i \in (0, 1)$;对于单位投资I,有$B_1^s = \beta_g B_1^g$和$B_2^g = \beta_s B_2^s$。设$\hat{\rho} = \tau \rho_s / [(1 - \tau)\rho_g]$,$V_{13}^g(I^e(q), q)$,$V_{23}^s(I^e(q), q)$,$V_{14}^g(I^e(z), z)$,$V_{24}^g(I^e(z), z)$可以写为:

$$V_{13}^g(I^e(q), q) = (1 - \tau)\rho_g[(1 - \hat{\rho})(1 - \beta_g) + \alpha(\beta_g + \hat{\rho})]B_1^g \quad (5-36)$$

$$V_{23}^s(I^e(q),q) = (1-\tau)\rho_g[(1-\hat{\rho})(1-\beta_s) - \alpha(1+\beta_s\hat{\rho})]B_2^s \quad (5-37)$$

$$V_{14}^g(I^e(z),z) = \varphi_t(1-\tau)\rho_g[(1-\hat{\rho})(1-\beta_g) + \alpha(\beta_g+\hat{\rho})]B_1^g \quad (5-38)$$

$$V_{24}^s(I^e(z),z) = \varphi_t(1-\tau)\rho_g[(1-\hat{\rho})(1-\beta_s) - \alpha(1+\beta_s\hat{\rho})]B_2^s \quad (5-39)$$

（1）如果 $\hat{\rho} > 1$，即 $\tau\rho_s > [(1-\tau)\rho_g]$，且 $\alpha \leq (\hat{\rho}-1)(1-\beta_g)/(\beta_g+\hat{\rho})$，责权全部配置给社会资本是最优的，即 $q^* = 0$。在此基础上我们进一步分析合作双方谈判能力（博弈能力）对责权优化配置的影响，当政府谈判能力弱于社会资本方，即 $\tau < \frac{1}{2}$，且 $(\hat{\rho}-1)(1-\beta_g)/(\beta_g+\hat{\rho}) < \alpha < \bar{\alpha}_g$，控制权全部配置给社会资本方不是最优的；当 $\tau > \frac{1}{2}$，且 $\bar{\alpha}_g < \alpha < (\hat{\rho}-1)(1-\beta_g)/(\beta_g+\hat{\rho})$，控制权全部配置给社会资本方是最优的。从式（5-38）、式（5-39）还可以看到，责任最优配置的条件与控制权相同，说明在配置控制权的同时也应分担相应的责任。

（2）如果 $\hat{\rho} < 1$，即 $\tau\rho_s < [(1-\tau)\rho_g]$，且 $\alpha \leq (1-\hat{\rho})(1-\beta_s)/(1+\beta_s\hat{\rho})$，责权全部配置给政府是最优的，即 $q^* = 1$。考虑合作双方的谈判能力，当政府谈判能力弱于社会资本方，即 $\tau < \frac{1}{2}$，且 $\bar{\alpha}_s < \alpha < \frac{(\hat{\rho}-1)(1-\beta_s)}{[(1+\beta_s\hat{\rho})]}$，控制权全部配置给政府是最优的；当 $\tau > \frac{1}{2}$，且 $\bar{\alpha}_s < \alpha < \frac{(\hat{\rho}-1)(1-\beta_s)}{[(1+\beta_s\hat{\rho})]}$，控制权全部配置给政府不是最优的。从式（5-38）、式（5-39）还可以看到，责任最优配置的条件与控制权相同，说明在配置控制权的同时也应分担相应的责任。

（二）PPP 项目对合作双方的重要程度

PPP 项目对合作双方的重要程度，可以通过合作双方对项目的收益评价参数 $\rho_i(i \in (g,s))$ 来表示，因为，如果合作中的某一方认为项目对他很重要的话，他对项目收益的评价也就越高。

1. 政府评价高于社会资本方（$\rho_g > \rho_s$）

（1）政府付费项目。如果与社会资本方相比，政府认为合作项目对其更加重要，那么其对项目收益的评价也就更高，即 $\rho_g > \rho_s$。如果政府付费项目提供的产品与服务为纯粹公共产品 $\alpha = 0$，且政府谈判能力满足 $\tau \leq \frac{1}{2}$，责权全部配置给政府为最优;当政府谈判能力满足 $\tau > \frac{1}{2}$,责权全部配置给政府不是最优的。

(2)非政府付费项目(合作双方投资)。

$\alpha \in (0,1)$,$\frac{1}{2} > \tau > \frac{\rho_s}{\rho_g + \rho_s}$,且 $(\hat{\rho}-1)(1-\beta_g)/(\rho_g+\hat{\rho}) < \alpha < \bar{\alpha}_g$,控制权全部配置给社会资本方不是最优的;当 $\tau > \frac{1}{2}$,且 $\bar{\alpha}_g < \alpha < (\hat{\rho}-1)(1-\beta_g)/(\rho_g+\hat{\rho})$,控制权全部配置给社会资本方才是最优的。

2. 社会资本方评价高于政府($\rho_g < \rho_s$)

(1)政府付费项目。如果是纯粹公共品($\alpha=0$),政府对项目收益评价高于社会资本($\rho_g < \rho_s$),且政府谈判能力满足 $0 \leqslant \tau < \rho_g/(\rho_g+\rho_s)$,责权全部配置给政府为最优。

如果是准公共品 $\alpha \in (0,1)$,且 $\tau < \frac{\rho_g}{\rho_g+\rho_s}$,责权全部配置给政府为最优。

(2)非政府付费项目(合作双方投资)。当政府谈判能力弱于社会资本方,即 $\tau < \frac{1}{2}$,且 $\bar{\alpha}_s < \alpha < (\hat{\rho}-1)(1-\beta_s)/((1+\beta_s\hat{\rho}))$,控制权全部配置给政府是最优的。

3. 合作双方评价相同($\rho_g = \rho_s$)

(1)政府付费项目。如果 $\alpha=0$,且 $\tau < \frac{1}{2}$,责权全部配置给政府为最优。

(2)非政府付费项目(合作双方投资)。

①当 $1 > \alpha > (2\tau-1)[B_1^g - B_1^s]/[\tau B_1^g + (1-\tau)B_1^n]$,且双方谈判能力相同,$\tau = \frac{1}{2}$ 时,责权全部配置给政府为最优。

②当 $0 < \alpha < (2\tau-1)[B_1^g - B_1^s]/[\tau B_1^g + (1-\tau)B_1^n]$ 时,且双方谈判能力相同,$\tau = \frac{1}{2}$ 时,责权全部配置给社会资本方为最优。

当责权对称匹配,即 $\varphi_t = 1$ 时,合作双方的责任优化配置条件与控制权配置完全相同，即权力分配给政府为最优时，责任在此条件下分配给政府也为最优，相反，权力分配给社会资本方为最优时，责任在此条件下分配给社会资本方也为最优，因为他们的最优条件公式相同。$\varphi_t \neq 1$ 时，说明责权不匹配，权力最优配置时，责任不一定为最优。

（三）项目产品与服务的公共性程度

1. 纯公共品 $\alpha = 0$

如果 $(1-\tau)\rho_g - \tau\rho_s > 0$，$\varphi[(1-\tau)\rho_g - \tau\rho_s] > 0$，责权对称完全配置给政府是责权最优配置，相反，则责权对称配置给社会资本方为最优。

①如果政府与社会资本方对项目收益评价相同（$\rho_g = \rho_s$），政府的谈判能力弱于社会资本方 $\left(\tau < \dfrac{1}{2}\right)$，则责权应该全部配置给唯一的投资者政府为最优；政府的谈判能力强于社会资本方 $\left(\tau > \dfrac{1}{2}\right)$，则责权全部配置给唯一的投资者政府不是最优的。

②如果政府对项目收益评价高于社会资本方（$\rho_g > \rho_s$），且政府谈判能力满足 $\rho_g/(\rho_g + \rho_s) < \tau \leq 1$，责权全部配置给社会资本方为最优。

③如果政府对项目收益评价低于社会资本方（$\rho_g < \rho_s$），且政府谈判能力满足 $0 \leq \tau < \rho_g/(\rho_g + \rho_s)$，责权全部配置给政府为最优。

2. 准公共品 $0 < \alpha < 1$

（1）如果 $\rho_g = \rho_s$，政府的谈判能力强于社会资本方 $\left(\tau > \dfrac{1}{2}\right)$ 且 $B_1^g > B_1^s$，且 $0 < \alpha < (2\tau - 1)[B_1^g - B_1^s]/[\tau B_1^g + (1-\tau)]B_1^n$ 时，责权对称全部配置给社会资本方为最优。

（2）如果 $\rho_g > \rho_s$，且 $\tau < \dfrac{1}{2}$ 意味着 $\hat{\rho} < 1$，当 $\alpha \leq (1-\hat{\rho})(1-\beta_s)/(1+\beta_s\hat{\rho})$，责权全部配置给政府是最优的。

（3）如果 $\rho_g > \rho_s$，$\tau > \dfrac{1}{2}$，当 $\overline{\alpha}_s < \alpha < (\hat{\rho}-1)(1-\beta_s)/(1+\beta_s\hat{\rho})$，责权全部配置给政府不是最优的。

当责权对称匹配，即 $\varphi_t = 1$ 时，合作双方的责任优化配置条件与控权配置完全相同,即权力分配给政府为最优时,责任在此条件下分配给政府也为最优,相反,权力分配给社会资本方为最优时,责任在此条件下分配给社会资本方也为最优,因为他们的最优条件公式相同。$\varphi_t \neq 1$ 时,说明责权不匹配,权力最优配置时,责任不一定为最优。

(四)合作双方谈判能力强弱

1. 政府强于社会资本方 $\left(\tau > \dfrac{1}{2}\right)$

(1)纯粹公共品($\alpha = 0$)。

如果 $\rho_g = \rho_s$,责权全部配置给政府不是最优的。

如果 $\rho_g > \rho_s$,且 $(1-\tau)\rho_g > \tau\rho_s$,意味着 $\hat{\rho} < 1$,责权全部配置给政府是最优的。

如果 $\rho_g < \rho_s$,$\tau > \dfrac{1}{2}$ 意味着 $\hat{\rho} > 1$,责权全部配置给政府不是最优的。

(2)准公共品,$\alpha \in (0,1)$。

如果 $\rho_g = \rho_s$,且 $B_1^g > B_1^s$,且 $0 < \alpha < (2\tau - 1)[B_1^g - B_1^s]/[\tau B_1^g + (1-\tau)]B_1^n$ 时,责权对称全部配置给社会资本投资者为最优。

如果 $\rho_g > \rho_s$,当 $\overline{\alpha}_s < \alpha < (\hat{\rho} - 1)(1 - \beta_s)/(1 + \beta_s \hat{\rho})$,责权全部配置给政府不是最优的。

如果 $\rho_g < \rho_s$,当 $\alpha \leqslant (1 - \hat{\rho})(1 - \beta_s)/(1 + \beta\hat{\rho})$,责权全部配置给政府为最优。

2. 社会资本方强于政府 $\left(\tau < \dfrac{1}{2}\right)$

(1)纯粹公共品。

如果 $\rho_g = \rho_s$,责权全部配置给政府为最优。

如果 $\rho_g > \rho_s$,即 $\hat{\rho} < 1$,责权全部配置给政府为最优。

如果 $\rho_g < \rho_s$,$\dfrac{1}{2} > \tau > \dfrac{\rho_g}{\rho_g + \rho_s}$,责权全部配置给政府为最优。

(2)准公共品。

如果 $\rho_g = \rho_s$,$\hat{\rho} < 1$,且 $\alpha \leqslant (1 - \hat{\rho})(1 - \beta_s)/(1 + \beta_s \hat{\rho})$,责权全部配置

给政府为最优。

如果 $\rho_g > \rho_s$，$\hat{\rho} < 1$，且 $\alpha \leq (1-\hat{\rho})(1-\beta_s)/(1+\beta_s\hat{\rho})$，责权全部配置给政府为最优。

如果 $\rho_g < \rho_s$，$0 < \tau < \dfrac{\rho_g}{\rho_g + \rho_s}$，且 $\alpha \leq (1-\hat{\rho})(1-\beta_s)/(1+\beta_s\hat{\rho})$，责权全部配置给政府为最优。

3. 合作双方相同 $\left(\tau = \dfrac{1}{2}\right)$

（1）纯粹公共品。

如果 $\rho_g = \rho_s$，$(1-\tau)\rho_g - \tau\rho_s = 0$，责权全部配置给社会资本方为最优。

如果 $\rho_g > \rho_s$，$\hat{\rho} < 1$，$(1-\tau)\rho_g - \tau\rho_s > 0$，责权全部配置给社会资本方为最优。

如果 $\rho_g < \rho_s$，$\hat{\rho} > 1$，此情况一般不存在。

（2）准公共品。

如果 $\rho_g = \rho_s$，则 $(1-\tau)\rho_g - \tau\rho_s = 0$，责权全部配置给社会资本方为最优。

如果 $\rho_g > \rho_s$，则 $\hat{\rho} < 1$，且 $\alpha \leq (1-\hat{\rho})(1-\beta_s)/(1+\beta_s\hat{\rho})$，责权全部配置给政府为最优，即 $q^* = 1$。

如果 $\rho_g < \rho_s$，则 $\hat{\rho} > 1$ 且 $\alpha \leq (\hat{\rho}-1)(1-\beta_g)/(\beta_g+\hat{\rho})$，责权全部配置给社会资本方为最优，即 $q^* = 0$。

当责权对称匹配，即 $\varphi_t = 1$ 时，合作双方的责任优化配置条件与控制权配置完全相同，即权力分配给政府为最优时，责任在此条件下分配给政府也为最优，相反，权力分配给社会资本方为最优时，责任在此条件下分配给社会资本方也为最优，因为他们的最优条件公式相同。$\varphi_t \neq 1$ 时，说明责权不匹配，权力最优配置时，责任不一定为最优。

（五）PPP 责权优化配置与我国实践比较

将上述责权优化配置分析总结如表 5-1 所示。

表 5 – 1　　政府与社会资本合作责权优化配置情况表

项目提供产品类型	投资方式	合作双方谈判能力	合作双方对项目价值评价	责权匹配情况	责权优化配置结果
纯粹公共品 $\alpha = 0$	政府单独投资	$\tau = \dfrac{1}{2}$	$\rho_g = \rho_s$	对称匹配	非政府
				非对称匹配	无最优
			$\rho_g > \rho_s$	对称匹配	政府
				非对称匹配	无最优
			$\rho_g < \rho_s$	对称匹配	社会资本方
				非对称匹配	无最优
		$1 > \tau > \dfrac{1}{2}$	$\rho_g = \rho_s$	对称匹配	社会资本方
				非对称匹配	无最优
		$\dfrac{\rho_g}{\rho_g + \rho_s} > \tau > \dfrac{1}{2}$	$\rho_g > \rho_s$	对称匹配	政府
				非对称匹配	无最优
		$1 > \tau > \dfrac{\rho_g}{\rho_g + \rho_s}$		对称匹配	社会资本方
				非对称匹配	无最优
		$1 > \tau > \dfrac{1}{2}$	$\rho_g < \rho_s$	非对称匹配	无最优
				非对称匹配	无最优
		$0 < \tau < \dfrac{1}{2}$	$\rho_g = \rho_s$	对称匹配	政府
				非对称匹配	无最优
			$\rho_g > \rho_s$	对称匹配	政府
				非对称匹配	无最优
		$\dfrac{\rho_g}{\rho_g + \rho_s} < \tau < \dfrac{1}{2}$	$\rho_g < \rho_s$	对称匹配	政府
				非对称匹配	无最优
		$\dfrac{\rho_g}{\rho_g + \rho_s} > \tau > 0$		对称匹配	社会资本方
				非对称匹配	无最优
	合作投资	$\tau = \dfrac{1}{2}$	$\rho_g = \rho_s$	对称匹配	无最优
				非对称匹配	无最优
			$\rho_g > \rho_s$	对称匹配	社会资本方
				非对称匹配	无最优
			$\rho_g < \rho_s$	对称匹配	无最优
				非对称匹配	无最优
		$1 > \tau > \dfrac{1}{2}$	$\rho_g = \rho_s$	对称匹配	社会资本方[①]
				非对称匹配	无最优

[①] 此处还要满足条件：$\alpha \leqslant (\hat{\rho} - 1)(1 - \beta_g)/(\beta_g + \hat{\rho})$。

续表

项目提供产品类型	投资方式	合作双方谈判能力	合作双方对项目价值评价	责权匹配情况	责权优化配置结果
纯粹公共品 $\alpha = 0$	合作投资	$\dfrac{1}{2} < \tau < \dfrac{\rho_g}{\rho_g + \rho_s}$	$\rho_g > \rho_s$	对称匹配	政府①
				非对称匹配	无最优
		$\dfrac{\rho_g}{\rho_g + \rho_s} < \tau < 1$		对称匹配	社会资本方
				非对称匹配	无最优
		$1 > \tau > \dfrac{1}{2}$	$\rho_g < \rho_s$	对称匹配	社会资本方
				非对称匹配	无最优
		$0 < \tau < \dfrac{1}{2}$	$\rho_g = \rho_s$	对称匹配	政府
				非对称匹配	无最优
			$\rho_g > \rho_s$	对称匹配	政府
				非对称匹配	无最优
		$0 < \tau < \dfrac{\rho_g}{\rho_g + \rho_s}$	$\rho_g < \rho_s$	对称匹配	政府
				非对称匹配	无最优
		$\dfrac{1}{2} > \tau > \dfrac{\rho_g}{\rho_g + \rho_s}$	$\rho_g < \rho_s$	对称匹配	无最优
				非对称匹配	无最优
准公共品 $\alpha \in (0,1)$	政府单独投资	$\tau = \dfrac{1}{2}$	$\rho_g = \rho_s$	对称匹配	社会资本方
				非对称匹配	无最优
			$\rho_g > \rho_s$	对称匹配	社会资本方
				非对称匹配	无最优
			$\rho_g < \rho_s$	对称匹配	政府
				非对称匹配	无最优
		$1 > \tau > \dfrac{1}{2}$	$\rho_g = \rho_s$	对称匹配	社会资本方
				非对称匹配	无最优
		$\dfrac{\rho_g}{\rho_g + \rho_s} > \tau > \dfrac{1}{2}$	$\rho_g > \rho_s$	对称匹配	政府
				非对称匹配	无最优
		$1 > \tau > \dfrac{1}{2}$	$\rho_g < \rho_s$	对称匹配	非政府
				非对称匹配	无最优
		$0 < \tau < \dfrac{1}{2}$	$\rho_g = \rho_s$	对称匹配	政府
				非对称匹配	无最优
			$\rho_g > \rho_s$	对称匹配	政府
				非对称匹配	无最优
			$\rho_g < \rho_s$	对称匹配	政府
				非对称匹配	无最优

① 此处还要满足条件:$\alpha \leq (\hat{\rho} - 1)(1 - \beta_s)/(1 + \beta_s \hat{\rho})$。

续表

项目提供产品类型	投资方式	合作双方谈判能力	合作双方对项目价值评价	责权匹配情况	责权优化配置结果
准公共品 $\alpha \in (0,1)$	合作投资	$\tau = \frac{1}{2}$	$\rho_g = \rho_s$	对称匹配	政府
				非对称匹配	无最优
			$\rho_g > \rho_s$	对称匹配	政府
				非对称匹配	无最优
			$\rho_g < \rho_s$	对称匹配	社会资本方①
				非对称匹配	无最优
		$1 > \tau > \frac{1}{2}$	$\rho_g = \rho_s$	对称匹配	社会资本方②
				非对称匹配	无最优
		$\frac{1}{2} < \tau < \frac{\rho_g}{\rho_g + \rho_s}$	$\rho_g > \rho_s$	对称匹配	政府最优③
		$1 > \tau > \frac{\rho_g}{\rho_g + \rho_s}$			社会资本方④
		$1 > \tau > \frac{1}{2}$	$\rho_g > \rho_s$	非对称匹配	无最优
		$1 > \tau > \frac{1}{2}$	$\rho_g < \rho_s$	对称匹配	社会资本方⑤
				非对称匹配	无最优
		$0 < \tau < \frac{1}{2}$	$\rho_g = \rho_s$	对称匹配	政府最优⑥
				非对称匹配	无最优
			$\rho_g > \rho_s$	对称匹配	政府最优⑦
				非对称匹配	无最优
			$\rho_g < \rho_s$	对称匹配	政府最优⑧
				非对称匹配	无最优

注：此表根据分析结果整理而成。①②④⑤⑧还需满足：$\alpha \leq (\hat{\rho} - 1)(1 - \beta_g)/(\beta_g + \hat{\rho})$，③⑥⑦需满足：$\alpha \leq (\hat{\rho} - 1)(1 - \beta_s)/(1 + \beta_s \hat{\rho})$。

民生基础设施建设属于准公共产品供给。根据国家政策，项目分为政府付费、使用者付费和可行性缺口补助三大类。政府付费项目实质是政府单独投资，使用者付费与可行缺口补助项目为政府与社会资本合作投资。在合同中明确规定如果社会资本方存在损害公共利益行为时，政府拥有一票否决权。下面将国内学者对我国 PPP 项目控制权与责任配置状况研究结论总结如表 5-2 所示，根据谈判能力、控制权分配、责权对称现状、双方对项目的评价、项目提供产品类别以及上述分析的结论，总结出民生基础设施建设 PPP 项目责权优化配置要求, 具体如表 5-3 所示。

表 5-2　我国 PPP 模式建设民生基础设施项目的责权配置研究结论

不同评判标准	样本量	责任归属方*	控制权**	责权匹配性
政府参与度	1043	政府：政策、法律责任 社会资本：投资、建设与运营责任	政府有强控制权占比 38.59%	不完全匹配
			社会资本有强控制权占 49.83%	不完全匹配
项目公司股权结构	2573	政府：政策、法律责任 社会资本：投资、建设与运营责任	社会资本	不匹配
全过程的控制权加权	2573	政府：政策、法律责任 社会资本：投资、建设与运营责任	政府	不匹配

注：*责任归属根据《关于推进政府和社会资本合作规范发展的实施意见》规定风险归属确定。**根据各阶段控制权归加权计算，每一阶段占比定义为25%，大于50%定义为具有全程的控制权，政府拥有识别、准备、采购和移交阶段的全部控制权，社会资本方拥有执行阶段部分控制权，整体而言，政府完全掌控项目。

表 5-3　PPP 模式建设民生基础设施项目的责权配置优化要求

设施类型	投资方式	双方谈判能力	合作双方对项目评价	责权匹配	责权优化配置结果
公益性	政府单独投资（政府付费）	政府强于社会资本方	政府高于社会资本方	完全对称	政府
准经营性	政府与社会资本联合投资	政府强于社会资本方	政府高于社会资本方	完全对称	政府*
					社会资本方**

注：*表示此项优化配置还要求满足条件 $\alpha \leqslant (\hat{\rho}-1)(1-\beta_s)/(1+\beta_s\hat{\rho})$ 且 $\frac{1}{2} < \tau < \frac{\rho_g}{\rho_g+\rho_s}$，

**表示此处还需要满足条件 $\alpha \leqslant (\hat{\rho}-1)(1-\beta_g)/(\beta_g+\hat{\rho})$ 和 $1 > \tau > \frac{\rho_g}{\rho_g+\rho_s}$。

对比表 5-1 和表 5-2 可知，我国 PPP 项目责权的实际配置与优化配置不一致。在完全由政府付费购买项目服务的 PPP 民生基础设施项目中，政府的谈判能力强于社会资本方。由于民生基础设施的公益性强，社会效益大于经济效益，政府关注的公共收益高于社会资本方关注的经济利益，因此，政府对于民生基础设施项目的评价高于社会资本方的评价。根据理论分析结论，如果责权完全对称匹配，责权配置给政府是最优的。但实际的情况是责权匹配不对称，比如在实践中，由于项目运行周期长，政府换届导致不同届任职的政府官员不落实责任，或者将未来责任转移给社会资本方承担，而实际的控制权并不发生转移，导致责权时间上不匹配。政府拥有完全控制权时并不承担全部责任，因此责权配置不是最优的。在政府与社会资本联合投资的项目中，如果政府谈判能力强于社会资本方，政府对项目的评价高于社会资本方的评价情况下，存在两种最优配置，一种是当满足 $\alpha \leqslant (\hat{\rho} - 1)(1 - \beta_s)/(1 + \beta_s \hat{\rho})$ 且 $\frac{1}{2} < \tau < \frac{\rho_g}{\rho_g + \rho_s}$ 时，责权全部配置给政府为最优，另一种是当满足 $\alpha \leqslant (\hat{\rho} - 1)(1 - \beta_g)/(\beta_g + \hat{\rho})$ 和 $1 > \tau > \frac{\rho_g}{\rho_g + \rho_s}$ 时，责权全部配置给社会资本方为最优。在 PPP 实际操作中，完全由政府掌握控制权，即使不考虑权责的时间匹配性，显然也不是最佳的责权配置方式。

第四节　PPP 项目责权配置对其收益影响的实证检验

为了进一步验证责权配置关系对收益的影响，本节运用计量方法，检验建设民生基础设施的 PPP 项目公司以下命题：（1）假设其他条件不变，责任变化对利益的影响；（2）假设其他条件不变，责任、权力同时变化对利益的影响；（3）假设其他条件不变，考虑部分控制变量变动，责任、权力同时变化对利益的影响。目的在于揭示仅仅承担责任（或拥有权力），或者分担责任同时配置权力，对利益的影响程度。验证前面部分理论分析结论：在责权配置时，既要考虑责任分担比例也要考虑分配权力多少，优化责权配置有着十分重要作用。

一、模型建立

我们使用基本的面板回归模型进行验证，构造的面板模型为：

$$L_{it} = \beta_0 + \beta_1 Z_{it} + \beta_2 Q_{it} + \beta_3 Q_{it} * Z_{it} + \beta_4 Contr_{it} + \mu_{it}$$

其中，L_{it}、Q_{it}、Z_{it} 是表示 t 时期第 i 个 PPP 项目公司的收益、权力和责任，$Contr_{it}$ 为控制变量，μ_{it} 为随机误差项。

二、变量与数据说明

被解释变量 L_{it}，表示第 i 个 PPP 项目公司 t 年的收益，间接反映项目的收益，在政府付费项目中用政府在 t 年的支付费用表示，在可行性缺口补助项目中，用 i 项目在 t 年的收费收入加上政府支付的缺口补助费用表示，在使用者付费项目中，用 i 项目在 t 年的使用者付费表示。

解释变量 Q_{it}，表示第 i 个 PPP 项目公司 t 年拥有的权力，绝对数用 PPP 项目公司的出资额（自有资金）来表示，出资额越多意味着拥有的权力越大。相对权力大小用项目合同中各 PPP 项目公司拥有的权限数占总权限数比重表示，占比越大意味着拥有的权力越大。

解释变量 Z_{it}，表示第 i 个 PPP 项目公司 t 年应承担的责任，绝对数用项目的投资总额来表示，意味着投资额越大，承担管理资产的责任越大。相对数用项目合同中规定的 PPP 项目公司承担责任（义务）总数占总责任数比重表示，比重越大意味着承担的责任越大。

控制变量 $Contr_{it}$，用 PPP 项目公司所在地的财政支出（$fisc$）和人口数（pop）作为控制变量。

PPP 项目公司均为全国 PPP 综合信息平台项目数据库民生基础设施全国示范项目成立的公司，从中抽取合作周期为 15 年的 40 个公司作为个体样本，删除一些数据残缺和不符合要求的公司，最后共得初始样本数 340 个。被解释变量收益 L_{it} 数据来自 PPP 项目中物有所值评价中政府支付、补贴金额和用户支付费用，此数据均为示范项目实施方案中的评估数据，控制变量中的财政支出数据为项目生命周期内评估数据，人口数据根据 2017 年末项目所在地人口数，以及近五年人口平均变化率估算而得。权力与责任数据根据合同中约定的责任（义务）与权力项数计算而得。在回归分析中财政支出与收益等数据进行了取对数处理。有关变量的定义与基本描述见表 5-4。

表 5-4　　　　　　　　变量定义与统计描述

变量	定义	样本量	平均值	标准差	最小值	最大值
L_{it}	收益的对数值	340	12429.2	15489.8	0	70309.9
Z_{it}	责任的相对数值	340	0.605	0.11	0.3	0.881
	责任的绝对数值	340	110872.2	108246.2	4747	348000
Q_{it}	权力的相对数值	340	0.889	0.136	0.51	1.00
	权力的绝对数值	340	20602.9	22755.2	463	77735.6
$fisc_{it}$	财政支出对数值	340	1290932	1060296	187080	7274495
pop_{it}	人口数对数值	340	288.66	397.4	10.96	1967.7

从表 5-4 可以看出，各项目之间，收益、权力、责任绝对数以及各项目所在地财政支出变量之间的差距显著，如收益绝对数的最大值是 70309.9，最小值是 0，相差 70309.9。权力绝对值（掌控经济资源的价值）的最大值 77735.6，最小值是 463，相差 167.8 倍。责任管理资产的绝对数的最大值是 348000，最小值是 4747，相差 73.3 倍。项目所在地财政支出的平均值是 1290932，标准差是 1060296。项目所在地人口数最大值是 1967.7，最小值是 10.96，相差 179.5 倍。在计量模型回归分析中，解释变量、被解释变量和控制变量均做取对数处理。

三、回归结果与分析

在这里，模型 1 验证命题 1：假设其他条件不变，责任变化对利益的影响；模型 2 为验证命题 2：假设其他条件不变，责权同时变化对利益的影响；模型 3 与模型 4 为验证控制变量增减条件下，责权变动对利益的影响。利用责权利相对数数据，然后对 4 个模型进行随机效应的 OLS 回归，得到回归结果（见表 5-5）。

表 5-5　责、权、利之间关系的回归 OLS 估计结果（责权相对数）

解释变量	被解释变量 $\ln L_{it}$			
	模型 1	模型 2	模型 3	模型 4
Z_{it}	3.496 (2.96)	15.91** (6.44)	15.17** (6.06)	15.71** (6.35)

续表

解释变量	被解释变量 $\ln L_{it}$			
	模型1	模型2	模型3	模型4
Q_{it}		17.38** (8.18)	16.38** (7.7)	16.64** (7.97)
$Q_{it} * Z_{it}$		-28.74** (12.69)	-26.28** (11.95)	-27.72** (12.68)
$\ln fisc_{it}$			0.529*** (0.1)	0.54*** (0.104)
$\ln pop_{it}$				-0.107 (0.216)
Cont	6.459*** (1.82)	-1.3 (4.49)	-8.33* (4.42)	-8.06* (4.5)
随机效应	是	是	是	是
R^2	0.061	0.248	0.348	0.314
样本量	340	340	340	340

注：表格中括号内数字为标准误值，*、**、*** 分别表示在10%、5%、1%的水平上显著。

从表5-5可知，责任与权力变动对利益均有显著的影响。模型1回归结果显示：责任增加（减少）1%，利益将增加（减少）3.49%。模型2回归结果显示：如果责任与权力同时变化，责任增加1%，将导致利益增加15.91%，权力增加1%将导致利益增加17.38%。模型3与模型4回归结果显示：增减控制变量，责权对利益的影响程度变化不大，说明模型2的回归结果是相对稳定的。

根据表5-5报告的回归结果还可以知道，单独增加责任（权力）会增加利益，但是增加的幅度大大少于增加责任同时配置权力时带来的利益增加幅度。从提升效率（利益）角度来看，在分担责任的同时应相应的配置完成责任所需要的权力。这估计结果也验证了本书前面理论分析结论的正确性，即分担责任的同时应合理配置权力，做到责权利最佳配置，实现利益最大化。

四、稳健性检验

前面通过责权利变量绝对数取对数，进行OLS回归，已经检验了责权利之间的关系。下面进一步通过改变责任与权力变量的测量方法和抽样样本，进行 OLS 回归来分析模型的稳健性。改变责任与权力变量测量方法的回归结果如表 5-6 所示。

表 5-6 责、权、利之间关系的回归 OLS 估计结果（解释变量不同测量法）

解释变量	被解释变量 $\ln L_{it}$					
	责、权绝对数法			责、权相对数法		
	模型1	模型2	模型4	模型1	模型2	模型4
$\ln Z_{it}$ *	1.88*** (0.339)	6.45*** (2.432)	6.94*** (2.54)	3.496 (2.96)	15.91** (6.44)	15.71** (6.35)
$\ln Q_{it}$		4.788* (2.843)	4.925* (2.921)		17.38** (8.18)	16.64** (7.97)
$\ln Q_{it} * \ln Z_{it}$		-1.09* (0.599)	-1.17* (0.617)		-28.74** (12.69)	-27.72** (12.68)
$\ln fisc_{it}$			0.771*** (0.182)			0.54*** (0.104)
$\ln pop_{it}$			-0.258 (0.162)			-0.107 (0.216)
Cont	-0.49 (1.61)	2.653* (1.61)	-31.02*** (11.46)	6.459*** (1.82)	-1.3 (4.49)	-8.06* (4.5)
随机效应	是	是	是	是	是	是
R^2	0.51	0.527	0.534	0.061	0.248	0.314
样本量	340	340	340	340	340	340

注：表格中括号内数字为标准误值。*责权相对数法时解释变量责任与权力变量数据不取对数，*、**、***分别表示在 10%、5%、1% 的水平上显著。

表 5-6 为通过改变责任与权力变量的测量方法，对模型 1、模型 2 和模型 4 回归，检验测量引起的误差。从表 5-6 报告的估计结果可知，不管是责权绝对数法还是相对数法，责任项与权力项的系数显著为正，且控制权力不变时的责任项的系数小于权力与责任同时变动时责任项的系数，这说明单独增减责任引起收益增加效应低于同时增减责任与权力的收益效应，与表 5-5 中的估计结果基本一致。

表 5-7 进一步通过改变样本数量与样本项目个体，检验责任、权力与利益之间是否仍然存在表 5-6 与表 5-5 中的情况。从表 5-7 报告的估计结果可以看出，责任项与权力项系数在样本 2 的回归估计显著为正，而且也可以看出，控制权力不变时，责任项的系数为 0.789，责任与权力同时变动时，责任项系数为 1.618，考虑更多控制项时，为 2.11，这说明单独增减责任引起收益增加效应低于同时增减责任与权力的收益效应。与表 5-6 与表 5-5 估计结果基本一致。这进一步说明，责权利之间的关系是稳定的。

表 5-7 责、权、利之间关系的回归 OLS 估计结果（不同样本）

解释变量	被解释变量 $\ln L_{it}$					
	样本 1			样本 2		
	模型 1	模型 3	模型 5	模型 1	模型 3	模型 5
$\ln Z_{it}$	1.88*** (0.339)	6.45*** (2.432)	6.94*** (2.54)	0.789*** (0.107)	1.618** (0.855)	2.11*** (0.862)
$\ln Q_{it}$		4.788* (2.843)	4.925* (2.921)		0.809 (0.993)	1.567 (0.998)
$\ln Q_{it} * \ln Z_{it}$		-1.09* (0.599)	-1.17* (0.617)		-0.083 (0.091)	-0.156* (0.091)
$\ln fisc_{it}$			0.771*** (0.182)			0.69*** (0.091)
$\ln pop_{it}$			-0.258 (0.162)			-0.107 (0.110)
Cont	-0.49 (1.61)	2.653* (1.61)	-31.02*** (11.46)	0.105 (1.168)	-7.948 (8.85)	-21.94** (9.02)
随机效应	是	是	是	是	是	是
R^2	0.51	0.527	0.534	0.469	0.478	0.491
样本量	340	340	340	461	461	461

注：表格中括号内数字为标准误值。样本 1 为初始样本，项目数为 17 个，时间区间为 20 年，样本 2 为在初始样本 1 基础上增加 15 个项目数，但是时间区间为 15 年，*、**、*** 分别表示在 10%、5%、1% 的水平上显著。

第五节　PPP 模式建设民生基础设施的责权优化配置建议

综合前述 PPP 项目责权最优配置的数理分析结论和 PPP 实践需要，针对我国 PPP 模式实践中责权配置存在的问题，提出 PPP 模式建设民生基础设施项目责权优化配置的建议。

一、完善 PPP 责权配置法律制度、PPP 合同法规体系

PPP 合同签订涉及《民法典》《预算法》《政府采购法》《公司法》等十多部法律以及近年来国务院、国家发展改革委、财政部、原住房与城乡建设部和各省级人民政府相关部门制定的 PPP 项目规章制度。涉及的部门多、范围广，需要协调的部门关系复杂。在法律的适用性、有效性、适用范围、社会资本主体、监管部门等方面存在偏差，对合同中政府与社会资本责权的理解也存在差异。在实践中签订合同明确责权配置时，无统一适性规则可依，有些部门领导主观臆断，事后难以执行，责权配置与实际要求存在偏差。因此，急需统一制定 PPP 上位法，建立 PPP 项目合同法律体系统一指导和规范 PPP 的责权配置。

PPP 合同法规体系要关注 PPP 项目识别、准备、采购、执行与移交各阶段 PPP 的责权配置规则，关注准备阶段土地权益取得、执行阶段项目建设、运营和产品与服务定价决策权配置，项目合同主体的责任与权力配置规定。因为，一是 PPP 不同于一般市场上两个私人主体的合作，PPP 中政府代表公共利益，社会资本方代表私有利益，存在利益不一致，按照传统调节私人主体之间合同约定很难协调政府与社会资本之间利益。二是政府与社会资本方谈判存在主体事实上的不平等，政府占优，拥有更强的谈判能力，社会资本方难以与之抗衡。政府追求公共利益最大化的同时可能会损害社会资本方利益，而又很难通过谈判解决，因此需要通过制定一系列的法律制度，以法律形式平衡公共利益与私人利益，为社会资本投资建设民生基础设施保驾护航。

二、建立 PPP 合同的长期履约机制，保持责权配置的稳定性与持续性

PPP 模式建设民生基础设施是一项长期的合作。一方面经历多届政府的管理和地方经济发展政策调整，甚至国家政策的重大调整。同时在现实中也存在"新官不理旧账"、"换届换责"、政策执行缺乏连续性和稳定性等问题。这些政府履约问题的出现将导致 PPP 项目执行过程中政府负责人员的变更、合同条款的修改和合作项目利益与风险的重新分配，涉及责权配置的变化。另一方面作为社会资本方也存在自身发展战略变化、财务、人事及相关人员的变动，执行与运营项目的主动性与积极性出现变化，责任履行与权力的运用与当初合同约定出现偏差，会导致合作项目难以成功完成。要做好政府与社会资本合作，必须保证合作项目责权配置的稳定与持续。因此，必须建立 PPP 合同的长期履约机制，保证合作双方责权配置的持续稳定。建立长期履约机制，一要制定 PPP 法律制度，保障长期合作持续执行，二要制定 PPP 履约管理制度，对履约过程中出现的项目投资额调整、绩效考核、PPP 合约修改、中期评估等变动出台相应的履约管理制度，同时也应制定政府自身履约管理法律制度，保证政府自身依照诚信守约原则，履行合约规定的义务。

三、建立自下而上、与自上而下的双向透明责权监督机制

PPP 责权配置是项目顺利完成的基本保证。在项目操作全过程中，合作双方是否正确行使权力，切实履行责任至关重要。在已有的项目运行实践中，存在政府重视权力的使用，对责任的担负并不十分热心，有时甚至出现一些轻责、逃责现象。合作的社会资本方也存在对责任履行不到位，热衷追逐权利，在出现风险时，不肯担责，想方设法突破合同约定，寻求不合理操作，损害公共利益。基于 PPP 项目执行中存在的责权履行问题，需要建立自下而上与自上而下的双向责权监督机制。自下而上监督是一种以群众为基础，通过公共舆论、公众评价与反馈对运用 PPP 模式建设民生基础设施的质量、服务进行的监督，从合作绩效监督政府与社会资本的责

权履行的情况。自上而下监督是以组织为基础的监督，对政府与社会资本方的组织监督，特别是对政府部门与社会资本方的领导干部的监督，防止权力使用的失控和滥用，在责任的落实中发挥重要作用。在 PPP 操作全过程中，要建立自下而上和自上而下由公众监督与组织监督组成的双向透明的责权监督机制。建立双向透明的责权监督机制，一要制定相关的责权监督机制运行制度，二要成立专门负责 PPP 项目责权监督的实施机构，三要配备专职监督 PPP 项目责权运行的人员及相应的经济资源。

四、建立多因素综合评测标准，责权配置动态优化

从本章的模型分析可知，责权优化配置与合作双方对项目价值评价成正比关系，对合作项目价值评价高的一方应赋予更多的控制权责，与谈判能力（博弈能力）成反比，谈判能力弱的一方应该赋予更多的责权，与合作项目产品与服务的公共性程度密切相关，公共性程度高的项目应赋予政府更多的责权，相反应赋予社会资本方更多的责权。在 PPP 项目的实施过程中，不同的实施阶段，影响责权配置的各种因素不断变化，因此也要求实践中责权配置要动态优化。动态优化配置的前提是要有一个相应的多因素综合评价标准。所以，首先需要制定一个监测合作双方在合作过程中影响责权配置因素的评测指标标准，主要包括产品的公共性程度、谈判能力、项目价值评价、各自投资的重要程度、合作双方的信用程度等。其次，要建立动态监测机制，运用建立的指标标准，对实际的情况进行统计核算测评，提出相应的责权优化配置建议。最后，是对实际中合作双方的责权进行动态调整。通过动态调整，实现 PPP 全过程的责权配置优化，这一过程的实现有赖于智能化的监测平台运用。

五、加强社会信用体系和信息披露制度建设，保障责权运用科学有效

优化 PPP 责权配置，保障责权有效运行，依赖于良好的社会信用和真实、及时的有效信息。在 PPP 实践中，合作项目的成功依赖于合作各方的良好信用。PPP 项目实施的全过程涉及的部门繁多，不但与政府与社会资

本各方密切相关，而且还与项目设计、金融、保险、工程建设与运营，咨询服务等相关单位关系密切。各方之间的协同合作必须以良好的社会信用为基础。因此，要保障 PPP 责权有效运行，首先，要加强社会信用体系建设，健全投融资主体的信用记录，强化相关主体诚实守信，依法履责。加强政府诚信建设，提升政府履约与守信意识，诚信履责，形成守信激励、失信惩戒的约束机制，为 PPP 项目责权运行提供优良的信用环境。其次，要建立一个透明的信息披露制度，使参与合作各方能便捷及时获取真实的有效信息，进行科学决策，正确地使用 PPP 项目运行中的建议权、审批权、执行权和监督权。高效履行各项职责，实现目标，获得收益。

六、本章小结

本章首先阐述了 PPP 模式责权配置的主要理论，然后通过对我国 PPP 相关政策与信息平台中民生基础设施建设 PPP 项目合同文件分析，综合归纳我国 PPP 项目中政府、社会资本方与项目公司的责权配置现状、存在的问题及其原因。研究发现，我国 PPP 建设民生基础设施权责配置的普适性原则较为模糊，实践中权责配置缺乏清晰指导原则；政府权重责轻，社会资本责重权轻，权责配置不匹配；PPP 权责配置稳定性与持续性较弱，合作成功难度增加；信息披露责任不到位，公众难知情、投诉少与监督弱等问题。问题成因在于我国存在 PPP 合作制度与体制不完善，政府与社会资本合作双方真正意图偏离合作目标，社会信用基础不足。基于不完全契约理论，通过构建 PPP 模式责权配置数理模型，分不同投资主体、合作项目的重要程度、项目产品与服务的公共性程度、合作双方谈判能力强弱 4 种情形详细分析了在不同条件下 PPP 责权的最优配置状态。通过模型分析结论与我国 PPP 模式责权配置现状的比较分析发现，我国当前 PPP 项目责权实际配置与最优配置相比，存在责权配置错配以及责权不匹配情况。最后，在现状与问题分析、模型分析与比较分析的基础上，提出优化我国民生基础设施 PPP 项目责权配置应完善 PPP 责权配置法律制度与合同法规体系，建立 PPP 合同的长期履约机制，保持责权配置的稳定性与持续性，建立由公众监督与组织监督组成的双向透明责权监督机制，建立多因素综合评测标准，责权配置动态优化，加强社会信用体系和信息披露制度建设，保障责权运用科学有效。

第六章　PPP 模式建设民生基础设施的风险与收益分析

本书第五章分析了 PPP 模式建设民生基础设施的责权配置问题。研究了合作双方收益最大化状态下的责权优化配置，得到了在不同条件下责权优化配置结论。责权配置状况是影响 PPP 项目成功完成的重要因素，但是，有了优化的责权配置并不意味着 PPP 项目就一定能够取得最大化的效益，因为 PPP 的周期很长，在合作项目的执行过程中存在很多不确定性，也就是风险。风险的有效防控、化解与降低对合作成功与否也关系重大，如何通过风险与收益的最佳配置，激励合作相关主体积极承担各自易于掌控的风险，及时化解、降低损失，实现收益最大化，是实现 PPP 项目成功的另一个重要问题。本章将通过建立模型分析合作相关主体之间风险合理分担与收益分享比例，弄清运用 PPP 模式建设民生基础设施时，合作各方之间的风险和收益如何配置为最优，如何做好民生基础设施 PPP 建设项目风险分担与收益分配。

第一节　PPP 项目风险分担与收益分配相关理论

有效管控、配置 PPP 项目风险与收益是政府与社会资本合作成败的关键。PPP 项目收益是指 PPP 项目运营为其利益相关者带来的利益和好处，包括经济收益、社会效益和环境收益（张炳根等，2018）。PPP 项目风险是指政府与社会资本合作过程中收益损失发生的可能性，主要包括政策风险、汇率风险、技术风险、财务风险和营运风险（张军、王瑞，2017）。在政府与社会资本合作的整个过程中，建设民生基础设施产生的收益存在不确定性，随着合作时间增加，产生的收益不确定性增大，如何利用政府与社会资本合作的优势,优化风险配置,让最有能力控制的一方承担风险,实现风险损失最小化,收益最大化,是科学运用PPP模式建设民生基础设施面临的重大问题。

长期以来,许多学者从微观视角和宏观视角对风险管理与收益分配进行了卓有成效的研究,取得了丰硕的理论成果,已被广泛应用于投资管理、生产建设、服务供给和市场运行等多个领域。本章致力于运用已有理论成果分析PPP投资建设民生基础设施过程的风险与收益配置问题。现将相关理论分为风险配置理论与收益分配理论两部分加以阐述。

一、PPP模式建设民生基础设施的风险配置理论

风险配置理论主要涉及三个方面的内容。

(一)风险识别与分类

风险识别就是将风险进行分类区分,然后针对不同风险进行有效管理。现有PPP项目风险分类方法主要有:(1)风险层次分类法,将PPP模式风险分为宏观、中观与微观三类风险。宏观风险是指政治、法律、经济、社会和气候方面的风险,属于外生风险;中观风险包括项目的需求、定址、设计、建设与技术风险;微观风险主要是指政府与社会资本在合同管理中存在差异而引起的风险(Bing Li,2001),属于内生风险。(2)九分法,将PPP项目风险分为:政治、环境、金融、技术、建设、运营、财务收益、违约、不可抗力九大风险(Grimsey and Lewis,2002)或法律、政策、环境、技术、文化、需求、合同法规、信用与财务九大风险(Song et al.,2013)。(3)两分法,分为系统性与非系统性风险。(4)我国政策分类法,根据我国《政府和社会资本合作项目合同指南》操作要求,将PPP项目风险分为商业风险(包括设计、建造、财务与运行维护风险)、政策法律类风险(包括政策、法律和最低需求风险)和不可抗力风险。本书的风险分析以政策分类标准来对风险进行分类。

(二)风险评价

风险评价的方法很多,主要有层次分析法(AHP)、网络层次分析法

(ANP)、蒙特卡洛模拟法、灰色模糊综合评价法、专家调研法、德尔菲法、神经网络分析等。层次分析法与网络层次分析法主要用于分析关键风险因素，网络层次分析法相对层次分析法更加完善，同时考虑了递阶式结构和网络结构与风险因子之间相互影响、相互作用关系。蒙特卡洛模拟法可以用来分析不同风险条件下PPP项目收益目标的实现程度。灰色模糊综合评价法是综合了灰色理论、层次分析法与模糊综合评价法而成，克服了风险影响因素变动的影响。专家调研法又称专家评估方法，通过利用专家的专业知识与经验，对风险分析对象进行分析得到的信息，应用于对项目未来不确定性的评价。

风险评价的目的在于为项目决策者提供合理的决策依据。本书侧重研究风险与收益分配的最佳配置问题。以最优配置为基准，分析现有PPP项目风险配置的合理性及存在不足，提出可行的改正建议，而不对某一具体风险进行计量评价。

(三) 风险分担

PPP项目风险分担应遵循风险与收益匹配原则（Loosemore，2006）。根据相对优势原则，在政府与社会资本合作各方之间进行风险配置，风险偏好者（风险承受与化解能力强者）承担更多风险，实现风险损失最小化，使得参与各方都获得最大的风险收益比，从而获得最大的整体项目收益（Abednego et al.，2006）。政府部门主要承担政策、法律法规变更风险，项目审批和土地获取风险等；社会资本方主要承担项目融资、设计、建设、运营和维护的风险（柯永建、王守清，2011）。每一方参与者对最后一单位风险承担量的溢价均相等时，风险配置最优（周运祥等，2005）。当项目主办方为风险中立者（或厌恶者）时，项目主办方承担全部成本风险（或部分成本风险），承担成本比例越大（小），承担实际收益变化的比例越大（小）（范小军等，2007）。如果将风险从较规避方向较不规避方予以适度转移，既可确定最优风险分担比例，又可以使项目的总风险降低，提高PPP的合作效率（何涛、赵国杰，2011）。现有的理论成果提供了PPP项目风险分担的基本原则，为实现风险最优配置和降低风险损失提供了一定的理论基础。

二、PPP 项目收益分配理论

收益是不侵蚀资本为条件的财富增加（Smith，1776）。从经济学角度来看，收益包括精神收益、实际收益和货币收益（Fisher，1906）。从全社会角度看，收益不但包括经济收益，而且包括社会、环境、生态、文化等方面收益。就 PPP 项目而言，其收益被定义为其建设与运营给项目利益相关者带来的益处，包括经济收益、社会收益和环境收益，具有受益主体多、传递形式多与收益不确定等特征（张炳根，2018）。PPP 项目收益分配不但要考虑社会资本的经济属性和政府资本的社会属性（Peter Scharle et al.，2002），而且需要考虑风险分担因素，期望收益与风险承担意愿成正相关（Francesca Medda，2007）。低需求的 PPP 项目经济收益欠佳，本着公平原则，需要由公共部门对社会资本建设经营主体给予一定的费用和报酬补偿，保障社会资本方最低合理收益，维持稳定持续合作，实现社会效益最大化。中、高需求的 PPP 项目的收益较高，按照合作双方的贡献度与投入资源多少分配超额收益（吴思材等，2018）。影响 PPP 项目收益分配的因素很多，主要有：（1）合同期长短。合同期限过长会导致签订合同初期无法预测到社会所要求的服务范围和标准，服务总量与分配政策方针的变化，有可能导致拥挤或者出现对一些用户的区别对待。政府怎样干预、什么时候干预才能使得服务供给朝着对社会有利的变化，这是一个很重要的问题。合同期太短可能无法偿还建设成本，怎样在第二个合同期内补偿第一个合同期内的损失？因此，合同期长短会影响项目的收益。（2）交易成本高低。如果交易成本很低，将合同期缩短也许可行，但是如果交易成本过高，一个长期合同的收益可能比短期合同的收益更高。因此交易成本的高低影响合同期长短，进而影响项目的收益分配（Viegas，2010）。除此之外，公私双方的投入比重，风险分摊系数，公私双方的努力水平和公共部门的监督力度也是影响 PPP 项目收益分配的因素。合作双方投入比例的明确是合作继续的基础，也是有效率合作与收益分配的基础，投入越多期望分配的收益越高；合理的风险分摊也是合作成功的基础，分配风险越高的一方期望获得的收益越多；合作双方的努力水平越高，合作效率越高，从而合作收益越高，社会效益越大；政府监督力度与 PPP 项目的收益成正比关系，监督越到位，合作双方的道德风险越低，PPP 项目的合作效益越高（叶晓甦等人，2010）。

研究风险分担比例的理论方法主要有运用模糊理论、供应链理论、博弈理论与委托代理理论建立模型，采用 shapley 值法、纳什均衡解法、蒙特卡罗模拟等，分析 PPP 项目相关者之间收益分配最优时的风险分担系数、利益分配比例以及公众努力水平、监督力度、公众满意度、交易成本、合同期限和资源投入比例。关于 PPP 项目经济收益分配的研究较多，但关于社会收益与环境收益的总收益分配的研究较少。重收益分配，轻收益调节，缺乏对项目整体效益评估（张炳根，2018）。

本章将基于不完全契约理论，运用动态博弈理论分析 PPP 项目风险分担与收益分配，以期弄清在什么条件下，PPP 项目能够实现风险与收益最优配置，实现项目收益最大化。

第二节　PPP 模式建设民生基础设施的风险与收益配置现状

自 2013 年以来，在我国大力推广应用 PPP 模式建设民生基础设施的实践中，风险分担与收益分配被列为 PPP 模式运作的关键性事项。近些年来，PPP 模式运作的风险分担与收益分配现状如何？存在哪些问题？本节将做重点分析。

一、PPP 模式建设民生基础设施的风险与收益配置类型

（一）PPP 风险识别方法及类型

PPP 风险识别是指在调查基础上，利用科学方法对 PPP 项目运作过程中面临的潜在及客观风险进行系统分类与识别。从现有文献研究来看，识别风险的方法可分为主观分析法与客观分析法两大类，主观分析法主要是通过依靠专家的知识与经验，通过专家调查研究找出风险并进行分析与估计，主要有德尔菲法和头脑风暴法。客观分析法利用客观资料与数据，通

过系统分解，对项目风险进行详尽分析评估，主要方法有核对表法、故障树法、工作分解结构、流程图法和因果分析图法。这些方法的适用范围及优缺点见表6-1。在现实中识别项目风险时一般不局限于某一种单独的识别方法，往往几种方法综合使用。

表6-1　　PPP项目风险识别方法优缺点及适用范围

类别	方法	优点	缺点	适用范围
主观识别法	德尔菲法	集思广益、扬长避短、准确性高	较主观、偏保守、成本高	大型工程
	头脑风暴法	可避免意外风险	参加成员要求较高	问题单纯、目标明确的项目
	专家判断法	简单快速	主观性大、要求高	小型项目
客观识别法	核对表法	简单易行	风险来源描述不足，未识别重要风险	常见风险识别
	故障树法	能全面分析故障原因，利于制定风险管理措施	大型项目系统分析易产生遗漏和错误	适用较少经验时的风险识别
	工作分解	与进度、成本管理同步，不增减额外工作量	大型项目工作繁琐且复杂	中小型项目
	流程图法	技术与非技术风险均可识别	耗时长、会遗漏风险，缺定量分析	适用技术与非技术风险识别
	因果分析法	便于揭示风险原因	要求管理者有丰富工程经验	大型项目

注：本表根据注释文献中的相关内容整理编制而成。

PPP模式建设民生基础设施面临的风险因素复杂，在实践中，根据风险的控制要求，可以从多视角、不同标准对风险进行分类。实践中常见的分类标准主要有风险层次、风险来源、风险可控性、项目运营顺序、风险影响范围、风险承担主体等，具体分类如表6-2所示。

表6-2　　PPP模式建设民生基础设施风险类型

分类标准	大类别	具体风险
风险层次	宏观风险	政治风险、经济风险、法律风险、社会风险、自然风险
	中观风险	需求风险、选址风险、设计、建设与技术风险
	微观风险	施工风险、市场风险

续表

分类标准	大类别	具体风险
风险来源	政治风险	政府稳定性、财政风险、法律环境、政府信用、政治决策失败风险等
	经济风险	利率、融资、外汇及通货膨胀风险
	社会风险	公众反对风险
	技术风险	技术不足风险、技术使用风险
	自然风险	地质风险、环保风险与不可抗力风险
风险可控性	系统风险	政治风险、法律政策风险、市场风险、利率风险与不可抗力风险
	非系统风险	建设风险、技术风险、运营风险、信用风险
项目运营顺序	招投标风险	不中标风险、招标失败风险、谈判失败风险
	融资风险	资金不足风险、利率风险、融资结构风险
	建设风险	地质条件风险、造价超支风险、工期延误风险、技术风险、质量不合格
	运营风险	收入、运营成本、运营安全风险等
风险影响范围	全局风险	政治、商业、法律、环境风险等
	局部风险	开发、信用、完工、运营风险等
风险承担主体	政府	宏观环境、市场、完工、不可抗力风险
	项目投资人	宏观环境、金融、市场、运营、管理者风险
	项目承建商	管理、完工、施工、技术与不可抗力风险
	项目运营商	生产、市场、经营、管理者风险与宏观环境风险
	金融机构	法人实体不明、担保物流于形式、债权虚置、投资者管理能力、技术水平、还款能力不足的风险

  根据我国 PPP 相关法律法规及政策规定，政府承担政策风险、法律风险，社会资本方与项目公司承担融资、建设、运营风险，政府与社会资本方共同承担不可抗力风险。在考虑各承担风险主体防控风险能力，有利于减低风险损失的前提下，综合考虑风险来源、层次、可控性、影响范围和在 PPP 项目运作中风险出现的顺序，逐步分担、化解与规避，实现风险损失最小化。如何分担 PPP 风险，实现风险损失最小化，让最擅长掌控风险的一方承担风险，后面将进一步分析 PPP 项目风险的分担配置基本框架。

（二）PPP 收益的类型

根据 PPP 模式建设民生基础设施的阶段来分，收益主要产生于建设与运营过程中，在建设前期项目准备阶段发生的发起成本，在项目成功采购后计入项目总成本。此阶段的一些项目相关者实际上已参与项目收益的分配，如为发起人编写项目实施方案，物有所值与财政承受能力评价等服务的咨询部门获得的咨询服务费用，被政府征用土地的土地使用者获得的补偿款。

根据项目设计、融资、建设、运营维护过程中，项目公司与各参与方签订的合同体系来分，项目收益具体可以分为社会资本方获得的合理经济报酬与政府获得的公共收益，提供融资服务的银行等金融机构获得利息，保险机构获得保费收益，承包工程建筑商获得的工程建设利润，运营维护商获得运营利润，咨询服务商获得咨询服务费用。

根据项目收益性质来分，项目收益可分为经济收益、社会收益和环境收益。经济收益主要包括项目公司获得的合理经济利润，政府部门获得的超额利润分配，银行金融机构获得利息收益，工程承包建筑商获得的建设利润，保险机构获得的保险利润，运营维护商获得运营利润，咨询服务商获得咨询服务费用。社会收益与环境收益是指 PPP 项目的外溢收益，或者是由 PPP 项目引致带给第三方的收益总和（赵福军、汪海，2015）。比如 PPP 模式建设的民生基础设施给公民资产带来的升值，福利水平提升，生活的便利性和安全性等。

根据收益的不同层面可分为个人收益、企业收益和国家收益。个人收益是指广大公民从建设的民生基础设施服务中获得的益处。包括的收益非常广泛，主要有个人资产的增值、福利增加、效用提升、安全保障等。企业收益既包括获得的商业利润，也包括在参与项目过程中获得的经验，构建的政府关系、市场网络，建立的信用和其他的无形资本升值。国家收益主要是指获得公共产品与服务的有效供给，同时带来的经济增长和环境改善。

二、PPP 模式建设民生基础设施的风险与收益配置原则

（一）PPP 风险配置原则

财政部在《政府和社会资本合作模式操作指南（试行）》中明确提出

要按照优化分配、风险收益对等和风险可控原则分担PPP项目风险，社会资本承担项目设计、建设、财务与运营维护等商业风险，政府承担法律、政策和最低需求风险，不可抗力风险由政府与社会资本共同承担。根据我国PPP政策要求，PPP项目风险配置应遵循以下基本原则。

1. 公平公正原则

在政府与社会资本合作中，政府处于主导地位，拥有审批权、评价权和监管权；社会资本方处于从属地位，在合同约束下，按照市场原则开展项目的融资、建设、运营与维护，更多的是行使项目的具体执行权。在PPP项目实践操作中，由于存在信息不对称以及合作双方在社会经济活动中的地位差异，政府可能存在一些暗箱操作，存在不公平、不公正现象。但是，根据我国PPP的基本原则，政府与社会资本方的地位完全平等。在签署PPP项目合同时，合作双方风险配置必须根据《民法典》的公平公正原则分担风险。即在配置风险时，既要考虑参与各方的风险收益，也要考虑参与各方的风险损失；既要协调好合同中的风险收益均衡，也要充分考虑协议派生的风险收益均衡（张军，2017）。

2. 风险与收益对称

风险与收益对称原则是指在配置风险时，做到收益多的一方承担高风险，收益少的一方承担低风险，而不是风险与收益绝对一致。因为配置风险时，做到风险与收益绝对一致是不可能的，而且会出现互相推卸承担风险责任的现象，最终可能导致无人承担风险局面，造成更大的风险损失。同时也需考虑发生风险损失概率与获得收益概率对称，在参与方因风险引起损失的同时应享有获得收益的权利，风险损失与收益对称。因此，在PPP项目风险配置时必须遵循获益多的一方承担更多风险，承担风险低的一方获得更少收益的原则。

3. 风险损失最小化原则

要实现风险损失最小化，必须将风险由最有能力预测、管理与控制风险的参与方来承担。为此，在配置风险时，首先应考虑由善于预测风险的参与方承担，因为善于预测风险者能够在风险出现之前，做好风险的防范与化解策略，及时化解与对冲风险，降低风险损失。善于预测风险的参与者能够利用即将产生的风险做好投资决策，取得更大的收益。其次，应由最有能力管理和控制风险的参与方来承担。比如 PPP 项目的政策法律风险，应该由政府来承担，因为政府比社会资本方更熟悉政策法律规则，更容易获得政策法律变动的相关信息，也比社会资本方更有能力调整政策，降低风险。而 PPP 项目的运营风险，就应该由社会资本方来承担，因为他比政府更清楚项目运营过程中出现的问题，更有能力通过运营决策来调整降低运营风险损失，更有能力管理和控制风险。因此，风险配置时要实现风险损失最小化，必须让最有能力的风险管理者来承担风险。

4. 动态优化配置原则

动态优化配置原则是指在 PPP 项目全生命周期内，应根据经济发展、经济政策及参与主体面临的内外环境变化，适时调整风险配置，实现风险损失最小化。这是因为 PPP 项目合作周期长，在执行过程中，风险种类、大小及影响风险的因素不断变化，风险对项目收益的影响也随之变化，参与各方对项目风险的预测、管理能力也会随着时间相应的发生变化。为了更好的管理与控制风险，实现收益最大化，在制定 PPP 合同，配置风险时必须充分考虑风险的动态优化原则。

5. 共同承担原则

PPP 项目风险是政府与社会资本合作建设民生基础设施全生命周期内面临的风险，风险不仅影响政府与社会资本合作公共利益最大化目标实现，而且也影响项目不同阶段参与主体各自目标的实现。风险影响所有参与主体的收益，不同类型风险具有不同特点，发生于 PPP 项目不同的阶段，风险影响因素复杂多变。因此在配置 PPP 项目风险时，应该考虑不同阶段的所有参与主体，共同配置风险，不仅仅是项目公司或者组成项目公司的社会资本方和政府。例如融资风险配置既要考虑政府、社会资本方，还需要考虑提供资金的金融机构，如果采用互联网融资方式还需要考虑提供资金的个体。因此，PPP 项目配置风险时必须遵循共同承担原则。

（二）PPP 收益分配原则

收益分配是成功运作 PPP 项目的关键，要合理分配收益，应遵循以下基本原则。

1. 公平与效率并重原则

PPP模式建设民生基础设施应按照公平原则开展合作，减少资源内耗，形成高效的合作联盟。其收益分配应公平对待合作各方，不因收益分配的不公平挫伤各方的积极性，影响项目的效率与进度，同时也不因为过度的平均化而导致效率损失，为此必须坚持公平与效率并重原则合理分配收益。

2. 互利共赢原则

互利共赢是指参与项目合作的各方在共同完成PPP项目的过程中互惠互利，协同合作，相得益彰，共同实现项目利益最大化。按照此原则分配PPP模式建设民生基础设施的收益，才能够实现高效率完成合作项目，提供高质量的公共服务。

3. 收益与风险对称原则

PPP模式建设民生基础设施是一种政府与社会资本合作投资建设经济行为。投资者面临的风险越高意味着未来的市场波动性越大，收益的不确定性越大，最高收益与最低收益的差距越大，因此发生损失的可能性越大。这种波动性与损失可能性是坚持风险与收益对称原则分配收益的主要原因。因此一般来说，风险越大、收益越大，风险越低，收益越少。所以，在进行PPP项目收益分配时要遵循这一基本风险收益对称原则。否则会抑制各方投资和承担风险的积极性。

4. 投入与收益对称原则

PPP模式建设民生基础设施，在同一PPP项目中，合作各方的投入与其产生的收益成正比，投入越大，产生的收益越多。按照投入与收益对称原则分配收益是源于收益产生的本质要求，有利于激励投资，完成项目建设。如果相反，投入越多，分配的收益越少，会挫伤投资者积极性，从而导致投资减少，很难完成项目投资，最终会导致PPP项目建设失败。因此，在PPP项目收益分配时必须坚持投入与收益对称原则。但是投入与收益对称原则并不是指投入与经济收益分配完全绝对一致。因为，公共设施的收益有很大一部分是公共收益，且难以衡量。这里所指的投入与收益对称是指总投入与总收益对称，不仅仅是经济收益与经济投入之间的对称。

三、PPP 模式建设民生基础设施的风险与收益配置基本框架

(一) PPP 风险配置基本框架

按照风险发生的时间，PPP 项目风险可分为前期风险、中期风险和后期风险。前期风险是指 PPP 项目在发起、识别、成功采购前出现的风险，中期风险是指项目完成采购，与社会资本方签署 PPP 合同至项目正式完成移交前出现的风险，后期风险是指项目正式移交后出现的风险。现有的研究集中讨论的风险为中期风险，也就是项目执行阶段（包括采购后、融资、建设、运营维护阶段）出现的风险。实际上政府与社会资本项目全生命周期包括前期阶段和后期阶段。所以我们在分析风险配置时从全生命周期角度考虑风险配置。下面就风险在全生命周期的风险配置提出一个初步的配置框架。如图 6-1 所示。

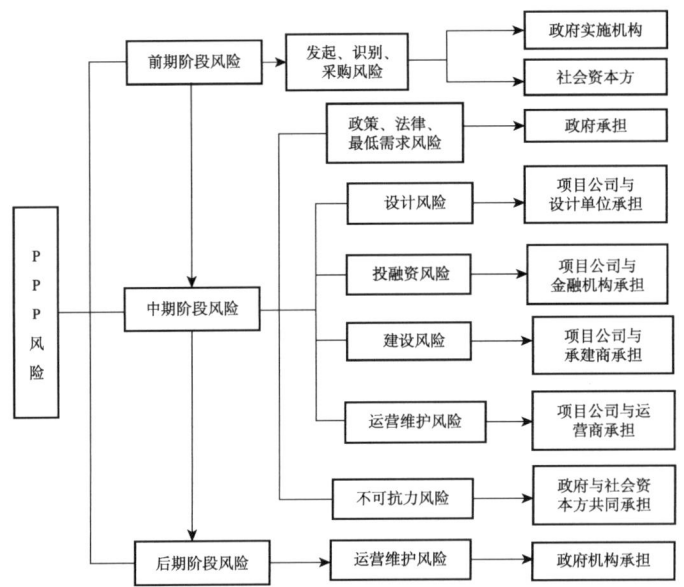

图 6-1 PPP 项目全生命周期风险分担框架

PPP 项目前期风险由项目发起人承担，在项目采购成功后，通过谈判，风险转移给政府与社会资本组建的项目公司承担。如果采购失败，由项目

发起人承担全部风险损失。

中期风险分担是 PPP 项目成功的关键，此阶段的风险需要通过谈判与再谈判，PPP 合作参与人之间的相互博弈，实现风险的优化配置。此阶段的风险复杂多变，想要对每一项具体风险的优化配置分析清楚绝非易事。

后期阶段的风险由政府接收部门分担，项目公司将 PPP 项目资产按照 PPP 合同全部移交给政府指定的接收部门。项目资产的继续经营维护由政府指定部门决策，相应的运营与维护风险也随之转移给了政府相关部门。

本书将结合收益，利用多方参与人的博弈理论，建立模型，从整体上分析风险与收益在政府、社会资本与其他利益相关者之间的最优配置。

（二）PPP 收益分配基本框架

PPP 模式建设民生基础设施，政府与社会资本方在签订 PPP 合同时约定双方之间的收益分配方式。按照支付方式不同，PPP 项目收益分配模式可分为三种。第一种是固定收益分配模式，是指政府与社会资本方按照 PPP 项目合同约定，社会资本方承担项目建设、运营与维护，提供符合质量要求的公共服务。政府一次性或分期支付给社会资本方固定收益的分配模式。这种分配模式，社会资本方承担的风险较低，获得投资报酬固定，容易吸引社会资本投资，但是由于缺乏效率激励，不利于社会资本方采用新技术、先进管理方法，提高投资效率。第二种是产出收益分享模式，此模式是指政府与社会资本合作，按照 PPP 项目合同约定，政府与社会资本各方风险共担、收益共享原则，让最擅长与最有能力的一方承担某一责任与风险，实现收益最大化，风险损失最小化。最终实现的收益根据各自贡献大小、承担的风险大小和投入比重以及实际的绩效共同分配收益。这种分配模式有利于激励合作各方采用新技术、管理新方法，提高合作效率。很多 PPP 项目在实践中采用此分配模式进行收益分配。第三种是固定与产出收益分享模式，此模式是指政府与社会资本合作时，按照 PPP 项目合同约定，政府确保社会资本建设项目所花费的建设成本在后期运营期间能够以固定报酬形式分期支付给社会资本方，社会资本方能够按照预定的回收期，收回固定的建设投资。除此之外，运营产出期间的收益分配按照合作各方的贡献大小、投入比例和承担风险高低分配。此种模式更多适用于政府付费项目和可行性缺口补助项目的收益分配，适用于公益性或非经营性项目 PPP 合作建设。

根据本研究对 PPP 项目的责权利分析，结合收益分配的基本原则，按照收益产生的权责发生制，项目收益应根据不同阶段来分配。收益发生的时间可分前期收益、中期收益和后期收益，PPP 项目收益分配的基本框架如图 6-2 所示。

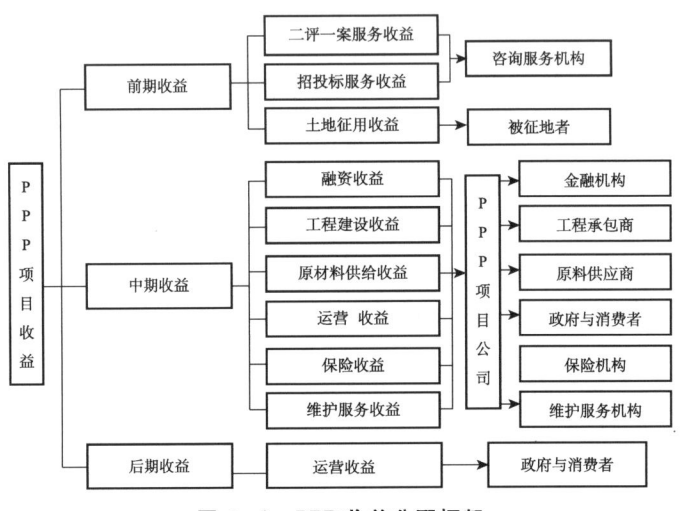

图 6-2　PPP 收益分配框架

从图 6-2 中可以看出 PPP 收益分配的最终去向，揭示出整个 PPP 项目全生命周期内收益的分配对象。在政府与社会资本合作的前期阶段，政府执行单位开展项目识别，组成专家组，委托专业咨询机构，开展"二评一案"工作，咨询机构获得服务性收费，参与项目的收益分配，同时政府为项目准备土地等基础条件，征用土地，被征土地者获益，参与项目收益分配。在项目中期，也就是执行期，此阶段政府与社会资本合作组建项目公司，由项目公司进行融资、建设、运营与维护，其中与银行等金融机构签订融资合同，银行等金融机构参与项目收益分配，分得利息收益；与保险机构签订保险合同，保险机构提供保险服务，获得保费收入，参与项目收益分配；与工程建筑承包商签订工程建筑合同，工程建筑商获得建设利润，参与项目收益分配；与材料供应商签订材料供应合同，材料供应商获得材料销售利润,参与项目收益分配;与政府签订项目合同,按照项目合同要求,通过项目运营向消费者提供公共服务,政府及消费者获得公共服务收益,项目公司获得相应运营利润,参与项目收益分配;同时在项目的维护与运营过程中购买服务机构的维护服务,维护服务机构获得服务收益,参与项目收益分配。在后期阶段,项目特许运营期满将项目完全移交给政府指定机构,由政府部门继续运营,为消费者提供公共服务,后期收益由政府与消费者共同分配。这三个不同阶段,其中中期阶段(即执行阶段)是项目运行成功与否的关键阶段,后面将重点分析 PPP 项目执行阶段的收益分配最佳比例。在考虑风险条件下,实现收益最大化的收益与风险优化配置条件。

四、PPP 项目风险与收益配置存在的问题

(一) PPP 项目风险与收益配置原则过于笼统,缺乏效率激励

按照我国《PPP 项目合同指南(试行)》的规定,按照风险分配优化、风险收益对等和风险可控原则,综合考虑政府风险管理能力、项目回报机制和市场风险管理能力等要素,在政府和社会资本之间合理分配风险。一般来说,项目设计、建造、财务和运营维护等商业风险由社会资本承担,法律、政策和最低需求等风险由政府承担,不可抗力等风险由政府和社会资本合理共担(王忆南,2017)[①]。政策规定的风险分担原则适用于所有行业的风险分担,在具体的行业合作中,对额外的风险大多采取补充条款的办法来加以约束,导致合同约定的风险分担在实际中很难得到有效执行。在收益的分配上,政府使用三种明确的回报机制限定社会资本的利润水平,行业之间千篇一律,变化不大。社会资本方为了追求利润最大化,将合作倾向于专注项目的建设,获得更高的建设利润,而忽视项目的运营维护。这种笼统的风险分担原则和事前固定的利益分配方法,容易在具体的项目投资中出现风险分配不明确、不完整和难以反映不同项目的特点。而收益的事前确定则会导致社会资本过度规避、转移风险,缺乏

[①] 王忆南:"PPP 项目风险分配机制探讨",http://www.ccgp.gov.cn/ppp/llyj/201709/t20170905_8794404.htm。

效率激励。

(二) 重视风险划分定责，合作双方管控风险的能力较弱

在我国政府与社会资本合作中，事前按照政策规定，划定合作中可能发生的风险分类并归属政府与社会资本方，签订合约确定风险分担的责任。重视事前风险责任划分，但是事中的风险管理能力较弱。郭松磊（2018）通过对某县 PPP 污水处理厂项目的风险分担问卷发现，管理者大多属于风险保守型，对风险的态度保守、管理经验不足、风险认知程度较低与接受的风险管理培训少。合作双方出于谨慎需要，均希望多将风险转移给对方承担[①]。同时合作双方使用风险管理工具开展风险分析的能力较弱，大多在特定风险发生时应对措施不足。风险分担仅停留在最初划定的哪一项风险由谁分担或者共同分担，而究竟该分担多大的风险并不明确。从整体来看，在政府与社会资本合作过程中，合作双方管控风险的能力表现较弱。

(三) 政府在合作中契约精神较弱，出现风险概率较大

政府在与社会资本合作过程中，一直处于主导地位，承担管理者、监督者与参与者的多重角色。大多数地方政府官员为了将 PPP 项目作为其表现政绩的一种方式，全过程控制项目。但是将项目中政府承担的风险看作一种集体责任，在签约合同之前采用集体会议形式做决策，从而导致分担的 PPP 风险责任难以落到实处，有时可能成为一种"虚责"。政府官员在合作中比较缺乏契约精神，大多采取行政方式处理问题。政府出现换届、单位领导变动，有时甚至是办事人员的变动，可能就会出现政府失信行为，不承担合同约定的风险责任。郭松磊（2018）通过对某县污水处理厂 PPP 项目风险问卷调查时也发现，PPP 项目风险发生概率较高的风险分别是政府失信、政府干预、政府决策失误、法律与监管体系不完善和审批拖延。这说明来自政府方面的风险发生概率较高。相反，私人企业在合作中具有更强的契约精神和专业能力，政府诚信建设对 PPP 项目的成功十分

[①] 郭松磊：《X 县污水处理厂 PPP 项目在风险分担过程中的问题研究》，大连理工大学学位论文，2018 年。

关键。

(四) 合约规定的收益与风险分配与实际执行存在偏差

首先是 PPP 项目中政府与社会资本方共同分配的风险与收益规定比较模糊。按政策规定，仅列出了风险分担的范围和收益分配的大致比例。合作双方在实际担负风险与分配收益时，存在相互博弈的空间，在后期的实际执行中与预先约定存在偏差。其次，由于地方政府控制法律、政策风险的能力有限，特别是县级政府，因此，存在不同层级政府对 PPP 项目的政治、法律、政策风险应对能力的差别，此类风险有时也会转移给社会资本方来承担。再次，社会资本方为了获得合理回报，事先约定要求政府提供收入保证机制，抵抗风险，如最低收入保证、最低需求量保证、可用性付费和财政补贴、政府入股、税收优惠等措施来增强 PPP 项目的财务可行性。这在一定程度上减轻了社会资本方的融资、建设、运营风险，增加了政府的风险分担。最后，一些风险本应由双方共同承担，或由某一方承担，但是迫于某种压力，风险可能发生转移。比如，民众对 PPP 项目提供的服务不满意，而投诉或者制造舆论压力，政府迫于压力，或者地方官员出于政绩考核需要，承担了本应该由社会资本方担负的风险。而有时出现的政府信用风险，社会资本方惧怕政府使用行政权力取消项目，为了继续完成项目，收回成本，又不得不承担由于政府信用风险引起的部分损失。因此，在实际中，PPP 项目收益与风险分配与合同约定往往存在偏差。

第三节　PPP 模式建设民生基础设施的风险与收益配置模型分析

本节将使用动态博弈理论模型分析政府、社会资本和其他利益相关者的风险与收益优化配置，然后使用模拟算例验证模型分析结论，验证政府与社会资本及其他相关利益者之间的动态博弈过程中的风险与收益的最优配置条件的正确性。

一、风险与收益配置动态博弈模型

(一) 模型假定与描述

假设 PPP 项目合作时所处的政治、法律等外界环境相对稳定;项目参与各方符合理性人假设,追求自身利益最大化;合作谈判信息透明、沟通顺畅,合作双方都希望谈判合作成功;总收益(包括经济收益、社会收益与环境收益)可以估计测定,收益与风险分担谈判在公平状态下进行;最终分配方案属于动态均衡;各影响因素对收益分配产生的影响无主次之分。PPP 项目主要收益分配者为政府(G)、社会资本方(S)和其他利益相关者(H),其他利益相关者主要包括银行、保险、工程承包商、运营商、原料供应商、咨询服务机构、消费者等。为了模型分析方便,用序号 $i = 1,2,3$,分别表示政府、社会资本方和其他利益相关者,效用函数为 $U_i(i = 1,2,3)$,分配到的收益为 $y_i(i = 1,2,3)$,收益分配比例分别为:$x_i(i = 1,2,3)$,则合作者 i 的效用函数可写为 $U_i = U(y_i)$,其中 $i = 1,2,3$。

假定项目参与人合作的目标是实现来自项目收益的效用最大化,不同参与人的效用可以累加得到合作项目总效用,用 TU 表示,$TU = \sum_{i=1}^{3} U(y_i)$,项目效用最大化下的收益分配比例被认定为最优收益分配比例。此问题求解可表示为:

$$\text{Max} \quad TU = \sum_{i=1}^{3} U(y_i) \tag{6-1}$$
$$\text{St:} y_i = Y * x_i$$
$$\sum_{i=1}^{3} x_i = 1$$

Y 为项目在生命周期内的总收益,对于某一确定项目而言假定为固定常数。x_i 根据各方谈判确定,实际上以上问题的求解等价于求解:

$$\text{Max} \quad TU = \sum_{i=1}^{3} U(x_i) \tag{6-2}$$
$$\text{St:} \sum_{i=1}^{3} x_i = 1$$

求解上述问题的关键是对收益分配比例 x_i 的求解。在此,基于 Rubinstein (1982) 提出的讨价还价模型,通过求解各方收益实际分配比例与谈判破裂点的分配比例之间差额最大化的方法来求解最佳收益分配比例 x_i,

具体思路如下：

假设谈判破裂点的收益分配比例为 $x_i^-(i=1,2,3)$，参与人各方实际的收益分配比例为 x_i，则两者之间的差值为 $x_i - x_i^-$，参与人各方谈判时追求 $x_i - x_i^-$ 的最大化，PPP 项目政府、社会资本方与其他利益相关者就收益分配比例的讨价还价可以写为：

$$\text{Max} \prod_{i=1}^{3}(x_i - x_i^-)^{\varphi_i} \tag{6-3}$$

$$\text{St:} \sum_{i=1}^{3} x_i = 1$$

$$x_i \geqslant x_i^-$$

其中 φ_i 为收益分配因子，求解以上最优化问题，可得参与各方纳什均衡时参与各方的最佳收益分配比例为：

$$x_i^* = x_i^- + \varphi_i\left(1 - \sum_{i=1}^{3} x_i^-\right) \tag{6-4}$$

借鉴段世霞等（2019）提出的收益分配因子计算方法，根据项目参与各方的重要程度（m_i）、风险分担程度（r_i）、参与者满意度（s_i）、投资占比（t_i）和成员绩效（p_i）来计算收益分配因子 φ_i

$$\varphi_i = \frac{m_i + r_i + s_i + t_i + P_i}{\sum_{i=1}^{3}(m_i + r_i + s_i + t_i + P_i)} \tag{6-5}$$

将式（6-5）代入式（6-4）得：

$$x_i = x_i^- + \frac{m_i + r_i + s_i + t_i + P_i}{\sum_{i=1}^{3}(m_i + r_i + s_i + t_i + P_i)}\left(1 - \sum_{i=1}^{3} x_i^-\right) \tag{6-6}$$

将式（6-5）代入式（6-1）求解风险与收益最佳配置关系。此问题可写为：

$$\text{Max} \quad TU = \sum_{i=1}^{3} U(x_i) \tag{6-7}$$

$$\text{St:} \sum_{i=1}^{3} x_i = 1$$

$$x_i = x_i^- + \varphi_i\left(1 - \sum_{i=1}^{3} x_i^-\right)$$

$$\varphi_i = \frac{m_i + r_i + s_i + t_i + P_i}{\sum_{i=1}^{3}(m_i + r_i + s_i + t_i + P_i)}$$

（二）模型求解

对式（6-7）建立拉格朗日函数，然后一阶导数求解得：

$$L = \sum_{i=1}^{3} U(x_i) - \lambda [x_i - x_i^- - \varphi_i(1 - \sum_{i=1}^{3} x_i^-)]$$
$$- \beta(\sum_{i=1}^{3} x_i - 1) \tag{6-8}$$

$$\frac{\partial L}{\partial x_1} = \frac{\partial U(x_1)}{\partial x_1} - \lambda \Big[1 - \frac{\partial x_1^-}{\partial x_1} - \frac{\partial \varphi_1}{\partial x_1}(1 - \sum_{i=1}^{3} x_i^-)$$
$$+ \varphi_1 \Big(\frac{\partial x_1^-}{\partial x_1} \Big) \Big] - \beta = 0 \tag{6-9}$$

$$\frac{\partial L}{\partial x_2} = \frac{\partial U(x_2)}{\partial x_2} - \lambda \Big[1 - \frac{\partial x_2^-}{\partial x_2} - \frac{\partial \varphi_2}{\partial x_2}(1 - \sum_{i=1}^{3} x_i^-)$$
$$+ \varphi_1 \Big(\frac{\partial x_2^-}{\partial x_2} \Big) \Big] - \beta = 0 \tag{6-10}$$

$$\frac{\partial L}{\partial x_3} = \frac{\partial U(x_3)}{\partial x_3} - \lambda \Big[1 - \frac{\partial x_3^-}{\partial x_3} - \frac{\partial \varphi_3}{\partial x_3}(1 - \sum_{i=1}^{3} x_i^-)$$
$$+ \varphi_1 \Big(\frac{\partial x_3^-}{\partial x_3} \Big) \Big] - \beta = 0 \tag{6-11}$$

$$\frac{\partial L}{\partial r_1} = \frac{\partial U(x_1)}{\partial r_1} - \lambda \Big[\frac{\partial x_1}{\partial r_1} - \frac{\partial x_1^-}{\partial r_1} - \frac{\partial \varphi_1}{\partial r_1}(1 - \sum_{i=1}^{3} x_i^-)$$
$$+ \varphi_1 \frac{\partial x_1^-}{\partial r_1} \Big] - \beta \frac{\partial x_1}{\partial r_1} = 0 \tag{6-12}$$

$$\frac{\partial L}{\partial r_2} = \frac{\partial U(x_2)}{\partial r_2} - \lambda \Big[\frac{\partial x_2}{\partial r_2} - \frac{\partial x_2^-}{\partial r_2} - \frac{\partial \varphi_2}{\partial r_2}(1 - \sum_{i=1}^{3} x_i^-)$$
$$+ \varphi_2 \frac{\partial x_2^-}{\partial r_2} \Big] - \beta \frac{\partial x_2}{\partial r_2} = 0 \tag{6-13}$$

$$\frac{\partial L}{\partial r_3} = \frac{\partial U(x_3)}{\partial r_3} - \lambda \Big[\frac{\partial x_3}{\partial r_3} - \frac{\partial x_3^-}{\partial r_3} - \frac{\partial \varphi_3}{\partial r_3}(1 - \sum_{i=1}^{3} x_i^-)$$
$$+ \varphi_3 \frac{\partial x_3^-}{\partial r_3} \Big] - \beta \frac{\partial x_3}{\partial r_3} = 0 \tag{6-14}$$

解式（6-8）至式（6-14），得到纳什均衡状态时参与各方收益分配比例与风险分担程度的均衡条件：

$$\frac{\partial U(x_1)}{\partial x_1} = \frac{\partial U(x_2)}{\partial x_2} = \frac{\partial U(x_3)}{\partial x_3} = \lambda + \beta \tag{6-15}$$

$$\frac{\partial L}{\partial r_1} = \frac{\partial U(x_1)}{\partial r_1} - \lambda \left[-\frac{\partial \varphi_1}{\partial r_1}\left(1 - \sum_{i=1}^{3} x_i^-\right) \right] = 0$$

$$\frac{\partial U(x_1)}{\partial r_1} = \lambda \left[-\frac{\partial \varphi_1}{\partial r_1}\left(1 - \sum_{i=1}^{3} x_i^-\right) \right] \quad (6-16)$$

$$\frac{\partial L}{\partial r_2} = \frac{\partial U(x_2)}{\partial r_2} - \lambda \left[-\frac{\partial \varphi_2}{\partial r_2}\left(1 - \sum_{i=1}^{3} x_i^-\right) \right] = 0$$

$$\frac{\partial U(x_2)}{\partial r_2} = \lambda \left[-\frac{\partial \varphi_2}{\partial r_2}\left(1 - \sum_{i=1}^{3} x_i^-\right) \right] \quad (6-17)$$

$$\frac{\partial L}{\partial r_3} = \frac{\partial U(x_3)}{\partial r_3} - \lambda \left[-\frac{\partial \varphi_3}{\partial r_3}\left(1 - \sum_{i=1}^{3} x_i^-\right) \right] = 0$$

$$\frac{\partial U(x_3)}{\partial r_3} = \lambda \left[-\frac{\partial \varphi_3}{\partial r_3}\left(1 - \sum_{i=1}^{3} x_i^-\right) \right] \quad (6-18)$$

二、模型分析

(一) 风险与收益配置的均衡分析

式 (6-15) 为政府、社会资本方和其他利益相关者利益最大化时收益比例最佳配置的条件；式 (6-16)、式 (6-17)、式 (6-18) 为政府、社会资本方和其他利益向者利益最大化时的风险配置条件。式 (6-15) 与式 (6-16) 同时成立表示政府收益分配与风险分担实现最佳配置，同理，式 (6-15) 与式 (6-17) 同时成立或式 (6-15) 与式 (6-18) 同时成立分别表示社会资本方与其他利益相关者收益与风险配置最佳。

在以上的这些条件中，λ 表示某一参与人收益分配比例变动对合作总收益（福利）变动的影响程度，β 表示为所有参与人收益分配比例总和变动对合作效用（收益）变动的影响程度。从式 (6-15) 可知，当政府收益分配比例的边际效用（收益）等于政府收益分配比例变动对项目社会总效用（收益）影响程度加上所有参与人收益分配比例总和变动对合作总效用（收益）变动的影响程度时，政府收益分配比例为最佳；同理，当社会资本方与其他利益相关者各自的收益分配比例的边际效用（收益）等于各自收益分配比例变动对项目社会总效用（收益）影响程度加上所有参与人收益分配比例总和变动对合作总效用（收益）变动的影响程度时，他们的收益分配比例为最佳。从收益分配比例为最佳时的条件可知，各参与人收益分配比例最佳与否取决于各自收益分配比例和他们总的收益分配比例变动对合作总效用（收益）的影响程度。单个参与人收益分配比例和所有人收益分配比例总和与收益分配因子密切相关。在初始谈判时，收益分配因子与参与各方的重要程度、各自承担的风险程度、投资比重（或者投资重要程度）有关，在再次谈判时，除了各自重要程度、承担风险程度和所占的投资比重外，还与合作项目运行绩效、消费者的满意度密切相关。

式（6-16）、式（6-17）、式（6-18）表示政府、社会资本方和其他利益相关者实现合作收益（福利）最大化时的风险最小化条件。等式左边为参与各方风险分担比例的边际效用（收益），右边为某一参与人收益分配比例变动对项目总效用（收益）的影响程度乘以他的风险分担比例对收益分配因子的影响与1减去谈判破裂点时各方收益分配比例和的乘积，负号表示参与人增加风险分担比例导致其总效用（收益）下降，即增加参与人的风险负担，导致其收益的效用下降。当等式成立时，各方参与人符合合作效用（收益）最大化时的风险比例最佳配置要求。但是这个条件与初始阶段谈判者的风险与收益谈判策略变化有关，下面将进一步分析不同初始谈判策略下的条件变化情况。

式（6-15）至式（6-18）同时成立时，政府、社会资本方和其他利益相关者的收益分配与风险分担实现最佳配置，合作项目收益实现效用最大化。

（二）不同谈判阶段的风险与收益配置均衡分析

根据前面各方参与人的纳什均衡条件可知，在某一具体PPP项目中，λ与β为常量，均衡条件决定于收益分配因子。而收益分配因子与项目参与各方的重要程度（m_i）、风险分担程度（r_i）、参与者满意度（s_i）和投资占比t_i、成员绩效（p_i）等因素有关。在合作初期，根据合同约定，可观察到的影响因素有参与者的重要程度，投资占比与风险分担比例，而参与者的满意度和绩效在初期无法观察到。因此，在初始谈判时，决定参与者合作收益分配因子的主要因素只有参与者的重要程度和风险分担程度。再次谈判调整收益分配时，确定收益分配因子需要考虑的影响因素更多，参考段世霞等（2019）确定的再谈判收益分配因子计算公式，使用参与者的重要程度，投资占比与风险分担程度，参与者的满意度和绩效来确定再谈判时的收益分配因子。

下面从初始谈判与再谈判两阶段进一步分析不同策略选择情况下的均衡。

1. 初始谈判阶段的均衡分析

（1）仅由参与人的重要程度确定收益分配因子。

如果仅由参与人的重要程度确定收益分配因子，即 $\varphi_i = m_i$，参与人各方的收益分配与风险分担均衡条件表示如下：

$$\frac{\partial U(x_1)}{\partial x_1} = \frac{\partial U(x_2)}{\partial x_2} = \frac{\partial U(x_3)}{\partial x_3} = \lambda + \beta \qquad (6-19)$$

$$\frac{\partial U(x_1)}{\partial r_1} = \frac{\partial U(x_2)}{\partial r_2} = \frac{\partial U(x_3)}{\partial r_3} = 0 \qquad (6-20)$$

比较式（6-15）与式（6-19），式（6-16）、式（6-17）、式（6-18）与式（6-20）可以发现，政府、社会资本方与其他利益相关者的重要程度对各自的收益分配均衡条件没有影响，而影响各自风险分担的均衡条件。也就是说PPP项目合作时，参与人收益分配因子的计算因素调整变化对合作项目总效用（收益）最大化的收益分配比例均衡条件没有影响，对他们的风险分担均衡条件带来影响。式（6-19）显示，当政府、社会资本方和其他利益相关者收益分配比例的边际效用等于他们各自收益分配比例变动对合作总效用（收益）的边际影响程度与收益分配总比例变动对合作总效用（收益）的边际影响程度之和时，合作各方的收益分配配置最佳。式（6-20）的含义是根据参与方各自重要程度计算收益分配因子时，政府、社会资本方和其他利益相关者各自实现了项目效用（收益）最大化，因为各自风险分配比例的边际效用（收益）等于零。如果式（6-19）、式（6-20）同时成立，则意味着政府、社会资本方和其他利益相关者满足各自收益分配比例的边际效用等于他们各自收益分配比例变动对合作总效用（收益）的边际影响程度与收益分配总比例变动对合作总效用（收益）的边际影响程度之和，政府、社会资本方与其他利益相关者的风险分配比例边际效用（收益）等于零，即在PPP项目合作中，政府、社会资本方与其他利益相关者各自实现了效用（收益）最大化，同时合作项目本身也实现了效用（收益）最大化。收益与风险分担实现最佳配置。

为了进一步分析影响收益分配因子的因素不同、影响因素的重要程度存在差异时，均衡条件是否存在差别的情况，将 $\varphi_i = m_i$ 时，$\frac{\partial U(x_i)}{\partial x_i}$ 表示为 $\frac{\partial U(x_i)}{\partial x_i}\Big|_{\varphi_i = m_i} = \lambda + \beta$；$\varphi_i \neq m_i$ 时，$\frac{\partial U(x_i)}{\partial x_i}$ 表示为 $\frac{\partial U(x_i)}{\partial x_i}\Big|_{\varphi_i \neq m_i}$，因为 $\frac{\partial U(x_i)}{\partial x_i}\Big|_{\varphi_i \neq m_i} = \frac{\partial (x_i)}{\partial x_i}\Big|_{\varphi_i = m_i} = \lambda + \beta$，所以，收益分配因子的决定因素变化对收益分配的效用（收益）最大化条件没有影响。但是观察式（6-16）、式（6-17）、式（6-18）发现，当 $\varphi_i = m_i$，$\frac{\partial U(x_i)}{\partial r_i} = 0$，$\varphi_i \neq m_i$，$\frac{\partial U(x_i)}{\partial r_i} \neq 0$ 或 $= 0$，是否等于零取决于分配因子决定因素是否含有风险因素，如果包含风险因素则不等于零，不包含风险因素则等于零。实际上就是说收益分配因子与风险因素无关时，政府、社会资本方与其他利益相关者的风险边际收益等于零。至于各种影响收益分配因子的因素重要程度不同时，他们收益分配比例的边际收益是否存在差异。下面分三种情况讨论。

①当决定收益分配因子的影响因素 m_i 与其他影响因素同等重要，即 $m_i = r_i = s_i = t_i = P_i$ 时，$\varphi_i = m_i$ 与 $\varphi_i = \frac{m_i + r_i + s_i + t_i + P_i}{\sum_{i=1}^{3}(m_i + r_i + s_i + t_i + P_i)}$ 相比，$\frac{\partial U(x_i)}{\partial x_i}\Big|_{\varphi_i = m_i} = \frac{\partial U(x_i)}{\partial x_i}\Big|_{\varphi_i = \frac{m_i + r_i + s_i + t_i + P_i}{\sum_{i=1}^{3}(m_i + r_i + s_i + t_i + P_i)}} = \lambda + \beta$，则 $TU_{\varphi_i = m_i} = TU_{\varphi_i = \frac{m_i + r_i + s_i + t_i + P_i}{\sum_{i=1}^{3}(m_i + r_i + s_i + t_i + P_i)}}$。说明初始谈判阶段根据参与人各自重要程度决定收益分配因子与根据重要程度、分担风险程度、投资占比，参与人绩效与满意度计算收益分配因子的均衡条件相同，即满足政府、社会资本方与其他利益相关者收益分配比例边际收益最大化时的项目效用（收益）水平相同。

②当决定收益分配因子的影响因素 m 比其他影响因素重要，即 $m_i > r_i = s_i = t_i = P_i$ 时，$\varphi_i = m_i$ 与 $\varphi_i = \frac{m_i + r_i + s_i + t_i + P_i}{\sum_{i=1}^{3}(m_i + r_i + s_i + t_i + P_i)}$ 相比，$\frac{\partial U(x_i)}{\partial x_i}\Big|_{\varphi_i = m_i} = \frac{\partial U(x_i)}{\partial x_i}\Big|_{\varphi_i = \frac{m_i + r_i + s_i + t_i + P_i}{\sum_{i=1}^{3}(m_i + r_i + s_i + t_i + P_i)}} = \lambda + \beta$，则 $TU_{\varphi_i = m_i} = TU_{\varphi_i = \frac{m_i + r_i + s_i + t_i + P_i}{\sum_{i=1}^{3}(m_i + r_i + s_i + t_i + P_i)}}$ 初始谈判阶段根据参与者各自重要程度决定收益分配因子与根据重要程度、分担

风险程度、投资占比,参与人绩效与满意度计算收益分配因子的均衡效果相同。

③当某一参与者决定收益分配因子的影响因素 m 没有其他影响因素重要,即 $m_i < r_i = s_i = t_i = P_i$ 时,$\varphi_i = m_i$ 与 $\varphi_i = \dfrac{m_i + r_i + s_i + t_i + P_i}{\sum_{i=1}^{3}(m_i + r_i + s_i + t_i + P_i)}$ 相比,$\left.\dfrac{\partial U(x_i)}{\partial x_i}\right|_{\varphi_i = m_i} = \left.\dfrac{\partial U(x_i)}{\partial x_i}\right|_{\varphi_i = \frac{m_i+r_i+s_i+t_i+P_i}{\sum_{i=1}^{3}(m_i+s_i+t_i+P_i)}} = \lambda + \beta$,则 $TU_{\varphi_i = r_i} = TU_{\varphi_i = \frac{m_i+r_i+s_i+t_i+P_i}{\sum_{i=1}^{3}(m_i+s_i+t_i+P_i)}}$,所以,初始谈判阶段根据参与者各自重要程度决定收益分配因子与考虑重要程度、分担风险程度、投资占比,参与人绩效与满意度计算收益分配因子的均衡效果也相同。这些分析说明项目效用均衡是稳定的。

(2) 仅由风险分担程度确定收益分配因子。

如果分配因子仅仅由参与人各方分担风险程度来确定,则 $\varphi_i = r_i$,政府、社会资本方和其他利益相关者的收益与风险配置的均衡条件为:

$$\frac{\partial U(x_1)}{\partial x_1} = \frac{\partial U(x_2)}{\partial x_2} = \frac{\partial U(x_3)}{\partial x_3} = \lambda + \beta \quad (6-21)$$

$$\frac{\partial U(x_1)}{\partial r_1} = \frac{\partial U(x_2)}{\partial r_2} = \frac{\partial U(x_3)}{\partial r_3} = -\lambda\left(1 - \sum_{i=1}^{3} x_i^{-}\right) \quad (6-22)$$

式(6-21)、式(6-22)为政府、社会资本方与其他利益相关者依据风险分担程度计算收益分配因子,实现收益(福利)最大化的收益与风险配置条件。即政府、社会资本与其他利益相关者实现了各自合作效用(收益)最大化,即从项目获得收益的效用(收益)最大化,PPP项目整体实现效用(收益)最大化的收益与风险配置条件。具体含义为:式(6-21)表示政府、社会资本方和其他利益相关者各自收益分配比例的边际收益(效用)等于他们各自收益分配比例变动与收益分配总比例变动对合作项目效用(收益)的边际影响程度之和时,政府、社会资本方和其他利益相关者的收益分配比例配置最佳,各自实现项目效用(收益)最大化。式(6-22)的含义是根据参与人的风险分担程度计算收益分配因子时,政府、社会资本方和其他利益相关者实现项目效用(收益)最大化时的风险配置条件。其具体经济含义是政府、社会资本方和其他利益相关者的风险分担比例的边际效用等于各方收益分配比例变动对合作效用（收益）的影响程度与政府、社会资本方和其他利益相关者各自谈判破裂点的收益分配比例之和与 1 的差值的乘积，负号表示风险与收益（效用）呈反方向变动。式（6-22）成立意味着政府、社会资本方和其他利益相关者实现风险最佳分担。式（6-21）、式（6-22）同时成立表示政府、社会资本方和其他利益相关者实现合作效用（收益）最大化的同时实现了收益与风险的最佳配置。

为了进一步分析根据风险分担程度计算收益分配因子与根据其他因素计算收益分配因子均衡效果的差别、计算收益分配因子的各因素的重要程度存在差别时，均衡结果是否存在差别。按照前面的假定，当 $\varphi_i = r_i$ 的 $\dfrac{\partial U(x_i)}{\partial x_i}$ 表示为 $\dfrac{\partial U(x_i)}{\partial x_i}\bigg|_{\varphi_i = r_i}$，$\dfrac{\partial U(x_i)}{\partial r_i}$ 表示为 $\dfrac{\partial U(x_i)}{\partial r_i}\bigg|_{\varphi_i = r_i}$；当 $\varphi_i = \dfrac{m_i + r_i + s_i + t_i + P_i}{\sum_{i=1}^{3}(m_i + r_i + s_i + t_i + P_i)}$ 时，将 $\dfrac{\partial U(x_i)}{\partial x_i}$ 表示为 $\dfrac{\partial U(x_i)}{\partial x_i}\bigg|_{\varphi_i = \frac{m_i + r_i + s_i + t_i + P_i}{\sum_{i=1}^{3}(m_i + r_i + s_i + t_i + P_i)}}$，$\dfrac{\partial U(x_i)}{\partial r_i}$ 表示为 $\dfrac{\partial U(x_i)}{\partial r_i}\bigg|_{\varphi_i = \frac{m_i + r_i + s_i + t_i + P_i}{\sum_{i=1}^{3}(m_i + r_i + s_i + t_i + P_i)}}$。比较发现，$\dfrac{\partial U(x_i)}{\partial x_i}\bigg|_{\varphi_i = r_i} = \dfrac{\partial U(x_i)}{\partial x_i}\bigg|_{\varphi_i = \frac{m_i + r_i + s_i + t_i + P_i}{\sum_{i=1}^{3}(m_i + r_i + s_i + t_i + P_i)}}$，$\dfrac{\partial U(x_i)}{\partial r_i}\bigg|_{\varphi_i = r_i} < \dfrac{\partial U(x_i)}{\partial r_i}\bigg|_{\varphi_i = \frac{m_i + r_i + s_i + t_i + P_i}{\sum_{i=1}^{3}(m_i + r_i + s_i + t_i + P_i)}}$，说明根据不同因素指标计算收益分配因子对参与人收益分配比例的边际收益（效用）没有影响，但是对参与人风险分担比例的边际收益（效用）会有影响，考虑包含风险因素在内的因素越多，风险分担比例边际收益越大，越接近最大化收益水平［风险分担比例边际收益等于零时的合作项目效用（收益）水平］。同样分三种情况分析计算收益分配因子各指标因素重要程度不同时均衡结果的情况。

①计算收益分配因子 φ_i 的因素 r 与其他影响 φ_i 的模型因素同等重要，当 $r_i = m_i = s_i = t_i = P_i$ 时，$\dfrac{\partial U(x_i)}{\partial r_i}\bigg|_{\varphi_i = r_i} = \dfrac{\partial U(x_i)}{\partial x_i}\bigg|_{\varphi_i = \frac{m_i + r_i + s_i + t_i + P_i}{\sum_{i=1}^{3}(m_i + r_i + s_i + t_i + P_i)}}$，$\dfrac{\partial U(x_i)}{\partial r_i}\bigg|_{\varphi_i = r_i} < \dfrac{\partial U(x_i)}{\partial r_i}\bigg|_{\varphi_i = \frac{m_i + r_i + s_i + t_i + P_i}{\sum_{i=1}^{3}(m_i + r_i + s_i + t_i + P_i)}}$，说明初始谈判阶段根据参与人风险分担程度计算收益分配因子 φ_i 与根据参与人重要程度、风险分担程度、

投资占比和参与人绩效与满意度等影响指标因素计算收益分配因子 φ_i 的收益分配比例的均衡效果相同，风险分担比例的均衡条件存在差别，考虑更多影响因素（包含风险因素）时的均衡结果比考虑更少因素要好，更接近于最大化风险效用水平。

②当计算收益分配因子 φ_i 的指标因素 r 比其他计算 φ_i 指标的因素重要，即 $r_i > m_i = s_i = t_i = P_i$ 时，$\left.\dfrac{\partial U(x_i)}{\partial r_i}\right|_{\varphi_i = r_i} = \left.\dfrac{\partial U(x_i)}{\partial x_i}\right|_{\varphi_i = \frac{m_i + r_i + s_i + t_i + P_i}{\sum_{i=1}^{3}(m_i + r_i + s_i + t_i + P_i)}}$，$\left.\dfrac{\partial U(x_i)}{\partial r_i}\right|_{\varphi_i = r_i} < \left.\dfrac{\partial U(x_i)}{\partial r_i}\right|_{\varphi_i = \frac{m_i + r_i + s_i + t_i + P_i}{\sum_{i=1}^{3}(m_i + r_i + s_i + t_i + P_i)}}$，这说明初始谈判阶段根据参与人风险分担程度计算收益分配因子 φ_i 的均衡结果与根据重要程度、分担风险程度、投资占比和参与人绩效与满意度等影响因素计算收益分配因子 φ_i 的收益分配比例的均衡效果相同，风险分担比例的均衡条件存在差别，考虑更多影响因素（包含风险因素）时的均衡结果比考虑更少影响因素要好，更接近于最大化风险效用（收益）水平。

③当某一参与者决定收益分配因子 φ_i 的影响因素 r 没有其他影响素重要，即 $r_i < m_i = s_i = t_i = P_i$ 时，$\left.\dfrac{\partial U(x_i)}{\partial r_i}\right|_{\varphi_i = r_i} = \left.\dfrac{\partial U(x_i)}{\partial x_i}\right|_{\varphi_i = \frac{m_i + r_i + s_i + t_i + P_i}{\sum_{i=1}^{3}(m_i + r_i + s_i + t_i + P_i)}}$，$\left.\dfrac{\partial U(x_i)}{\partial r_i}\right|_{\varphi_i = r_i} = \left.\dfrac{\partial U(x_i)}{\partial r_i}\right|_{\varphi_i = \frac{m_i + r_i + s_i + t_i + P_i}{\sum_{i=1}^{3}(m_i + r_i + s_i + t_i + P_i)}}$，这说明初始谈判阶段根据参与人风险分担程度计算收益分配因子 φ_i 的均衡结果与根据参与人重要程度、分担风险程度、投资占比和参与人绩效与满意度等影响因素计算收益分配因子 φ_i 的收益分配比例的均衡效果相同，风险分担比例的均衡条件存在差别，考虑更多影响因素（包含风险因素）的均衡结果比考虑更少因素的均衡结果要好，更接近于最大化风险效用（收益）水平。

（3）谈判各方以各自重要程度和风险分担程度共同确定收益分配因子。

如果在初始谈判时，根据参与者的风险分担程度和重要程度确定收益分配因子 φ_i，则有 $\varphi_i = \dfrac{m_i + r_i}{\sum_{i=1}^{3}(m_i + r_i)} = \dfrac{m_i + r_i}{2}$，各自收益分配与风险分担实现最佳配置的条件可以表示为：

$$\frac{\partial U(x_1)}{\partial x_1} = \frac{\partial U(x_2)}{\partial x_2} = \frac{\partial U(x_3)}{\partial x_3} = \lambda + \beta \qquad (6-23)$$

$$\frac{\partial U(x_1)}{\partial r_1} = \frac{\partial U(x_2)}{\partial r_2} = \frac{\partial U(x_3)}{\partial r_3} = -\frac{1}{2}\lambda\left(1 - \sum_{i=1}^{3} x_i^-\right) \qquad (6-24)$$

式（6-23）表示根据参与人重要程度和风险分担程度计算收益分配因子 φ_i 时，政府、社会资本与其他利益相关者的收益分配最优条件，式（6-24）为政府、社会资本与其他利益相关者的风险最佳配置条件。具体经济含义为：式（6-23）表示政府、社会资本方和其他利益相关者各自收益分配比例的边际效用（收益）等于他们各自收益分配比例变动与收益总分配比例变动对合作效用（收益）的边际影响程度之和，此时，政府、社会资本方和其他利益相关者的收益分配比例配置最佳。式（6-24）是政府、社会资本方和其他利益相关者实现合作项目效用（收益）最大化时的风险最佳配置条件。具体含义是政府、社会资本方和其他利益相关者的风险边际收益等于其收益分配比例变动对合作项目总效用（收益）的影响程度与政府、社会资本方和其他利益相关者各自谈判破裂点的收益分配比例之和与1的差值的乘积的一半，负号表示风险与效用（福利）变化呈反方向变动。等式（6-24）成立意味着政府、社会资本方和其他利益相关者实现各自合作效用（收益）最大化的风险最佳分担。式（6-23）、式（6-24）同时成立表示政府、社会资本方和其他利益相关者实现收益与风险的最佳配置，实现 PPP 合作效用（收益）最大化。

为了进一步分析确定收益分配因子的影响因素为多个因素且影响因素的重要程度不同时，均衡结果是否存在差别，设定 $\varphi_i = m_i + r_i$ 时，$\left.\frac{\partial U(x_i)}{\partial x_i}\right|_{\varphi_i = m_i + r_i}$，$\left.\frac{\partial U(x_i)}{\partial r_i}\right|_{\varphi_i = m_i + r_i}$ 与 $\left.\frac{\partial U(x_i)}{\partial x_i}\right|_{\varphi_i = \frac{m_i + r_i + s_i + t_i + P_i}{\sum_{i=1}^{3}(m_i + r_i + s_i + t_i + P_i)}}$，$\left.\frac{\partial U(x_i)}{\partial r_i}\right|_{\varphi_i = \frac{m_i + r_i + s_i + t_i + P_i}{\sum_{i=1}^{3}(m_i + r_i + s_i + t_i + P_i)}}$ 比较，发现 $\left.\frac{\partial U(x_i)}{\partial x_i}\right|_{\varphi_i = m_i + r_i} = \left.\frac{\partial U(x_i)}{\partial x_i}\right|_{\varphi_i = \frac{m_i + r_i + s_i + t_i + P_i}{\sum_{i=1}^{3}(m_i + r_i + s_i + t_i + P_i)}}$，$\left.\frac{\partial U(x_i)}{\partial r_i}\right|_{\varphi_i = m_i + r_i} < \left.\frac{\partial U(x_i)}{\partial x_i}\right|_{\varphi_i = \frac{m_i + r_i + s_i + t_i + P_i}{\sum_{i=1}^{3}(m_i + r_i + s_i + t_i + P_i)}}$，说明增加计算收益分配因子指标，其收益分配比例边际效用（收益）不变。但是根据重要程度与风险分担程度计算收益分配因子时的参与人风险分担比例的边际效用（收益）比单独考虑风险分

担程度时的参与人风险分担比例边际收益要大,更接近于零。这说明计算收益分配因子时,考虑更多指标因素(包含风险因素)的均衡结果更好,更接近于最大化风险效用水平。为了考察影响计算收益分配因子因素的不同重要的影响情况,同样三种情况讨论:

①当决定收益分配因子的影响因素 r_i 与 m_i 与其他影响因素同等重要,即 $r_i = m_i = s_i = t_i = P_i$ 时,$\left.\frac{\partial U(x_i)}{\partial r_i}\right|_{\varphi_i = m_i + r_i} = \left.\frac{\partial U(x_i)}{\partial x_i}\right|_{\varphi_i = \frac{m_i + r_i + s_i + t_i + P_i}{\sum_{i=1}^{3}(m_i + r_i + s_i + t_i + P_i)}}$,$\left.\frac{\partial U(x_i)}{\partial r_i}\right|_{\varphi_i = m_i + r_i} < \left.\frac{\partial U(x_i)}{\partial r_i}\right|_{\varphi_i = \frac{m_i + r_i + s_i + t_i + P_i}{\sum_{i=1}^{3}(m_i + r_i + s_i + t_i + P_i)}}$,则 $TU_{\varphi_i = m_i + r_i} = TU_{\varphi_i = \frac{m_i + r_i + s_i + t_i + P_i}{\sum_{i=1}^{3}(m_i + r_i + s_i + t_i + P_i)}}$,表明初始谈判阶段根据参与人风险分担程度计算收益分配因子与根据参与人重要程度、风险分担程度、投资占比、参与人绩效、参与人满意度等影响因素计算收益分配因子的收益分配比例的均衡效果相同,但是风险分担的均衡结果存在差别,根据更多指标因素计算收益分配因子时的情况更好。

②当决定收益分配因子的影响因素 r_i 与 m_i 比其他影响因素重要,即 r_i 和 $m_i > s_i = t_i = P_i$ 时,$\left.\frac{\partial U(x_i)}{\partial r_i}\right|_{\varphi_i = m_i + r_i} = \left.\frac{\partial U(x_i)}{\partial x_i}\right|_{\varphi_i = \frac{m_i + r_i + s_i + t_i + P_i}{\sum_{i=1}^{3}(m_i + r_i + s_i + t_i + P_i)}}$,$\left.\frac{\partial U(x_i)}{\partial r_i}\right|_{\varphi_i = m_i + r_i} < \left.\frac{\partial U(x_i)}{\partial r_i}\right|_{\varphi_i = \frac{m_i + r_i + s_i + t_i + P_i}{\sum_{i=1}^{3}(m_i + r_i + s_i + t_i + P_i)}}$,则 $TU_{\varphi_i = m_i + r_i} = TU_{\varphi_i = \frac{m_i + r_i + s_i + t_i + P_i}{\sum_{i=1}^{3}(m_i + r_i + s_i + t_i + P_i)}}$,所以,当计算收益分配因子的指标因素 r_i 与 m_i 比其他指标因素更重要时,与同等重要情况相比,根据参与人风险分担程度计算收益分配因子的均衡结果与根据重要程度、分担风险程度、投资占比和参与人绩效与满意度等影响因素计算收益分配因子的收益分配比例的均衡效果仍然相同,风险分担的均衡结果也没有变化。

③当决定收益分配因子 φ_i 的影响因素 r_i 与 m_i 没有其他影响因素重要时,即 r_i 和 $m_i < s_i = I_i = P_i$ 时,$\left.\frac{\partial U(x_i)}{\partial r_i}\right|_{\varphi_i = m_i + r_i} = \left.\frac{\partial U(x_i)}{\partial x_i}\right|_{\varphi_i = \frac{m_i + r_i + s_i + t_i + P_i}{\sum_{i=1}^{3}(m_i + r_i + s_i + t_i + P_i)}}$,$\left.\frac{\partial U(x_i)}{\partial r_i}\right|_{\varphi_i = m_i + r_i} < \left.\frac{\partial U(x_i)}{\partial r_i}\right|_{\varphi_i = \frac{m_i + r_i + s_i + t_i + P_i}{\sum_{i=1}^{3}(m_i + r_i + s_i + t_i + P_i)}}$,则 $TU_{\varphi_i = m_i + r_i} = TU_{\varphi_i = \frac{m_i + r_i + s_i + t_i + P_i}{\sum_{i=1}^{3}(m_i + r_i + s_i + t_i + P_i)}}$,这说明当计算收益分配因子 φ_i 的因素指标 r_i 与 m_i 比其他指标因素更不重

要时，与同等重要情况相比，根据参与人风险分担程度计算收益分配因子的均衡结果与根据重要程度、分担风险程度、投资占比和参与人绩效与满意度等影响因素计算收益分配因子的收益分配比例的均衡效果仍然相同，风险分担的均衡结果也没有变化。

2. 再谈判阶段风险与收益配置的均衡分析

再谈判阶段在项目移交阶段，此时，合作项目效用（收益）需要重新调节分配，进行补偿或移交补偿支付，完成移交。此阶段参与人绩效及参与人满意度均可获得，根据参与者各方重要程度、风险分担程度、投资占比、参与人满意度和绩效等因素指标共同计算决定收益分配因子。

将收益分配因子 $\varphi_i = \dfrac{m_i + r_i + s_i + t_i + P_i}{\sum_{i=1}^{3}(m_i + r_i + s_i + t_i + P_i)} = \dfrac{m_i + r_i + s_i + t_i + P_i}{5}$

代入式（6-9）、式（6-10）、式（6-11）可求得收益分配的最佳条件为：

$$\frac{\partial U(x_1)}{\partial x_1} = \frac{\partial U(x_2)}{\partial x_2} = \frac{\partial U(x_3)}{\partial x_3} = \lambda + \beta \qquad (6-25)$$

将 $\varphi_i = \dfrac{m_i + r_i + s_i + t_i + P_i}{5}$ 代入式（6-16）、式（6-17）、式（6-18）

可求得政府、社会资本方与其他利益相关者的风险配置最佳条件为：

$$\frac{\partial U(x_1)}{\partial r_1} = \lambda \left[-\frac{[\sum_{i=2}^{3}(m_i + r_i + s_i + t_i + P_i)](1 - \sum_{i=1}^{3}\bar{x}_i)}{[\sum_{i=1}^{3}(m_i + r_i + s_i + t_i + P_i)]^2} \right]$$

$$= -\frac{1}{5}\lambda(1 - \sum_{i=1}^{3}\bar{x}_i) \qquad (6-26)$$

$$\frac{\partial U(x_2)}{\partial r_2} = \lambda \left[-\frac{[\sum_{i=1,3}(m_i + r_i + s_i + t_i + P_i)](1 - \sum_{i=1}^{3}\bar{x}_i)}{[\sum_{i=1}^{3}(m_i + r_i + s_i + t_i + P_i)]^2} \right]$$

$$= -\frac{1}{5}\lambda(1 - \sum_{i=1}^{3}\bar{x}_i) \qquad (6-27)$$

$$\frac{\partial U(x_3)}{\partial r_3} = \lambda \left[-\frac{[\sum_{i=1}^{2}(m_i + r_i + s_i + t_i + P_i)](1 - \sum_{i=1}^{3}\bar{x}_i)}{[\sum_{i=1}^{3}(m_i + r_i + s_i + t_i + P_i)]^2} \right]$$

$$= -\frac{1}{5}\lambda(1 - \sum_{i=1}^{3}\bar{x}_i) \qquad (6-28)$$

式（6-25）表示政府、社会资本与其他利益相关者根据参与人重要程度、风险分担程度、投资占比、参与人满意度与绩效5个因素指标计算收益分配因子的收益分配最优条件，式（6-26）、式（6-27）、式（6-28）为政府、社会资本与其他利益相关者的风险最佳配置条件，同时实现PPP合作效用（收益）最大化。具体经济含义为：式（6-25）表示政府、社会资本方和其他利益相关者各自收益分配比例的边际收益（效用）等于他们各自收益分配比例变动与合作效用（收益）分配总比例变动对合作效用（收益）的边际影响程度之和，此时，政府、社会资本方和其他利益相关者的收益分配比例配置最佳。式（6-26）、式（6-27）、式（6-28）分别是政府、社会资本方和其他利益相关者实现合作项目效用（收益）最大化时的风险最佳配置条件。具体含义是政府、社会资本方和其他利益相关者的风险边际收益等于收益分配比例变动对项目总效用（收益）的影响程度与政府、社会资本方和其他利益相关者各自谈判破裂点的收益分配比例之和与1的差值的乘积的五分之一，负号表示风险与效用（福利）变化呈反方向变动。式（6-26）、式（6-27）、式（6-28）成立意味着政府、社会资本方和其他利益相关者实现各自合作效用（收益）最大化的风险最佳分担。式（6-25）、式（6-26）、式（6-27）、式（6-28）同时成立表示政府、社会资本方和其他利益相关者实现收益与风险的最佳配置，实现PPP合作效用（收益）最大化。

计算收益分配因子的5个因素指标重要程度相同或者不同，对原有的均衡结果不产生影响。

综合以上分析，得到以下几点结论：（1）当政府、社会资本方和其他利益相关者的收益分配比例边际效用（收益）等于各自收益分配比例对合作项目总效用（收益）的影响程度加上参与人的收益分配总比例变动对合作项目总收益的影响程度时，收益分配比例最佳，实现合作项目效用（收益）最大化。（2）政府、社会资本方和其他利益相关者效用（收益）最大化时的风险分担最佳条件与计算收益分配因子的因素关系密切。风险分担最佳条件为：当计算收益分配因子的指标不含风险因素时，风险分担比例的边际效用（收益）等于零；当计算收益分配因子的指标因素为风险因素时，风险分担比例的边际收益（效用）等于各自收益分配比例变动对合作项目总效用（收益）的影响程度与1减去谈判破裂点时所有参与人的收益分配比例总和的差值乘积的一半；当计算收益分配因子的指标因素为包含风险因素的 n 个因素时，风险分担比例的边际效用（收益）等于各自收益分配比例变动对合作项目效用（收益）的影响程度与 1 减去谈判破裂点时所有参与人的收益分配比例总和的差值乘积的 n 分之一。(3) 当同时满足（1）与（2）的条件时，项目实现效用（收益）最大化，同时也实现了收益与风险的最佳配置。(4) 无论是根据参与人的重要程度还是其风险分担程度或者是综合包含风险因素的多个因素计算收益分配因子，不管计算收益分配因子的影响因素是否同等重要，还是各因素的重要性存在差异，最终实现合作效用（收益）最大化的收益最佳配置条件相同，而风险配置最佳均衡条件存在差异。(5) 从上面分析可知，单个参与人收益分配的边际效用（收益）分为两部分：一是单个参与人单位收益分配比例变动对合作效用（收益）的影响；二是单个参与人收益分配比例变动影响收益分配比例总和变动进而对合作效用（收益）的影响。当两者之和等于收益分配比例的边际效用（收益）时，收益分配比例实现最佳分配。但是风险分担的最佳条件与收益分配因子的计算指标密切相关，不同的计算指标存在差异。综上所述，当所有参与者的收益分配与风险分担实现最佳配置时，合作项目实现效用（收益）最大化。下面将利用模拟数据算例来验证 PPP 项目效用（收益）最大化时的风险与收益配置条件。

三、模拟算例验证模型结论分析

假设某大型 PPP 项目由政府、社会资本方与其他利益相关者共同合作完成。项目的发起、准备、采购、建设、运营和移交均按照政策规定执行。重要程度由专家根据参与人各自承担责任评估确定 m_i，根据 PPP 合同确定风险分担比例 r_i，根据出资比例确定投资占比 t_i，根据参与者最终收益分配比例与谈判破裂点时收益分配比例的差值计算确定参与者满意度 s_i，根据各成员的合同执行度、价值贡献度来衡量参与人绩效 p_i。

模拟算例验证计算最佳收益分配比例和风险分担比例，通过比较收益分配比例边际收益（效用）大于（或小于）均衡水平时的效用水平差别，最终验证满足均衡条件时的合作收益（效用）水平最大，从而验证上述的均衡条件是正确的。

假设项目的总收益（包括经济收益与社会收益）为 $y=20000$，政府、社会资本方和其他利益相关者的投资占比为 $(0.2，0.8，0)$，其谈判破裂点时的收益分配比例为 $\overline{x_i}=(0.15,0.4,0.15)$，最理想的收益分配比例为 $x_i^+=(0.4,0.6,0.2)$，实际的收益分配比例 x_i，由公式 $x_i=x_i^-+\varphi_i(1-\sum_{i=1}^{3}x_i^-)$ 计算而得，收益分配因子根据公式 $\varphi_i=\dfrac{m_i+r_i+t_i+s_i+p_i}{\sum_{i=1}^{3}(m_i+r_i+t_i+s_i+p_i)}$ 计算而得，其中参与者的重要程度、风险分担比例、投资占比、参与人的满意度和绩效计算参考段世霞、李腾（2019）的方法如表6-3所示。

表6-3　收益分配因子计算各要素的计算公式与数据获取方法

影响因素	计算公式	数据获取方法
重要程度 m_i	$m_i=\sum a_k\chi_k^i$，$k=1,2,3\cdots n$，$i=1,2,3$。a_k 表示第 k 位专家的权重，χ_k^i 表示第 k 位专家对 i 位参与人的重要性	专家打分法，由 n 个不同权重的专家根据参与人在项目中的责任大小对重要程度打分取得数据
风险分担比例	$r_i=e_{ij}\omega_j$，e_{ij} 为第 i 位参与人第 j 类风险的分担系数，ω_j 为 j 类风险权重	专家评估法
投资占比 t_i	$t_i=\dfrac{I_i}{I}$，I_i 为第 i 个参与人的投资额，I 为总投资额	根据项目合同约定投资额确定
参与人满意度 s_i	$s_i=\dfrac{x_i-x_i^-}{x_i^+-x_i^-}$，$x_i$，$x_i^+$，$x_i^-$ 分别为 i 位参与人的初始收益分配比例、最理想的收益分配比例和最不理想（谈判破裂点）收益分配比例	通过收益分配方案比对与初始分配比例计算确定
参与人绩效	$p_i=\dfrac{p_i'}{\sum_{i=1}^{3}p_i'}$，$p_i'$ 为专家对参与人 i 的绩效综合评价值，p_i 为最终绩效归一化处理值	有项目专家对参与人的绩效评价指标打分，根据层次分析法与模糊综合评价确定

共有9位专家对参与人的重要程度进行评估，其中政府专家3位，权重为（0.3，0.4，0.3），社会资本方3位专家，其权重为（0.3，0.5，0.2），其他利益相关者专家3位权重为（0.2，0.5，0.3），9位专家对参与人重要程度的评价矩阵如下：

$$\chi = \begin{bmatrix} 0.4 & 0.5 & 0.1 \\ 0.3 & 0.5 & 0.2 \\ 0.3 & 0.6 & 0.1 \\ 0.3 & 0.5 & 0.2 \\ 0.3 & 0.65 & 0.15 \\ 0.6 & 0.3 & 0.1 \\ 0.3 & 0.55 & 0.15 \\ 0.2 & 0.7 & 0.1 \\ 0.3 & 0.5 & 0.2 \end{bmatrix}$$

经过专家评估风险情况如下：前期风险水平（$r_q = 0.3$），风险分配系数为 $\phi_{iq} = (0.8, 0.2, 0)$，中期风险水平（$r_z = 0.7$），风险分配系数为 $\phi_{iz} = (0.2, 0.7, 0.1)$，后期风险水平不在项目运行期内分担，由政府部门单独承担。根据专家对参与人的绩效评估得到的综合绩效评估结果为 $p'_i = (0.2687, 0.6853, 0.1352)$。

利益分配与风险分担等计算情况见表 6-4。

表 6-4　　　　PPP 项目收益与风险分配计算情况

指标	计算公式	政府	社会资本方	其他利益相关者
x_i^-	据以往经验各自制定分配比后遴选出最差分配比例	0.20	0.45	0.10
x_i^+	据以往经验各自制定分配比后遴选出最佳分配比例	0.4	0.6	0.2
m_i	$m_i = \sum a_k \chi_k^i$	0.3133	0.5583	0.145
r_i	$r_i = e_{ij} \omega_j$	0.38	0.55	0.07
t_i	$t_i = \dfrac{I_i}{I}$	0.2	0.8	0.00
s_i	$s_i = \dfrac{x_i - x_i^-}{x_i^+ - x_i^-}$ 并归一化出理	0.352	0.325	0.323
p_i	$p_i = \dfrac{p'_i}{\sum_{i=1}^{3} p'_i}$	0.2467	0.6292	0.1241

续表

指标	计算公式		政府	社会资本方	其他利益相关者
初始分配因子 φ_i	$\varphi_i^1 = m_i$		0.3133	0.5583	0.145
	$\varphi_i^2 = r_i$		0.38	0.55	0.07
	$\varphi_i^3 = \dfrac{m_i + r_i}{\sum_{i=1}^{3}(m_i + r_i)}$		0.3437	0.5497	0.1066
再次分配因子 φ_i	$\varphi_i^4 = \dfrac{m_i + r_i + t_i + s_i + p_i}{\sum_{i=1}^{3}(m_i + r_i + t_i + s_i + p_i)}$		0.2974	0.5706	0.1320
初次分配比例 x_i	$x_i^1 = x_i^- + \varphi_i^1(1 - \sum_{i=1}^{3} x_i^-)$		0.278	0.5896	0.136
	$x_i^2 = x_i^- + \varphi_i^2(1 - \sum_{i=1}^{3} x_i^-)$		0.295	0.5875	0.1175
	$x_i^3 = x_i^- + \varphi_i^3(1 - \sum_{i=1}^{3} x_i^-)$		0.286	0.5874	0.1266
再次分配比例 x_i	$x_i^4 = x_i^- + \varphi_i^4(1 - \sum_{i=1}^{3} x_i^-)$		0.2744	0.5927	0.1330
$y = 20000$ 初次分配	$x_i = x_i^1$		5560	11792	2720
	$x_i = x_i^2$		5900	11750	2350
	$x_i = x_i^3$		5720	11748	2532
$y = 20000$ 再次分配	$x_i = x_i^4$		5487	11853	2660
$y = 20000$ 最差分配比例	$x_i = x_i^-$		5333	12000	2666
$y = 20000$ 经验最佳分配（非均衡最优）	$x_i = x_i^+$		6666	10000	3333

资料来源：根据相关数据计算而得。

从模型的模拟算例中可看出，收益的分配相对稳定，考虑的影响因素越多，收益分配越公平合理，承担风险越高，重要程度越高、投资占比越高的参与人获得收益越高，而且这些参与人的绩效也更高。从中也可以看出，完善的收益与风险分配，能够促进 PPP 项目的成功合作，提高项目的运行效率，有利于实现高质量公共服务供给。同时对比在最差收益分配比例时，单位收益分配比例的边际收益大于均衡时的边际收益（因为最差分配比例时，政府、社会资本方与其他利益相关者的总分配比例小于1），相反在经验最佳分配比例时，收益分配比例的边际收益小于均衡的边际收益，从表6-4中数据来看，两者的分配状况比均衡时的再次分配与初次分配要差，再次分配的状况为最佳。这也证明了前面结论的正确性。

为了进一步验证本章理论结论：(1) 合作各方的收益分配比例的边际收益（用 MR_{xi} 表示）等于合作各方分配比例的边际收益〔即合作各方收益分配比例变化对合作总效用（收益）的影响程度，MTR_{xi}〕加上总分配比例变化（由于各方收益分配比例变化引起）对合作总效用（收益）的影响程度（称之为合作收益分配比例边际收益 MRT_x），$x = \sum_{i=1}^{3} x_i$。沿用上面的模拟算例，比较结果见表6-5。

表6-5 模拟计算验证收益分配理论分析结果情况

合作者	收益分配比例	MR_{xi}	MTR_{xi}	MRT_x	MR_{xi} 与 MTR_{xi} MRT_x 关系
政府	$x_1^- = 0.2$	266.65	198.19	71.81	$MR_{xi} < MTR_{xi} + MRT_x$
	$x_1^+ = 0.4$	166.65	112.05	55.86	$MR_{xi} > MTR_{xi} + MRT_x$
	$x_1 = 0.2744$	200	147.6	53.74	$MR_{xi} \approx MTR_{xi} + MRT_x$
社会资本方	$x_2^- = 0.45$	266.65	110.11	160.85	$MR_{xi} > MTR_{xi} + MRT_x$
	$x_2^+ = 0.6$	166.65	85.03	83.68	$MR_{xi} < MTR_{xi} + MRT_x$
	$x_2 = 0.5927$	200	81.37	119.92	$MR_{xi} \approx MTR_{xi} + MRT_x$
其他利益相关者	$x_3^- = 0.1$	266.65	234.24	89.92	$MR_{xi} < MTR_{xi} + MRT_x$
	$x_3^+ = 0.2$	166.65	140.05	27.7	$MR_{xi} > MTR_{xi} + MRT_x$
	$x_3 = 0.1330$	200	175.08	25.91	$MR_{xi} \approx MTR_{xi} + MRT_x$

注：假设合作项目总收益 = 20000。

(2) 政府、社会资本方与利益相关者的风险分配比例边际效用（收益）（用 MR_{ri} 表示）等于各自收益分配比例变动对合作项目收益的影响程度（用 MTR_{xi} 表示）与1减去谈判破裂点时所有参与人的收益分配比例总和的差值乘积的五分之一〔用 $\Delta x_i^- = (1 - \sum_{i=1}^{3} x_i^-)/5$ 表示〕时，风险分担为最佳，见表6-6。

表 6-6　　　　模拟计算验证风险分配理论分析结论情况

合作者	收益分配比例	风险分配比例	MR_{ri}	Δx_i^-	MTR_{xi}	MR_{ri}与$MTR_{xi}*\Delta x_i^-$关系
政府	0.2744	$r_1=0.37$	7	0.05	147.6	$MR_{r1}\approx MTR_{x1}*\Delta x_1^-$
		$r_2=0.38$				
社会资本方	0.5927	$r_1=0.55$	4.26	0.05	81.37	$MR_{r2}\approx MTR_{x2}*\Delta x_2^-$
		$r_2=0.56$				
其他利益相关者	0.1330	$r_1=0.06$	8.71	0.05	175.08	$MR_{r2}\approx MTR_{x2}*\Delta x_2^-$
		$r_2=0.07$				

从表 6-5 可看出，$MR_{xi}=MTR_{xi}+MRT_x$ 的结论在模拟算例中按照再次分配系数分配的情况下与最佳收益分配比例条件近似吻合，这说明按照博弈纳什均衡得到的分配系数 $x_i=x_i^-+\varphi_i(1-\sum_{i=1}^{3}x_i^-)$ 满足前面数理分析的均衡条件。由表 6-4 可知再次分配的状况好于按各自经验最差与最优的分配状况，也进一步证实均衡条件在实际模拟中也是最优的。

从表 6-6 中数据可知，假定其他条件不变，风险分配比例变动 1%，政府、社会资本方和其他利益相关者的风险分担比例的边际效用近似等于各自收益分配比例变动对合作项目收益的影响程度（用 MTR_{xi} 表示）与 1 减去谈判破裂点时所有参与人的收益分配比例总和的差值乘积的五分之一 $[\Delta x_i^-=(1-\sum_{i=1}^{3}x_i^-)/5]$。证明风险分配比例配置最佳条件正确。

综上所述，PPP 项目在收益与风险配置时：（1）调整分配时，需要考虑各方收益分配比例变动对项目总收益的影响程度和收益分配总比例变化对项目收益的影响。（2）风险分担与计算的收益分配因子方法有关，当计算收益分配因子包含的因素越多，收益分配与风险配置效果越好。各方收益分配的最佳条件一致，风险配置条件存在差异。

第四节　PPP 模式建设民生基础设施收益与风险优化配置建议

一、科学评价风险，建立风险预警标准体系

我国运用 PPP 模式建设民生基础设施实践中，根据政策文件规定来划

分风险，确定归属。在 PPP 合同中，按照 PPP 风险的大类确定风险承担者，如"项目设计、建造、财务和运营维护等商业风险由社会资本承担，法律、政策和最低需求等风险由政府承担，不可抗力等风险由政府和社会资本合理共担。"在此基础上，对风险进一步按风险具体类型和风险发生阶段来确定风险分担方。但是按阶段划分的风险与按层次分类的风险存在交叉，同时按两种不同方法划定风险归属会出现两者风险分担不一致的情形。如融资阶段风险由社会资本承担，但是政策风险由政府承担，但是融资阶段的政策风险是理应由政府承担，但实际上承担此风险的是社会资本方。所以，PPP 项目中风险分担要对风险类别、发生的概率、引起的损失做出科学的评价，合理分担风险，同时提供一套标准的风险预警指标体系。风险达到哪种程度时需要开始预警，提醒风险承担者防控风险，做到能及时发现、化解和管控风险，降低风险损失。做好科学评价风险，建立风险预警指标体系。首先，从国家层面应设计与制定科学风险预警指标体系，为 PPP 项目风险管理提供参考标准。其次，成立由律师、技术专家、工程监理、运营维护管理者和风险管理专业人士组成的 PPP 项目风险管控组织，专门负责风险管理，定期监测风险，报送风险信息。最后要从科学角度出发，评价风险，合理分担风险，实事求是披露风险信息，夯实风险责任制。

二、增强管理者的风险意识，提升风险管控能力

PPP 项目管理者普遍存在风险意识不强，对风险认识不足，风险管理能力较弱。因此，做好 PPP 项目风险管理，需要增强管理者的风险意识，接受风险管理培训，提高对 PPP 项目风险的认知程度，掌握风险管理工具，提升风险管理能力。首先，要配备具有风险管理知识的管理者，不管是政府，还是社会资本方，均需配备熟悉风险管理的专业人士进入管理队伍，专门负责风险管理；其次，定期开展 PPP 项目风险管理知识培训与经验交流，熟悉使用风险管控的工具，提高识别风险、评价风险与防控风险能力；最后，建立风险团队管理制度，防止领导单独风险决策失误，组建由 PPP 项目的各类专业人才组成的风险管理团队，提升项目风险管控能力。

三、科学设定风险分担比例，实施风险动态管理

现行 PPP 项目风险分担是按照类别划定风险归属责任者。对于单独由某一责任者承担的风险，这种分担方式能够明确风险责任，而对于由双方或者多方共同承担的风险，仅仅规定共同分担，显然还远远不够，需要进一步确定风险分担比例。共同分担风险的分配比例确定要建立在科学评价基础上，根据本章分析，最佳分担比例，是各方均实现项目效用（收益）最大化时的分担比例，在实践中，很难采用理想标准，但是可以将其作为参照标准，在风险分担时，尽量接近达到这一要求。PPP 项目风险是不断变化的，因此分担风险时，不能也无需用某一确定比例来分担风险，为此，需要建立 PPP 项目全生命周期的风险动态管理机制，对风险实施动态管理，动态调整风险分担比例。要实现风险动态管理，需要借助 PPP 智能化平台，运用先进智能化网络检测风险变化，及时评估风险，反馈风险信息，实施及时有效的风险防控决策，防范与化解风险，降低风险损失。

四、建立收益分配与风险分担动态对称机制，科学分配收益与风险

我国 PPP 项目实践中，根据 PPP 项目回报机制规定，实现明确回报机制。采取这种方法的原因是可以锁定政府的债务风险，明确社会资本方的合理收益，防止事后提供公共产品与服务时，政府与社会资本方讨价还价，多次博弈。这有利于降低 PPP 项目的谈判成本，有利于政府定价。但是，这种事前锁定收益与风险也存在弊端，一是社会资本方的积极性下降，执行中满足于最低标准，缺乏提升效率的动力，二是在 PPP 实践中这种实现锁定收益分配与风险分担的策略很难完全执行。因此，为了提高效率，提供高质量的公共服务，必须建立动态的收益分配与风险分担对称机制，此机制旨在风险分担发生变化时，收益分配也及时相应调整，真正做到承担多大风险，就分配多少收益。这套机制的建立依赖于 PPP 智能化平台，运用平台收集信息，通过智能化分析，及时作出调整，及时反馈信息给各个合作方，做到科学分配收益与风险。分配收益与风险时，以科学为

依据，减少人为主观干预，真正实现科学、客观、公正分配收益与风险。

五、本章小结

本章重点研究了 PPP 项目合作收益分配与风险分担及其配置的优化问题。首先阐述了 PPP 项目的收益与风险配置理论。其次对 PPP 项目的风险及收益配置现状进行分析。再次揭示了我国 PPP 项目的收益与风险配置存在的问题，然后以效用理论与动态博弈理论为基础，使用数理经济模型，分析了风险与收益最佳分配的条件，并通过实例模拟计算验证收益与风险配置优化条件。最后提出收益与风险优化配置建议。

研究提出按照公平、公正、对称、动态优化和共同承担原则，分合作前期、中期与后期三个阶段分担风险。在前期，项目风险由项目发起人承担，项目采购成功后，通过谈判，部分风险转移给政府与社会资本组建的项目公司承担。如果采购失败，则由项目发起人承担全部前期风险损失。中期风险通过谈判与再谈判，合作参与人之间的相互博弈，实现风险的优化配置。后期阶段的风险由政府接收，继续运营部门承担项目的运营与维护风险。

PPP 项目收益应根据公平与效率并重，互利共赢，收益与风险、投入与收益对称原则按合作不同阶段分配。在合作的前期阶段，专业咨询机构为政府提供专业性服务，获得服务性收费，参与项目的前期收益分配，土地所有者（使用者）从政府获得征用土地收益，参与项目收益分配。在项目中期，由项目公司进行设计、融资、建设、运营与维护，与相关部门或服务机构签署合同，接受服务，支付费用。相关部门与服务机构获得收益，参与项目收益分配。如银行等金融机构通过融资合同、保险合同，获得利息和保费收入；工程建筑承包商通过工程建筑合同，开展项目工程建设，获得建设利润；材料供应商通过材料供应合同，获得材料销售利润；项目公司通过运营项目向消费者提供公共服务，获得相应运营利润；维护服务机构通过提供维护服务，获得服务收益。在后期阶段，项目特许经营期满后，项目运营公司将项目资产完全移交给政府指定机构，由政府部门继续运营，后期收益由政府与消费者共同分配。

本章从经济学视角，将合作者分为政府、社会资本方和其他利益相关者三大主体，运用动态博弈模型，对他们之间的收益分配和风险分担进行优化分析。分析结论为:(1) 当政府、社会资本方和其他利益相关者的收益分配比例边际效用(收益)等于各自收益分配比例变动对项目总收益的影响程度加上收益分配总比例变动对项目总收益的影响程度时,收益分配比例为最佳,实现合作项目效用(收益)最大化。(2) 政府、社会资本方和其他利益相关者收益最大化时的风险分担最佳条件与影响收益分配因子的指标因素密切相关。当计算收益分配因子不考虑风险因素时,风险分担比例的边际效用(收益)等于零,即增加一单位风险导致的收益减少为零时,风险分担比例为最佳;如果计算收益分配因子考虑包含风险因素的2个因素时,风险分配比例的边际效用(收益)等于各自收益分配比例变动对项目总收益的影响程度与1减去谈判破裂点时所有参与人的收益分配比例总和的差值乘积的一半时,风险分担为最佳;如果计算收益分配因子考虑包含风险因素的5个因素时,政府、社会资本方与利益相关者的风险分配比例边际效用(收益)等于各自收益分配比例变动对项目收益的影响程度与1减去谈判破裂点时所有参与人的收益分配比例总和的差值乘积的五分之一时,风险分担为最佳。(3) 当同时满足风险分担与收益分配的最佳条件时,项目实现效用(收益)最大化,同时也实现了收益与风险的最佳配置。(4) 计算收益分配因子的指标因素的重要程度不影响合作收益配置的均衡条件,而影响风险配置的均衡条件。从模型分析可知,每一个参与人收益分配的边际效用(收益)分为两部分:一是参与人单位收益分配比例变动对合作效用(收益)带来的影响;二是参与人收益分配比例变动影响收益分配总比例变动进而对合作效用(收益)的影响。当两种影响之和等于收益分配比例的边际效用(收益)时,收益分配比例为最佳。实例模拟验证了以上结论。从风险配置分析可知,PPP项目收益与风险配置时,要考虑:(1) 各方收益分配比例变动对项目总收益的影响程度和收益分配总比例变化对项目收益的影响。(2) 风险分担与计算的收益分配因子方法是否有关,如果计算收益分配因子不含风险因素,收益分配与风险配置最佳条件不一致。如果计算收益分配因子包含风险因素,考虑的影响因素越周全,收益分配与风险配置效果越好。为了做好PPP项目风险分担与收益分配,应科学评价风险,建立风险预警标准体系;增强管理者的风险意识,提升风险管控能力;科学设定风险分担比例,实施风险动态管理;建立收益分配与风险分担动态对称配置机制,科学分配收益与风险。

第七章 PPP模式建设民生基础设施的运行监管分析

本书第五章和第六章分析了政府、社会资本方与其他利益相关者的责、权、利及风险的优化配置问题。基于经济学视角，从理论上分析了实现PPP模式建设民生基础设施项目效用（收益）最大化的责权利与风险配置条件。在实践中，最优配置条件仅能作为PPP项目实践运作的理想参考标准，并非实践实现条件。要使实践尽可能地实现PPP项目效用（收益）最大化，必须在风险有效管控的基础上正确使用权利，切实履行责任，优化利益分配。使用PPP模式高效率地建设民生基础设施，不仅要依靠市场的有效调节，而且还需要政府的有效监管。本章将分析PPP模式建设民生基础设施运行的有效监管问题。主要内容为建设民生基础设施的PPP项目运行监管现状与存在的问题、监管原则与手段、监管体系构建以及监管策略的模型分析，最后提出可行的监管建议。

第一节 PPP模式建设民生基础设施运行监管的相关理论

一、PPP模式建设民生基础设施运行监管的含义、理论与方法

（一）PPP模式建设民生基础设施运行监管含义

监管是指政府、社会机构或者公众，依据公共政策与法律规章制度，通过法律、规章与行政命令的实施对市场主体的决策与行为进行监督与控制（周林军，2003）[①]。PPP模式建设民生基础设施运行监管是指政府、社会机构、企业或者公众依据政策、法律与规章，对PPP模式建设民生基础设施的运行所涉及的相关主体决策与行为的合规性、履约与风险进行的全过程监督与控制。既包括对PPP项目公司融资、建设、运营维护与移交全过程的监督控制，也包括对政府与利益相关者的决策与行为的监督控制。

（二）PPP模式建设民生基础设施运行监管理论

PPP模式建设民生基础设施运行监管涉及的理论很多，在这里主要介绍委托代理理论与公司治理理论，在前面的理论部分有阐述的，在这里仅作PPP模式运行监管的理论分析与方法使用说明。

1. 委托代理理论

由于信息不对称和存在不确定性，政府委托社会资本建设民生基础设施时，社会资本方与政府的行动目标不一致，容易出现委托代理问题。社会资本方控制的项目公司利用信息不对称，做出不利于政府利益的决策行动，会给政府带来损失。有效减轻委托代理问题的办法首先是建立完善的监管机制，对代理人的行为实施监管，为了防止委托人与代理人合谋，提出了由第三方机构对政府与社会资本方的决策与行为进行监管。其次，是通过建立完全的激励机制，激励社会资本方减少损害政府与公众的行为。激励机制的建立需通过PPP项目公司完善治理体系来实现。

2. 公司治理理论

公司治理理论包括以股东所有权理论为基础的单边治理理论和利益相关者理论为基础的多边治理理论。无论是哪一种治理理论，治理目标都是为了解决股东通过何种制度设计使经营者在自己的利益范围内从事经营活动，其实质是所有权对经营权的约束与监督问题。PPP项目公司是为了完成PPP项目建设、运营而设立的公司，是政府与社会资本合作的桥梁，随着项目合作的完成，公司也随之解散。项目公司的治理好坏直接关系到

[①] 周林军：《美国公用事业管制法律制度改革及对我国的启迪》，西南政法大学学位论文2003年。

PPP项目的实施质量，与一般商业私人公司相同，PPP项目公司建有完整的内部控制制度和治理体系。PPP项目公司由政府与社会资本出资组建，有时融资机构为了防范债务风险，也提议成为项目公司股东参与公司决策，因此，PPP项目公司一般由政府、社会资本方与金融机构股东组成，直接负责项目投资、建设与运营管理。政府作为公司股东，可以参与公司章程与内部控制制度制定与修改，及时获悉财务信息，监控财务风险，参与公司重大事项决策，对损害公共利益的决策行使否决权，检查公司建设质量与安全，对项目安全进行监管。

（三）PPP项目运行监管的分析方法

学者们分别提出了动态博弈模型、信誉模型、代理人竞争、激励机制设计等办法来分析如何建立有效的监督与激励机制以减少委托代理问题带来的影响。虽然学者们提出了这些有效的办法，但是仍然存在一定的局限性。委托代理理论是建立在完全信息基础上，如果引入信息不对称问题，原有委托代理理论很难得到最优解，还有一些委托代理关系，如双向委托代理关系、双赢目标下的委托代理、多重委托代理与多任务多重委托代理关系的处理都有待进一步寻求最优的解决方案。本章计划借鉴生态"动态复制"思想，使用不完全信息下动态演化博弈模型分析PPP项目公司的监管策略选择。分析方法将在本章第三节做详细阐述。

二、PPP模式建设民生基础设施运行监管模式

按照国外发达国家PPP运行监管的实践模式分类，PPP建设民生基础设施的运行监管主要有三种监管模式，分别是垂直监管模式、地方自主监管模式与平行混合监管模式（裴俊巍、曾志敏，2017）[①]。

（一）垂直监管模式

垂直监管模式以英国和韩国PPP运行监管实践为代表。此模式是由中

---

① 裴俊巍、曾志敏："地方自主与中央主导：国外PPP监管模式研究"，《中国行政管理》，2017年第3期。

央政府财政部门统一制定政策,在财政部门内部设立专门的 PPP 监管机构统一负责审批和监管,同时再单独设立技术专业部门 PPP 中心,为政府提供技术服务。这种监管模式有利于集中统一监管(纪元芳,2018)[①]。

(二)地方自主监管模式

地方自主监管模式以美国、澳大利亚为代表,PPP 项目监管由地方政府独立自主设立的 PPP 中心负责,中央政府也设有 PPP 中心,但是其职能由相关部门代为行使。PPP 项目的审批与监管完全由地方政府设立的 PPP 中心负责,中央政府的 PPP 监管职能较弱。这种监管模式适合于联邦制国家。如澳大利亚就设有三个州 PPP 中心,其他三个州的 PPP 监管职能在相应部门内,中央政府设有基础设施局,仅给政府提供咨询与政策建议,没有 PPP 项目的决策审批权(纪元芳,2018)。

(三)平行混合监管模式

这种监管模式实践的代表为德国。中央政府设立专门的 PPP 中心,在一定权限内管理与监督 PPP 项目。地方政府根据实际情况设立 PPP 中心机构,有选择地执行中央政府的政策,在一定权限内负责 PPP 项目监督管理。此种模式具体如何执行因各国具体的政府分权制度不同而有所差别。如德国由财政部和 PPP 中心共同监管,PPP 中心提供立法与政策建议,财政部负责制定 PPP 项目政策、规划和协调各州之间关系,各州又成立相应的 PPP 中心,负责监管(纪元芳,2018)。

三、PPP 模式建设民生基础设施运行监管机制

(一)监管主体

监管主体是指某一行为的监督者与管理者。PPP 模式运行活动的监管主体是指政府成立的专门监督与管理 PPP 项目运行的机构、单位或个人,主要包括政府监管机构、社会监督机构和公众。我国 PPP 项目的政府监管

[①] 纪元芳:《我国 PPP 项目中政府监管的法律问题研究》,华北理工大学学位论文 2018 年。

主体主要由各级财政部门及其PPP中心,发改委的PPP专职部门和行业主管部门组成。社会监督机构主要由律师事务所、会计师事务所等第三方机构组成,行使法务与财务事项的监督与审计,公众监督由新闻媒体与社会自治组织组成。各级监管主体依据国家PPP相关法律法规与政策规章,依法对PPP项目运行活动开展独立监督,保障PPP项目运行合法、合规,合作各方严格履约,防控风险。

(二) 监管内容

PPP项目运行监管内容有不同的分类,王守清(2014)将PPP项目运行监管分为准入监管与绩效监管两大类。准入监管包括两方面:(1)社会资本方遴选是否符合要项目要求,采购程序、方式与谈判的合规合法性。(2)项目前期准备阶段的"二评一案"执行的监督。绩效监管重点考察项目资金使用的合理性与效率,主要包括项目质量内部管理、项目内部质量审查和用户反馈。本研究将监管内容按照监管目标分为合规性监管、履约性监管与风险监管三部分。合规性监管主要包括PPP项目发起、采购、融资、建设、运营与维护以及移交各环节活动的合规性监管;履约性监管是指PPP项目合同的履约执行情况监管;风险监管包括发起风险、采购风险,融资风险、建设风险、运营维护风险和移交后风险监管。

(三) 监管对象

PPP项目监管对象是指与项目运作相关的一切活动。具体包括项目前期的项目发起、规划、评价、审批、采购以及土地征用工作,项目执行期的项目设计、融资、建设与运营维护工作,项目移交后的运营维护工作。

第二节 PPP模式建设民生基础设施运行监管的现状与问题

运用PPP模式建设民生基础设施的运行监管是全生命周期监管,可分为前期的项目准入监管,中期的运行绩效监管(王守清、刘婷,2014)、安全监管以及后期政府接管后的运营监管。在此,我们重点分析准入与运行绩效监管现状与问题。准入监管是在项目准备期对项目立项与特许经营社会资本方遴选的监管，其旨在剔除不符合物有所值要求的项目和遴选特许经营的社会资本方（张紫薇，2018）。绩效监管是指PPP项目建设运营期间对项目融资、建设质量、提供服务的价格与水平以及项目运营财务等方面的监管，其目的在于提高效率，提供高质量的公共产品与服务（王守清、刘婷，2014）。

一、我国PPP项目监管现状

自2013年我国大力推广应用PPP模式建设民生基础设施以来，中央与地方政府逐步制定、完善相关监管政策，成立监管组织、明确监管职能，已经初步建立PPP项目运行监管体系。

（一）PPP监管政策法规日渐完善

自2013年以来，我国各级政府陆续制定颁发PPP模式指导意见、操作指南、管理规范和具体行业合作规则等政策规章，完善监管制度法规，逐步形成较为完整的监管政策法规体系。如2014年9月财政部下发的《关于推广运用政府和社会资本合作模式有关问题的通知》，要求各级财政与行业主管部门对项目的立项、政府采购环节和服务质量与价格进行监督管理。2014年11月财政部印发《政府和社会资本合作模式操作指南（试行）》，界定项目筛选、实施方案的评价，社会资本方选择等准入监管职能部门，设计项目监管构架，确定项目融资监管责任部门，提出项目执行过程中政府相关部门履行对公共产品服务质量、价格和收费机制、安全生产、环境保护和劳动者权益的行政监管规范要求，明确政府相关部门要及时公开披露项目信息，接受公众监督。2014年国家发展改革委发布《关于开展政府和社会资本合作的指导意见》明确政府职能由公共产品与服务的提供者转变为合作者与监管者，集中力量做好政策、规划制订和市场监管与指导。2015年国务院办公厅转发财政部、发展改革委、人民银行联合颁发的《关于在公共服务领域推广政府和社会资本合作模式的指导意见》中提出，要建立一个多层次的监督管理体系，加强政府行业主管部门对公共服务质量与价格的监管，建立政府、公众共同参与的项目绩效全生命周期监督管理机制，实行公开透明、阳光操作，依法充分披露政府与社会资本合作信息，保障公众知情权，对合作各方形成有效监督。2018年12月国务院通过的《政府投资条例》提出了政府投资项目应由投资主管部门和负有监管责任的其他部门依法通过在线监测和现场核查等方式，加强对项目审批和实施情况进行监督检查。2019年3月，财政部进一步发布《关于推进政府和社会资本合作规范发展的实施意见》提出了严格监管的要求，坚持必要、可承受，防止加重政府支出压力和隐性债务，健全财政支出责任监测和风险预警机制，严格管控建设与运营成本，严防虚假出资，虚假信息披露，保障公众知情权和监督权。从政策法规来看，各级政府部门三番五次出台文件要求加强政府对PPP项目运行的监管，但是目前来看仍然政策零散，缺乏统领性监管政策与法规。

（二）PPP专职监管机构已经建立

2014年财政部成立政府与社会资本合作中心（PPP中心），负责PPP项目的具体运作、监督、管理。各级政府的财政部门和发展改革委都设有专门负责PPP项目审核、指导和监督管理的职能部门，各行业主管部门也相应的成立开展本行业PPP项目的准入、绩效监督管理机构。目前已经初步形成由中央、省（直辖市）自治区、市、县以政府与社会资本合作中心为核心，各级政府财政、发改委和行业主管部门为主体，第三方机构为辅的PPP项目监管体系，负责PPP项目人员培训、政策咨询与研究，对接项目实施监管。这一体系不仅促进了PPP项目的发展，同时也加强了对项目具体实施的监督管理，有利于项目的顺利完成和政府与社会资本的成功合作。

（三）综合信息平台搭建完成，开始实施信息化监管

财政部的PPP中心根据国家关于PPP的指导意见等政策要求，建立了服务政府主管机构、社会资本方、项目公司、专家、金融机构和咨询机构的全国性PPP项目综合信息平台、项目库、专家库和咨询机构库，为PPP项目的申报、评价、融资、咨询、建设与维护提供准确信息，满足公开披露项目信息，接受公众监督需要。国家发展改革委根据《政府投资条例》《国家发展改革委关于依法依规加强PPP项目投资和建设管理的通知》，规

范有序推广与发展PPP项目，利用大数据监测，建立全国性与地方PPP项目信息监测服务平台，实现监督职能部门信息共享，信息实时更新，在线审批监测。截至2019年年底，我国已建立各级财政部门的PPP中心和中央、省（直辖市）自治区、市、县四级PPP项目综合信息平台，以及由国家发改委建立的PPP项目信息监测服务平台。初步建立满足各监管职能部门、广大公众对PPP项目准入和绩效信息化监管要求的信息服务平台，能够实施信息化监管。

二、我国PPP项目运行监管存在问题

从现有研究来看，我国PPP项目监管贯穿项目立项、采购、设计、融资、建设、运营与维护，直至最后移交的各个阶段。涉及政策法律、组织机构和监管方式与方法等多个方面。温莎娜（2018）对近年来关于政府投资与PPP项目监管问题研究的文献进行了归类整理，我们在其基础上进一步整理文献，将PPP项目运行监管问题研究情况汇总如表7-1所示。

（一）监管政策：缺乏具体行业PPP建设项目监管政策指导，落实不到位

表7-1显示，现有的PPP政策，大多为总体指导性政策。虽然也制定了一些行业的PPP政策，但是大多仍为地方性政策。如河北的雨污分流与市政老旧管网改造PPP政策，湖南发布的污水处理PPP项目操作指引，云南的污水处理提质增效的三年实施方案，上海的智慧城市建设等。虽然在某一具体民生基础设施建设有PPP监管政策指导，但是大部分民生基础设施建设PPP项目运行仍然缺乏具体政策指导。从全国角度来看，各行业民生基础设施PPP建设项目运行监管的指导政策较缺乏。这导致在具体操作中，一些行业民生基础设施PPP项目运行监管只能沿用笼统的、针对性不强的监管规则，进而导致具体监管容易出现个人主观行为。自2014年以来，从各行业PPP监管政策落实来看，大多重视前期的审批、招投标、政府购买等监管，对中期项目执行时的绩效监控，除了PPP合同约定外，在实际中大多监管政策落实不到位，比如执行中建设设计、工程施工、运营维护的财务监控，政府很难做到精确监管，存在由项目公司自行控制的现象。

表 7–1 PPP 项目监管问题研究情况

文献 问题			安领弟 2006年	刘毓 2010年	王延华 2013年	马丰华 2014年	耿朝晖 2016年	胡洋 2017年	韩莹 2019年	孟亚莉 2016年	温莎那 2018年	吴淑芹 2018年	丁肇明 2019年
运行操作方面监管	准备阶段	论证科学性				√						√	
	采备阶段	虚假申报								√	√		
		工作不到位		√	√								
	采购阶段	招投标不规范			√	√						√	
		签订合约不规范			√	√							
	执行阶段	规划监督不到位			√					√			
		财务监督不到位			√	√	√			√	√		
		竣工监督不到位									√	√	√
监管组织	政府组织	多头监管	√	√		√		√					
		缺乏制衡机制		√	√				√				
		自我约束缺乏		√					√				
	非政府组织	专业化中介机构缺乏		√								√	
		中介机构人员素质低								√		√	
		中介机构缺乏监管						√				√	
监管政策		缺乏具体PPP民生项目政策指导		√				√	√		√		√
		监管政策落实不到位		√	√				√			√	√
监管法律		不健全		√	√							√	√
		缺失	√		√		√	√					√

注：此表在温莎那文献综合基础上进一步补充整理而得。

（二）绩效监管：重经济绩效，轻公共效益，绩效监管存在盲区

2020年3月财政部颁布了《政府和社会资本合作（PPP）项目绩效管理操作指引》，分别规定了对项目公司与项目实施机构的绩效评价、监控与管理，并提供了参考性的建设期与运营期的绩效评价指标，该政策实施效果还有待观察。在此之前，缺乏统一规范的绩效评价指标体系，缺乏绩效监管实施的政策标准。从新颁布的PPP项目绩效管理指引来看，绩效评价由项目实施机构进行，每年再由财政部门针对重大项目开展再评价。绩效评价的主要工作由项目实施机构和项目公司完成，定期公开信息，接受公众监督。从政策的操作来看，绩效评价由创造绩效的单位本身根据PPP合同约定的经济绩效指标进行，也就是由自己评价自己。经济绩效指标规定具体明确，公共利益绩效指标相对宽松，如政府付费项目就明确了每年必须支付给项目公司的费用数额，而建设后提供的公共服务质量与数量，虽然也有要求，但是很多是难以量化的指标，比如生态环境改善指标的大气质量和污水处理的质量要求，虽然有可计量的指标，但是在合约中往往被约定为一个范围，留有较大空间。总体来看，绩效监管更重视经济指标的要求，对公共利益尤其是社会效益的监管带有一定随意性，没有做到切实严格监控。绩效监管依赖于项目合同约定，在合同中没有明确约定的要求，在监管中处于盲区。如在PPP项目中，准备阶段的实施方案确定指标不合理，但是政府已经通过审批，PPP项目合同存在一些没有约定或难以约定的事项，政府批复通过后，由此引起的绩效损失是由财政部门、执行机构、主管单位还是项目公司来担负责任，没有明确。如果仅仅由实施机构来承担绩效损失责任，但是在前期其并没有决策权，由责权不统一而引起的绩效问题，如何监管处理，在现有监管政策中仍然处于盲区。

（三）安全监管：多头管理，分散，应急处置能力差

民生基础设施PPP项目的安全监管是指项目从立项、融资、建设到运营维护全过程的安全监管。不同的民生基础设施涉及的安全监管责任部门不同，相同民生基础设施项目的不同安全问题监管部门也不同。如教育、科技、卫生、养老与社会福利保障等基础设施建设的安全责任分别对应的是教育管理单位、科技管理单位、卫生管理单位、养老与社会保障单位，

由他们分别负责此项目的安全监督管理。在同一性质的民生基础设施面临不同安全风险时，应急处置的单位不同，如火灾属于消防部门，公共卫生事件属于卫生防疫部门，意外生产事故属于安全生产监督部门管理。从现行的安全监管体制来看，民生基础设施 PPP 项目的安全监管存在多头管理，监管分散化，应急处理能力较差的问题。

（四）监管组织：机构重叠，职能定位模糊，人员素质不高

PPP 项目监管组织分为政府监管组织和非政府监管组织，政府监管组织涉及的部门繁多，既有掌管项目规划审批的各级发展改革委，也有掌握财政支出预算审批权力的财政部门，还有对融资活动监管的银证监局，对工程建设安全监管的安全监督管理局，以及对环境保护监管的环保部门。同一个项目监管责任分设于不同的政府组织，特别是发展改革委与财政部门之间的交叉监管，以哪一个为主，在现有政策文件中并没有明确规定，导致政府一些组织监管职能定位模糊。非政府监管组织属于第三方部门，接受政府委托监管 PPP 项目的招投标、工程建设质量、财务等经济活动，但是大多数第三方监管机构存在不规范、不专业、人员素质偏低等问题。同时政府监管组织之间、政府与非政府监管组织之间缺乏互相制衡、相互制约的监管机制，难以保证监管组织认真履行监管责任。

（五）监管信息：披露不及时，公众监督乏力

截至 2019 年年底，我国已经建立财政部的 PPP 综合信息平台和发展改革委的 PPP 项目信息监测服务平台。财政部门的 PPP 综合信息平台设有项目库、专家库和咨询机构库，面向公众公开管理库项目信息、入库专家信息和咨询机构信息，在一定程度上为公众监督项目的运作过程提供了有效信息。但是仔细查阅平台后发现，有部分执行阶段项目的必填信息完整度只有 20% 左右，绝大多数项目非必填信息完整度为 20% 左右，还有很多信息需要等到项目执行 6 个月后才公开，从实际来看，公众无法及时利用项目信息进行事前与事中监督。在专家库中很多专家参与的项目有列示，但仅说明参与了其中的哪些工作，无法判断应该负担什么责任，专家的评价如何，广大公众很难得到充分信息，因此难以监督专家的行为。咨询机构的委托方评价信息大部分缺失，公众也无法获得咨询机构的客户评价情

况，对其参与 PPP 项目运行的工作很难监督。从财政部门建立的信息平台情况来看，全国 PPP 综合信息平台比较完整，但我们通过查询地方 PPP 中心网络链接发现，此链接均为地方财政部门网站，地方（省、市、县三级）无独立的综合 PPP 信息平台，公众无法及时了解地方 PPP 项目信息。大多地方 PPP 政策信息散见于地方政府、财政部门与发展改革委网站，公众想及时了解相关信息存在较多困难。因此，总体来看，PPP 项目信息披露滞后，公众依靠公开信息监督困难。

第三节 PPP 模式建设民生基础设施运行监管的模型分析

PPP 模式的民生基础设施建设运行监管的本质是不同参与者与监管者之间在有限信息条件下的相互博弈。通过博弈实现各自最优选择，做出监管策略优化。孙庆文等（2003）借鉴生态进化的"复制动态"思想，提出了不完全信息条件下动态演化博弈的稳定性分析及经济分析框架。何雪峰等（2017）利用博弈演化模型对 PPP 项目运行监管做了初步分析。本部分将在利用孙庆文等提出的分析框架，并参考何雪峰等分析的基础上在状态与成本收益参数考虑更全面的假设前提下，运用动态演化博弈模型分析 PPP 项目公司和政府监管策略，研究最优监管策略选择。

一、动态演化博弈模型构建

假设 PPP 项目由 PPP 项目公司运营（从建设到移交全过程），政府与公众进行监管。PPP 项目公司运营分为合规运营与不合规运营两种情况，监管者分为严格监管与不严格监管两种状态。公众获取信息运用媒体实施有效监管（曝光）的概率：严格监管时为 ϕ_1，不严格监管时为 ϕ_2；PPP 项目公司合规运营的收益为 U_c^1，不合规运营收益为 U_c^2；政府监管者严格监管的收益为 U_s^1，不严格监管的收益为 U_s^2。在不严格监管状态下，PPP 项目公司合规运营除运营收益外，还可获得奖励性激励收益 π，不合规运营被媒体曝光后受到罚款损失为 S，政府监管者不严格监管受到的惩罚及信

誉损失为 Z。PPP 项目公司与政府在不同状态下的运营净收益与发生概率定义如表 7-2 所示。

表 7-2　　　　PPP 项目公司与监管者的状态情况

PPP 项目公司				政府监管者			
合规运营		不合规运营		严格监管		不严格监管	
概率	净收益	概率	净收益	概率	净收益	概率	净收益
p_c	U_c^1	$1-p_c$	U_c^2	p_s	U_s^1	$1-p_s$	U_s^2

注：p_c 和 $p_s \in [0,1]$。

根据以上假设可得博弈参与人支付矩阵如表 7-3 所示。

表 7-3　　　　PPP 项目公司与政府监管者博弈支付矩阵

参与人		政府监管者 (s)	
		严格监管 (p_s)	不严格监管 ($1-p_s$)
PPP 项目公司 (c)	合规运营 (p_c)	(U_c^1, U_s^1)*	$(U_c^1+\pi, U_s^2)$
	不合规运营 ($1-p_c$)	$(U_c^2-\phi_1 S, U_s^1)$	$(U_c^2-\phi_2 S, U_s^2-\phi_2 Z)$

注：*表中括号内第一项表示项目公司的运营净收益，第二项表示政府监管者的净收益。$\phi_1 > \phi_2$。

PPP 项目公司合规运营时获得的期望净收益为：
$$EN_c^1 = p_s U_c^1 + (1-p_s)(U_c^1 + \pi) \tag{7-1}$$

PPP 项目公司不合规运营时获得的期望收益为：
$$EN_c^2 = p_s(U_c^2 - \phi_1 S) + (1-p_s)(U_c^2 - \phi_2 S) \tag{7-2}$$

PPP 项目公司平均期望收益为：
$$\overline{EN_c} = EN_c^1 * p_c + EN_c^2 * (1-p_c) \tag{7-3}$$

政府监管者严格监管时获得的期望收益为：
$$EN_s^1 = p_c U_s^1 + (1-p_c)(U_s^1) \tag{7-4}$$

政府监管者不严格监管时获得的期望收益为：
$$\overline{EN_s^2} = p_c U_s^2 + (1-p_c)(U_s^2 - \phi_2 Z) \tag{7-5}$$

政府监管者平均期望收益为：
$$\overline{EN_s} = EN_s^1 * p_s + EN_s^2 * (1-p_s) \tag{7-6}$$

根据动态复制系统理论，PPP 项目公司与政府监管者在相互博弈的过程中，不需要共同知识（如对各自收益成本的完全信息），只需根据他们之前选择的策略结果不断调整各自策略选择的概率，如果某一策略的期望收益高于平均期望收益时,则倾向于调整原策略为此策略,假定某策略概率调整速度与该策略收益超过其平均收益的幅度成正比,则 PPP 项目公司与政府监管者对某一策略概率动态调整方程可表示为:

$$\frac{dp_c}{dt} = p_c * (EN_c^1 - \overline{EN_c}) \tag{7-7}$$

$$\frac{dp_s}{dt} = p_s * (EN_s^1 - \overline{EN_s}) \tag{7-8}$$

其中 t 表示时间。

式（7-7）、式（7-8）也可以写为:

$$\frac{dp_c}{dt} = p_c * (EN_c^1 - \overline{EN_c}) = p_c(1-p_c)(EN_c^1 - EN_c^2) \tag{7-9}$$

$$\frac{dp_s}{dt} = p_s * (EN_s^1 - \overline{EN_s}) = p_s(1-p_s)(EN_s^1 - EN_s^2) \tag{7-10}$$

式（7-9）、式（7-10）为 PPP 项目公司与政府监管者动态博弈模型。

二、动态模型稳定性分析

当 $\frac{dp_c}{dt} = 0$、$\frac{dp_s}{dt} = 0$ 成立时,系统存在均衡点,该均衡点对应的策略为演化博弈均衡策略,这些均衡点 (p_c, p_s) 分别为 $(0, 1)$、$(1, 0)$、$(0, 0)$、$(1, 1)$、$\left(\frac{U_s^1 - U_s^2 + \phi_2 Z}{\phi_2 Z}, \frac{U_c^1 - U_c^2 + \pi + \phi_2 S}{S(\phi_2 - \phi_1) + \pi}\right)$。对于 PPP 项目公司,当 $p_c = 0, 1, \frac{U_s^1 - U_s^2 + \phi_2 Z}{\phi_2 Z}$ 时,合规运营策略概率稳定;对于政府监管者,当 $p_s = 0, 1, \frac{U_c^1 - U_c^2 + \pi + \phi_2 S}{S(\phi_2 - \phi_1) + \pi}$ 时,严格监管概率稳定。

以上五个均衡点是否为 PPP 运行监管系统的稳定均衡点,需要进一步分析判断,为了表达方便,令 $F(p_c) = \frac{dp_c}{dt}$ 和 $F(p_s) = \frac{dp_s}{dt}$,根据 $F(p_c)$ 与 $F(p_s)$ 动态系统方程,其雅可比矩阵 J 可表示为:

$$J = \begin{bmatrix} \dfrac{\partial F(p_c)}{\partial p_c} & \dfrac{\partial F(p_c)}{\partial p_s} \\ \dfrac{\partial F(p_s)}{\partial p_c} & \dfrac{\partial F(p_s)}{\partial p_s} \end{bmatrix}$$

根据雅可比矩阵 J 的行列式值与迹的值的情况，可以判断某一均衡点是否为系统稳定均衡点。如果某一均衡状态同时满足雅可比矩阵行列式的值大于 0，迹的值小于 0，则该均衡点为系统稳定均衡点。根据式（7-9）、式（7-10），计算出均衡点 (1, 0)、(1, 1)、(0, 1)、(0, 0) 和 $\left(\dfrac{U_s^1 - U_s^2 + \phi_2 Z}{\phi_2 Z}, \dfrac{U_c^1 - U_c^2 + \pi + \phi_2 S}{S(\phi_2 - \phi_1) + \pi} \right)$ 的雅可比矩阵 J 的行列式值与迹的值情况可知，均衡点 $\left(\dfrac{U_s^1 - U_s^2 + \phi_2 Z}{\phi_2 Z}, \dfrac{U_c^1 - U_c^2 + \pi + \phi_2 S}{S(\phi_2 - \phi_1) + \pi} \right)$ 的矩阵 J 的迹的值为 0，为非系统稳定均衡点。而其他均衡点是否为系统稳定均衡点需进一步讨论。

为了便于讨论，现将不同情况下，均衡点的 J 矩阵行列式值与其迹值，均衡点的系统稳定性判断列示如表 7-4 所示。

表 7-4　　　　　　　　不同均衡点的系统稳定性情况

状态条件	均衡点	J 矩阵		稳定性
		行列式值符号	迹值符号	
$U_c^1 > U_c^2$ $U_s^1 > U_s^2$	(0, 0)	+	+	不稳定点
	(1, 0)	−	不确定	鞍点
	(0, 1)	−	不确定	鞍点
	(1, 1)	+	−	稳定点
$U_c^1 > U_c^2$ $U_s^1 < U_s^2$	(0, 0)	不确定	不确定	鞍点
	(1, 0)	不确定	不确定	鞍点
	(0, 1)	+	+	不稳定点
	(1, 1)	−	不确定	鞍点
$U_c^1 < U_c^2$ $U_s^1 > U_s^2$	(0, 0)	不确定	不确定	鞍点
	(1, 0)	不确定	不确定	鞍点
	(0, 1)	不确定	不确定	鞍点
	(1, 1)	不确定	不确定	鞍点

续表

状态条件	均衡点	J 矩阵 行列式值符号	J 矩阵 迹值符号	稳定性
$U_c^1 < U_c^2$ $U_s^1 < U_s^2$	(0, 0)	不确定	不确定	鞍点
	(1, 0)	不确定	不确定	鞍点
	(0, 1)	不确定	不确定	鞍点
	(1, 1)	不确定	不确定	鞍点
$\Delta U_c > \phi_1 S > 0$ $\Delta U_s > 0$	(0, 0)	不确定	不确定	鞍点
	(1, 0)	−	不确定	鞍点
	(0, 1)	不确定	不确定	鞍点
	(1, 1)	+	+	不稳定
$0 < \Delta U_c < \phi_1 S$ $\Delta U_s > 0$	(0, 0)	不确定	不确定	鞍点
	(1, 0)	+	−	稳定点
	(0, 1)	不确定	不确定	鞍点
	(1, 1)	−	不确定	鞍点
$\Delta U_c > \phi_2 S + \pi > 0$ $\Delta U_s > 0$	(0, 0)	不确定	不确定	鞍点
	(1, 0)	不确定	不确定	鞍点
	(0, 1)	+	+	不稳定
	(1, 1)	不确定	不确定	鞍点
$0 < \Delta U_c < \phi_2 S + \pi$ $\Delta U_s > 0$	(0, 0)	不确定	不确定	鞍点
	(1, 0)	不确定	不确定	鞍点
	(0, 1)	+	+	不稳定
	(1, 1)	不确定	不确定	鞍点
$\Delta U_c > \phi_1 S > 0$ $\Delta U_s > \phi_2 Z > 0$	(0, 0)	不确定	不确定	鞍点
	(1, 0)	−	不确定	鞍点
	(0, 1)	不确定	不确定	鞍点
	(1, 1)	+	+	鞍点
$0 < \Delta U_c < \phi_1 S$ $\Delta U_s > \phi_2 Z > 0$	(0, 0)	不确定	不确定	鞍点
	(1, 0)	+	−	稳定点
	(0, 1)	不确定	不确定	鞍点
	(1, 1)	−	−	不稳定

续表

状态条件	均衡点	J 矩阵		稳定性
		行列式值符号	迹值符号	
$\Delta U_c > \phi_2 S + \pi > 0$ $\Delta U_s > \phi_2 Z > 0$	(0, 0)	不确定	不确定	鞍点
	(1, 0)	不确定	不确定	鞍点
	(0, 1)	-	不确定	鞍点
	(1, 1)	不确定	不确定	鞍点
$0 < \Delta U_c < \phi_2 S + \pi$ $\Delta U_s > \phi_2 Z > 0$	(0, 0)	-	不确定	鞍点
	(1, 0)	不确定	不确定	鞍点
	(0, 1)	+	+	不稳定
	(1, 1)	不确定	不确定	鞍点
$\Delta U_c > \phi_2 S + \pi > 0$ $\Delta U_s < \phi_2 Z < 0$	(0, 0)	+	不确定	鞍点
	(1, 0)	不确定	不确定	鞍点
	(0, 1)	+	-	稳定点
	(1, 1)	不确定	不确定	鞍点
$0 < \Delta U_c < \phi_2 S + \pi$ $0 < \Delta U_s < \phi_2 Z$	(0, 0)	+	+	不稳定
	(1, 0)	不确定	不确定	鞍点
	(0, 1)	+	+	鞍点
	(1, 1)	不确定	不确定	鞍点

注：$\Delta U_c = U_c^2 - U_c^1$，$\Delta U_s = U_s^2 - U_s^1$。

从表 7-4 中关于均衡点的系统稳定性分析可知：（1）在状态条件满足 $U_c^1 > U_c^2$，$U_s^1 > U_s^2$，PPP 项目公司合规运营时，监管者采取严格监管为系统稳定均衡。即当 PPP 项目公司合规运营净收益大于违规运营净收益，监管者严格监管净收益大于不严格监管净收益时，PPP 项目公司选择合规运营策略，监管者采取严格监管策略为系统动态稳定均衡策略。（2）在满足 $0 < \Delta U_c < \phi_1 S$，$\Delta U_s > 0$，即 PPP 项目公司违规运营与合规运营的收益差小于违规运营被曝光后遭受的罚款等损失，监管者不严格监管净收益大于严格监管净收益，也就是 PPP 项目公司合规运营净收益大于不合规运营的净收益，监管者严格监管净收益小于不严格监管净收益时，PPP 项目公司选择合规运行策略，监管者选择不严格监管策略为系统动态稳定均衡策略。（3）当 $0 < \Delta U_c < \phi_2 S + \pi$，$\Delta U_s > \phi_2 Z > 0$，其含义为 PPP 项目公司合规运营与不合规运营的收益差额小于合规运营获得的额外奖励加上违规运营被曝光后的罚款损失之和，监管者严格监管与不严格监管的收益差额大于PPP项目公司不合规运营时不严格监管被曝光而遭受的信誉损失时，即PPP项目公司违规运营的净收益大于零，监管者严格监管的净收益大于零，PPP项目公司选择不合规运营策略，监管者选择严格监管策略为系统稳定均衡策略。

从以上分析可知，均衡点（1，0）、（0，1）和（1，1）在一定条件下，经过系统自身长期的自动调节，能成为稳定均衡监管策略，即PPP项目公司合规运营，政府监管者不严格监管；PPP项目公司不合规运营，政府监管者严格监管；PPP项目公司合规运营，政府监管者严格监管。在满足一定条件情况下，这三种情况均为系统最佳策略选择。

第四节 PPP模式建设民生基础设施的运行监管体系构建

前面针对PPP项目公司与监管者，分析了其在民生基础设施建设运行过程中监管策略选择。为政府监管者的监管策略与PPP项目公司的运营策略的有效配置提供了一个理论上的依据。就单个PPP项目运行的政府监管者与PPP项目公司的策略选择而言，无疑有一定参考价值，在PPP建设民生基础设施全过程中也具有重要意义。但是对于PPP建设民生基础设施的全生命周期来说，其运行监管是一项系统工程，仅有PPP项目公司和监管者的正确策略选择还不够，需要建立一个系统的全生命周期监管体系，才能做好PPP的全程监管。下面我们基于PPP的全生命周期构建一个运行的监管体系。

关于PPP模式的民生基础设施建设运行监管体系的研究很多，主要有：王俊豪等（2017）提出要建立一个由监管法规政策体系、监管绩效评价体系以及监管机构体系所组成的纵横协调的PPP监管体系；孙建强等（2013）认为应该建立一个由社会资本准入、服务价格与质量为内容的经济性监管和由外部性、社会公平为内容的社会性监管构成的基础设施PPP项目政府监管体系；也有人提出按照PPP项目建设运行的阶段来构建PPP项目的全生命周期监管体系，如温来成（2015）从财政风险角度提出了由事前准入监管、事中执行监管和事后审核监管的PPP项目全生命周期监管体系；韦彩霞（2016）在构建开发区 PPP 模式监管体系时提出按照项目阶段、监管内容和监管方式构建一个由项目准入阶段、建设运营阶段和项目移交阶段所组成的流程式监管体系。

PPP 项目监管体系由目标体系、运行体系与绩效评估体系构成（郁秋艳，2016）。根据监管内容分，PPP 项目监管可分为合规监管和履约监管。合规监管贯穿 PPP 项目建设整个生命周期，履约监管贯穿 PPP 合同全周期。监管目标体系包括合规监管目标体系与履约监管目标体系，监管目标是监管的起点，其正确、合理与否是整个监管体系取得何种效果的关键（郁秋艳，2016）。监管目标的正确性、合理性与制度、政策、法律法规的完善程度以及 PPP 项目合同的科学性密切相关。监管运行体系由监管主客体、相关制度、体制机制和社会公众组成。制度是体制、机制运行的基础，监管运行体系是否能够有效运行依赖于监管主体根据完善的制度、良好的体制、高效的运行机制对客体的监管。监管绩效评估是监管运行效果的最终信息反馈，也是对监管目标是否实现的一个评价，监管绩效评估是未来改善监管目标、降低监管成本、提高监管效率的重要依据，也是监管监管者的重要手段。本书中，借鉴郁秋艳（2016）提出来的监管体系总体框架，依据监管目标，结合运行过程，针对具体监管内容，来确定监管者与被监管者，来构建民生基础设施 PPP 建设项目运行监管体系。

PPP 模式建设民生基础设施运行监管体系由目标监管、运行监管与监管评估三大子系统组成。监管目标体系包括合规性监管、履约性监管和风险控制监管，监管目标的实现由监管运行体系来实施。监管运行体系由监管内容、监管方式、监管者与被监管者组成。最后的监管评估体系针对监管绩效进行评估，监管监管者。监管体系具体架构如表 7-5 所示。

表 7-5　　PPP 模式建设民生基础设施运行监管体系

		监管运行体系				监管评估体系
		监管内容	监管方式	被监管者	监管者	
监管目标体系	合规性	项目发起的可行性研究	信息公开、备案	行业主管部门或者社会资本方	发改委、上级行业主管部门、公众	联合监管评估机构
		项目识别、采购的审批、审核	信息公开、备案	地方政府、发改委、行业主管部门、财政部门	审计、监察、上级财政部门、地方人大、公众	联合监管评估机构

续表

		监管运行体系			监管评估体系
	监管内容	监管方式	被监管者	监管者	
监管目标体系 / 合规性	项目设计	信息公开、备案	设计单位、PPP项目公司	行业主管部门、技术管理部门、公众	联合监管评估机构
	项目融资、保险	备案、信息公开	银行、保险公司、PPP项目公司	金融监管、行业主管部门、公众	联合监管评估机构
	项目工程建设活动	备案、信息公开	PPP项目公司、工程承包商	工程监理部门、行业主管部门、公众	联合监管评估机构
	项目运营与维护活动	信息公开	PPP项目公司、项目运营商	行业主管部门、公众	联合监管评估机构
	项目移交活动	信息公开、备案	PPP项目公司、社会资本方	地方政府、行业主管部门、审计部门、财政部门、公众	联合监管评估机构
监管目标体系 / 履约性	合同出资	审计、验资、备案	社会资本方、地方政府	财政、审计部门、第三方机构、公众	联合监管评估机构
	合同融资	审计、备案	项目公司、相关银行、保险等金融机构	金融监管部门、行业主管部门、财政部门、公众	联合监管评估机构
	股权结构变动	审计、备案	项目公司、社会资本方、地方政府	财政部门、行业主管部门、公众	联合监管评估机构
	产出数量与质量	备案	项目公司、工程承包商、建筑公司	行业主管部门、公众、工程监理部门、公众	联合监管评估机构
	产出与服务价格	备案、信息公开	项目公司、运营商	行业主管部门、公众	联合监管评估机构
	建设、运营与维护的财务	审计、备案、信息公开	项目公司、工程建设承包商、运营与维护商	财政部门、审计部门、行业主管部门、第三方机构、公众	联合监管评估机构

续表

监管目标体系		监管运行体系				监管评估体系
		监管内容	监管方式	被监管者	监管者	
监管目标体系	风险控制	识别、采购风险	信息公开、备案	地方政府、行业主管部门、财政部门、发改委	监察部门、上级政府、财政、发改委	联合监管评估机构
		政策、法律、市场系统性风险	备案	地方政府	上级地方政府	联合监管评估机构
		环境、安全风险	评估、备案	项目公司、项目建设、运营执行单位	行业主管部门、环保部门、安全监管部门	联合监管评估机构
		设计风险	备案、信息公开	项目公司、设计机构	行业主管部门、技术部门监管	联合监管评估机构
		投融资风险	备案	项目公司、金融机构	行业主管部门、财政部门、金融监管机构	联合监管评估机构
		工程建设风险	备案、信息披露	项目公司、工程建设商	行业主管部门、工程监理机构	联合监管评估机构
		运营维护风险	备案、信息披露	项目公司、运营与维护商	行业主管部门	联合监管评估机构
		移交后运营风险	备案、信息披露	行业主管部门	上级行业主管部门	联合监管评估机构

从表7-5可以看出，监管运行体系围绕合规性、履约性和风险可控性三大目标，监管者负责就具体的监管内容对被监管者实施监管，监管评估体系负责对监管绩效评估，监管监管者。具体运行如下：

合规性监管贯穿项目全生命周期，是项目运行监管的重要内容，主要包括项目准备与采购期的"二评一案"的合规性与审核、审批程序的合规性，项目设计、融资、建设、运营与维护以及移交过程中各项活动的合规性。项目准备与采购期监管一般采取备案、信息公开方式接受财政、发展改革委、审计、监察、人大和上级政府相关部门的监管。既要对"二评一案"本身的合规性进行监管,也需要对审批、审核部门进行监管,做到既监管具体活动,同时也对监管者进行有效监管。项目执行与移交过程合规性的监管主要是指由地方政府、监察、审计、财政、行业主管部门,技术、工程建设、金融等监管部门和公众利用财务、工程质量等公开信息、备案资料对PPP项目公司与设计单位、金融机构、工程承包商、运营商所从事的设计、融资、保险、建设运营、维护与移交活动的合规性进行监管。

履约性监管主要是针对PPP项目约定的责权利的实际履行情况进行监管,保障项目合同正确履约。履约监管包括合同出资、合同融资、股权结构变动、项目产出数量、质量与价格、建设与运营的财务等的实际操作是否按照合同的约定执行。监管对象为项目公司和社会资本方、地方政府以及金融、工程建设单位在合作中的经济行为。监管者为财政部门、行业主管部门、审计部门、金融监管部门、工程监管部门、第三方机构和公众。监管方式采取现场检查、信息公开和备案。

风险监管:项目识别,采购风险,项目的政策、法律与市场系统性风险由上级政府、上级财政、发展改革委、监察部门进行监管;环境、安全风险由环保部门与安全监管部门监管;设计风险、投融资风险、建设风险、运营维护风险分别由行业主管部门、技术部门、金融监管部门和工程监理部门监管;移交后风险由上级主管部门负责对移交后项目的接收及运营部门进行监管。

第五节　PPP模式建设民生基础设施运行监管的国外经验与借鉴

监管者实现有效监管,不仅要结合我国实践需要,而且要学习与借鉴国际先进监管经验。本节我们在总结欧美国家在PPP模式运行监管经验的前提下,提出一些借鉴启示。

通过对美国、英国、法国、德国、日本及澳大利亚的监管体系分析,总结经验如表7-6所示。

表 7-6　　发达国家的 PPP 项目运行监管体系与中国比较

国家	监管部门	监管职能	监管法规	监管方式	监管评价
美国	联邦公用工程管理局，政府和社会资本合作国家理事会，市长商业理事会	规制价格、安全、市场准入与特许经营实施监管	公用事业管制政策法，联邦采购条例，美国复兴和再投资法案，州具体运作规范与实施办法	信息公开，多方参与监管	社会资本方、政府、第三方共同参与评价
英国	基础设施项目管理局，行业主管部门，审计部门，英国伙伴关系组织	发布政策、操作指引、标准条件、合同范本等指导文件，实施监管	公用事业合同法，政府采购条例，特许经营条例，各种指引，标准化 PFI 合同	信息公开，多方参与全周期监管	国家审计署负责监管评价，采取 KPI 项目绩效监管
日本	PFI 推进委员会，各省、院厅以及地方公共团体	立法，发布指导文件与规则，实施监管	日本 PFI 推进法，利用民营资源加速建设公共设施法，关于促进以民间资金或用进行公共建设之整备法，特许权指南，PFI 实施过程指南，项目监控指南	信息公开，政府、公众全过程监督	社会资本方、政府、第三方机构共同参与市场化评价
澳大利亚	联邦与州基础设施局，PPP 项目指导委员会	制定、公布 PPP 项目相关政策和操作指南、标准，监督 PPP 运作活动	合同管理方法，维多利亚州合作方法，维多利亚伙伴关系政策指南，私人与政府合作政策：社会资助项目指南	信息公开，公众等多方参与监督	社会资本编制监管报告；政府制定标准，审核监管报告；第三方机构负责审计
中国	财政部，发改委，PPP 中心，行业主管部门，第三方机构	制定与发布政策法规、操作指南与合同范本，监管实施	政府投资条例，PPP 合作模式操作指南（试行），PPP 合作项目财政管理暂行办法，PPP 项目合同指南	信息公开，备案，政府、第三方、公众监督	缺失

通过对表 7-6 中美国、英国、日本、澳大利亚 PPP 项目监管经验与我国的比较分析，可以得到以下一些经验启示：

（1）西方一些发达国家的监管部门统一、集中，监管职责明确。在中央层级，美国有联邦公用工程管理局、政府与社会资本合作理事会；英国有基础设施项目管理局；日本有 PFI 推进委员会；澳大利亚有联邦基础设施管理局。在地方层级，美国有市长商业理事会；英国有地方审计部门、公私伙伴合作关系组织；日本有地方公共组织；澳大利亚有州基础设施管理局等组织。从中央政府到地方政府，有统一明确的监管机构，中央监管组织负责制定统一政策、法律、规范、标准，地方监管组织负责具体实施监管，中央与地方监管职责分工明确。

（2）操作规范、合同标准统一规范，法律法规制度健全。从美国等发达国家的监管制度、法律、规范与标准来看，基本标准统一，私人参与，市场决策。在政策法律法规方面，美国有《公用事业管制政策法》《联邦采购条例》《美国复兴和再投资法案》；英国有《公用事业合同法》《政府采购条例》《特许经营条例》；日本有《PFI 推进法》《利用民营资源加速建设公共设施法》《关于促进以民间资金或用进行公共建设之整备法》；澳大利亚有《合同管理方法》《维多利亚州合作方法》等。这些发达国家从法律层面为 PPP 项目监管提供法律依据，同时也为进一步项目绩效监管提供规范标准。如美国各州有实施操作规范；英国有各种操作指引，标准化 PFI 合同；日本有 PFI 实施过程指南，监管指南；澳大利亚有维多利亚伙伴关系政策指南，私人与政府合作政策，社会资助项目指南。这些发达国家在 PPP 项目运行中，从法律到具体操作指南，建立了完备的法律、法规、操作规则等制度体系，为有效监管提供了制度保障。

（3）信息公开，公众广泛参与决策、监督，政府、社会资本方及第三方共同参与监管评估。从西方发达国家的 PPP 运作监管来看，信息充分披露，广大公众能够及时了解项目的相关决策信息，有机会参与项目的决策。能够有效监督项目的准入决策，筛选掉不合理的项目，同时也能够及时了解项目运行信息，及时监控项目的一些决策执行，能够及时发现不合理的操作，减少项目的错误决策，提升项目的执行效率。对项目监管进行多方参与的评估，如澳大利亚，PPP 民生基础设施项目的日常监管由社会资本方负责编制监管计划、定期报送监管报告。政府相关部门负责制定监管标准、对监管报告进行审核，第三方机构进行审计，信息定期公开披露，接受公众监督。这种监管评估由社会资本方内部监控与政府、第三方机构和公众组成的外部监管组成，形成一个互相制衡的监管评价机制，有力地保证了监管的有效实施。

第六节　PPP 模式建设民生基础设施运行监管的对策建议

一、完善国家层面的 PPP 监管法律法规、统一监管标准

PPP 模式建设民生基础设施异于市场中私人合作提供私人品，难以完全按照市场原则，基于成本收益实施监管。这是因为政府与社会资本属于公私合作，合作主体属性不同且双方合作提供的产品属于公共产品属性，服务的对象为广大公众，因而需要专门的制度、政策、法规对该项活动进行规范管理。在国家层面，我国已经出台了一些 PPP 和民生基础设施建设、经营的规则、制度与政策，对指导运用 PPP 模式建设民生基础设施起到了重要作用。但是仍然存在制度漏洞，缺少 PPP 的上位法律，立法工作有待加快推进。事实上 2019 年 12 月 10 日，最高人民法院将 PPP 协议纳入行政协议范围，这将很难保障合作双方的平等地位，难以保证社会资本与政府合作时的投资、建设、运营决策权。出现问题时，缺乏监管的法律基础，既不利于 PPP 项目的发展，也不利于规范管理。因此有必要加快立法，制定专门规范政府与社会资本合作的法律，完善合作制度，为 PPP 有效运行提供基础性的监管法律制度。

二、建立健全全国 PPP 项目的监管组织体系和统一的监管协调机制

我国 PPP 项目管理组织，在中央层级，由财政部会同相关主管部门负责发布 PPP 项目操作指南、合同规范和行业管理规章，管理 PPP 信息平台系统。发改委的投资司负责规范推广 PPP 模式，法规司负责起草相关法规，协调项目招投标工作。在地方，项目实施机构会同行业主管部门负责监管项目运行的合规性、有效性、安全性、环保要求和履约程度。项目公司负责进行内部监控，做好项目投融资、建设、运营与移交信息记录，编

制相关监管报告，保障提供信息资料的完整性、真实性和有效性。在现行的监管过程中，涉及的部门多，一个项目监管涉及财政部门、发展改革委、价格部门、环保部门、安全监督部门以及具体的行业主管部门和执行机构等。这些部门与机构之间存在监管职能交叉重叠，每一项运行监管协调需花费大量人力、物力和财力，耗时费力，效率较低。为了改善这一现状，必须建立一个统一的民生基础设施管理组织机构，成立专门的监管部门，建立监管协调机制，协调监管行动，提高监管效率。从项目发起、审批、准入、建设、运营到移交的每一项行动，各部门各司其职，密切合作，统一行动，有效运行，统一监管。

三、建立统一的信息披露机制与公众广泛参与的监督机制

我国现已建立 PPP 综合信息平台和 PPP 项目信息监测服务平台，广大公众通过平台能够获悉 PPP 项目的部分信息。但信息平台的大量信息并不是全部公开，仅面向不同对象公开有限信息，比如在财政部的 PPP 综合信息平台针对不同的行业主管部门、专家、项目公司、社会资本方和金融机构，公开的信息不完全相同。项目信息在项目实施前 6 个月不对广大公众公开。信息的完整度也存在不少问题，信息披露机制有待进一步完善，公众广泛参与监督的机制没有完全建立起来。因此，要做好民生基础设施建设 PPP 项目运行监管，需要建立全国统一的 PPP 项目信息披露机制，应做到不涉及机密的信息，遵循便于监管的原则，及时全部公开，做到信息透明。制定包含 PPP 项目各类信息公开的具体时间表、路线图，覆盖全部服务对象的信息公开制度。不同决策节点信息公开披露的时间应有利于监管为前提，建立一种制度化、程序化的信息披露机制。统一的信息披露机制应有利于广大公众，特别是急需获得信息决策的公众进行正确决策，监督项目立项、建设、运行与移交全过程的合法性、有效性和真实性。

四、建立健全由政府、社会资本与第三方机构组成的绩效监管体系

现有的 PPP 项目绩效监管，缺乏有效的监管目标与标准，绩效监控效

果较差。2020年3月31日财政部发布了《政府和社会资本合作（PPP）项目绩效管理操作指引》要求规范政府与社会资本项目全生命周期绩效管理，提高公共服务质量与效率，保障合作各方合法权益。在操作指引中，初步规范了政府财政部门、行业主管部门、项目执行机构、项目公司在绩效管理中的职责。项目实施机构定期编制绩效总体目标和指标体系，定期监控执行情况。政府财政部门与行业主管部门负责审核，对绩效目标与指标进行合规性、有效性监督。项目公司负责绩效日常监控，记录信息，报送监控结果，及时公开信息，接受公众监督。从现有政策来看，绩效监管由政府与项目公司来完成，缺乏有效的外部监督。虽然强调信息公开，但是由于存在信息公开的滞后性，事前与事中监管只能依靠政府与项目公司自身监控，加上政府监管大多是采取定期抽查方式进行，难以做到全程跟踪监管，实施效果难以预测。实际上大部分PPP运行过程由项目公司自身监控，实际效果可能难以达到预期目标。要实现预期绩效目标，必须建立全生命周期的绩效监管体系，建立由社会资本、政府和第三方机构组成的绩效联合监管组织机构，利用PPP综合信息平台进行全寿命周期监管。做到实时记录、上传披露信息，实时监测绩效变化，及时纠正不合理运行操作，提高监管效率，保障实现高质量的公共服务绩效。

五、加强 PPP 专业技术监管人才队伍建设

利用PPP建设民生基础设施，不仅需要完善的政策法律法规制度和系统的监管组织机构，还需要大量的熟悉PPP政策、法规和项目运行操作规程，精通民生基础设施建设工程技术，有丰富实践监管经验的人才。因此，需要加强PPP项目监管人才队伍建设。要做好PPP监管人才队伍建设，第一要大力引进国外有实际监管经验的专门人才。第二，通过高校培养既懂专业技能，又有监管知识背景的PPP技术监管复合型人才。可以根据实际需要开设类似专业，或者在大类专业开设PPP方向培养。第三，实践中通过定期对现有人员的PPP项目监管程序、法规、监管目标和监管内容等相关知识培训，开展相关知识学习，提高现有人才队伍素质。要做好PPP项目运行监管，必须尽快通过人才队伍建设，建立一支有责任、有能力、懂监管的人才队伍。

六、本章小结

我国 PPP 项目监管政策法规、监管机构、检测信息平台逐步完善。但在监管实践中，仍然存在缺乏具体行业 PPP 政策指导，政策落实不到位；重经济绩效，轻公共效益，绩效监管存在盲区；安全监管多头管理，分散，应急处置能力差；监管组织机构重叠，职能定位模糊，人员素质不高；信息披露不及时，公众监督乏力。动态演化博弈模型分析发现：从效率角度看，当 PPP 项目公司合规运营净收益大于违规运营净收益，监管者严格监管净收益大于不严格监管净收益时，PPP 项目公司应选择合规运营，监管者采取严格监管；PPP 项目公司合规运营净收益大于不合规运营的净收益，监管者严格监管净收益小于不严格监管净收益时，PPP 项目公司应选择合规运行，监管者选择不严格监管策略；PPP 项目公司违规运营的净收益大于零，监管者严格监管的净收益大于零，PPP 项目公司应选择不合规运营，监管者选择严格监管。

PPP 模式建设民生基础设施的运行监管是一项系统工程，需要建立一个由目标系统、运行系统与评估系统所组成的监管体系。按照公平公正、公开透明原则，监管者依法、分目标地实施全过程监管。由第三方为主体组成的联合监管评估机构对监管效果进行评估。实现监管者监管项目运行，第三方组成的联合评估机构评估监管效果，监管监管者。

做好我国 PPP 监管，首先，应完善国家层面的 PPP 监管法规、统一监管标准；其次，建立健全全国 PPP 项目的监管组织体系，建立统一的协调监管机制；第三，建立统一的信息披露机制和公众广泛参与的监督机制；第四，建立健全全生命周期绩效监管体系，实现社会资本方、政府与第三方组织联合监管；第五，要加强 PPP 专业技术监管人才队伍建设。

第八章 研究结论与政策建议

第一节 研究结论

在本研究中，基于责权利统一理论与公共产品供给理论，运用博弈论方法和计量实证分析，对应用PPP模式建设民生基础设施的责任分担、权力分配与利益分享问题进行了深入的优化分析，提出了责任分担、风险分摊与利益分配的优化配置条件。进一步在深入分析运行监管策略选择与利益实现关系的基础上，提出了不同条件下的最优监管策略选择。在结合对国内监管现状及问题的分析，总结发达国家监管经验的基础上，提出了监管建议。现就本研究结论总结如下。

一、PPP模式建设民生基础设施的必要性与可行性

必要性：(1) 民生基础设施供需矛盾尖锐，投融资模式传统，财政资金有限，难以满足民生基础设施建设需求，急需寻找一种缓解两者矛盾的PPP模式；(2) 民生基础设施建设效率与公平目标的实现需要政府与社会资本合作；(3) PPP模式能够较好地平衡民生基础设施建设的经济效益、社会效益和环境效益，兼顾公平与效率。

可行性：(1) 政府鼓励，政策支持，社会资本参与积极性不断提升；(2) 经济持续发展，社会资本充足，投资需求大；(3) 社会资本方有技术与运营管理优势，能提高建设与运营效率；(4) PPP政策规章制度与管理组织已逐步建立。

因此，我国运用PPP模式建设民生基础设施既必要且可行。

二、PPP 模式的民生基础设施建设项目现状及变化趋势

自 2012 年以来，我国开始大力发展 PPP，建设民生基础设施。本研究利用全国 PPP 项目信息平台数据资料，分管理库项目与示范项目两大类别对所有 PPP 项目和民生基础设施 PPP 项目的增长变化趋势、落地率、社会资本构成以及地区分布进行了实证分析。

PPP 项目：项目总数量与投资规模逐年增长，示范项目略有减少。各地区变化趋势存在差异，东部地区与中部地区呈增长趋势，西部地区与东北地区呈下降趋势。项目落地率逐年上升，全国示范项目落地率除第四批示范项目外，其余都高达 100%。社会资本构成中，国有与民营资本占绝大多数，占比高达 85% 以上。回报类型方面，政府付费与可行性缺口补助项目占绝大多数，占比高达 93%，使用者付费项目占比仅为 7%。绝大多 PPP 项目依赖政府付费与支助。

PPP 民生基础设施项目：项目数量与投资规模一直呈增长趋势，增长幅度高于 PPP 项目整体平均增长率。从数量来看，社会性民生基础设施项目占绝大多数，占比高达 78%，经济性民生基础设施项目占比较少，为 22%；从投资额来看，两者相差不大，前者占比为 57%，后者占比为 43%。2016 年年初至 2019 年年末，从民生基础设施投资平均占比来看，市政工程与政府基础设施数量较多，平均占比为 46.75%，交通运输设施平均占比为 15.75%，而医疗卫生与能源设施占比最少，分别只有 3.75% 和 1.75%。地区分布方面，从项目省平均数量与省平均投资额来看，东部地区与西部地区较多，中部地区较少，东北地区最少。从落地率来看，截至 2019 年年末，社会保障与养老及保障性安居工程 PPP 项目落地率最高，达 73.66%，其次是市政工程与政府基础设施项目，落地率为 72.43%，落地率最低的是教育、科技、文化、体育 PPP 项目，为 63.22%。整体上，PPP 民生基础设施项目落地率在不断上升。

PPP 模式运行存在问题：（1）政府运作目标与社会资本方存在不一致，政府为缓解财政支出压力，提高项目工程与公共服务质量，而社会资本方是为了获得稳定的利润回报；（2）控制权分配不合理，在 PPP 项目运行全过程中，政府拥有较大实际控制权，社会资本的控制权较弱；（3）责

任配置分散,存在卸责现象,履责困难,责权不对称;(4)共同风险分担比较模糊,风险的预防与分散存在障碍,不同层级政府对 PPP 项目的政治、法律、政策风险的应对能力存在差别,地方政府控制法律、政策风险的能力较弱,社会资本方为了获得合理回报,有转移风险给政府的可能;(5)公共利益的分享规则不清晰,社会资本方过于关注经济收益,重建设利润,不重视运营收益;(6)PPP 项目运行监管存在监管法律不健全,监管体制改革不深入,未形成以契约为基础的科学监管机制。

三、构建 PPP 智能平台

为了适应 PPP 项目运行周期长,单个决策存在有限理性与信息不对称,长期合作契约的不完全性和不确定性等局限,民生基础设施建设的 PPP 模式运作应构建一个智能化网络平台。通过智能化平台,能够实现各合作者平等参与 PPP 项目的规划、投融资、建设、运营,智能化分担责任、风险和收益,高效率提供高质量的民生基础设施服务。以网络平台和时空信息为基础,智慧化 PPP 合约、股权合约、融资合约、承包合约、经营合约、保险合约和咨询服务合约为一体的智慧合同体系为纽带,贯穿 PPP 项目准备、采购、执行、移交全过程。利用智慧合约和区块链技术提高合作效率和降低交易成本,构建的一个公平公正、公开透明、高效与智能的 PPP 模式建设民生基础设施的管理"大脑"和"智慧合作平台"。为 PPP 模式建设民生基础设施提供全方位的智能化服务。

四、PPP 模式建设民生基础设施的责权优化配置

我国应用 PPP 模式建设民生基础设施的责权配置存在问题:(1)权责配置的普适性原则较为模糊,实践中权责配置缺乏清晰指导原则;(2)政府重权轻责,社会资本权轻责重,权责配置不匹配;(3)政府与社会资本权责配置稳定性与持续性较弱,合作成功难度增加;(4)信息披露责任不到位,公众难知情、投诉少与监督弱等问题。产生原因是我国存在 PPP 合作制度与体制不完善,政府与社会资本合作双方真正意图偏离合作目标,社会信用基础不足。

基于不完全契约理论，通过构建PPP模式责权配置数理模型，分不同投资主体，合作项目的重要程度，项目产品与服务的公共性程度，合作双方谈判能力强弱四种情形详细分析发现，我国当前PPP项目责权实际配置存在错配与责权不匹配问题。优化我国PPP模式建设民生基础设施的责权配置：（1）完善PPP责权配置法律制度与合同法规体系，保持责权配置的稳定性与持续性；（2）建立多因素综合评测标准，建立PPP合同的长期履约机制，由公众监督与组织监督组成的双向透明责权监督机制，实现责权配置动态优化；（3）加强社会信用体系和信息披露制度建设，保障责权运用科学有效。

五、PPP模式建设民生基础设施的风险与收益分配

风险分担：应按照公平、公正、对称、动态优化和共同承担原则，分合作阶段分担风险。在合作前期，项目风险由项目发起人承担，项目采购成功后，通过谈判，部分风险转移给政府与社会资本组建的PPP项目公司承担。如果采购失败，则由项目发起人承担全部前期风险损失。中期风险通过谈判与再谈判，合作参与人之间的相互博弈，实现风险的优化配置。后期阶段的风险由政府指定的接收部门承担，因为通过移交，项目公司将PPP项目的资产按照PPP合同全部移交给了政府指定的接收部门，项目的运营与维护风险全部转移给政府相关部门。

利益分享：PPP项目收益在政府、社会资本方和其他利益相关者之间，根据公平与效率并重，互利共赢，收益与风险、投入与收益对称原则分配收益。根据与风险分担对应的前期、中期与后期三个阶段，分配PPP项目收益。在合作的前期阶段，专业咨询机构为政府提供专业性服务，获得服务性收费，参与项目的前期收益分配，土地所有者（使用者）从政府获得征用土地收益，参与项目收益分配。在项目中期，由项目公司进行设计、融资、建设、运营与维护，与相关部门或服务机构签署合同，接受服务，支付费用。相关部门与服务机构获得收益，参与项目收益分配。如银行等金融机构通过融资合同、保险合同，获得利息和保费收入；工程建筑承包商通过工程建筑合同，开展项目工程建设，获得建设利润；材料供应商通过材料供应合同，获得材料销售利润；项目公司通过运营项目向消费者提

供公共服务，获得相应运营利润；维护服务机构通过提供维护服务，获得服务收益。在后期阶段，项目特许运营期满后项目公司将项目资产完全移交给政府指定机构，由政府部门继续运营，为消费者提供公共服务，后期收益由政府与消费者共同分配。

风险分担优化分析结果为：(1)当政府、社会资本方和其他利益相关者的收益分配比例边际效用（收益）等于各自收益分配比例对项目总收益的影响程度加上收益分配总比例变动对项目总收益的影响程度时，收益分配比例为最佳，实现合作项目效用（收益）最大化。(2)政府、社会资本方和其他利益相关者收益最大化时的风险分担最佳条件与计算收益分配因子的指标因素密切相关。当计算收益分配因子不考虑风险因素时，风险分担比例的边际效用（收益）等于零，即增加一单位风险导致收益减少的额度为零时，风险分担比例为最佳；如果计算收益分配因子考虑包含风险的2个因素时，风险分配比例的边际效用（收益）等于各自收益分配比例变动对项目总收益的影响程度与1减去谈判破裂点时所有参与人的收益分配比例总和的差值乘积的二分之一时，风险分担为最佳；如果计算收益分配因子的指标因素为包含风险因素的5个因素时，政府、社会资本方与利益相关者的风险分配比例边际效用（收益）等于各自收益分配比例变动对项目收益的影响程度与1减去谈判破裂点时所有参与人的收益分配比例总和的差值乘积的五分之一时，风险分担为最佳。(3)当同时满足风险分担与收益分配的最佳条件时，项目实现效用（收益）最大化。(4)确定收益分配因子的影响因素的重要程度不影响收益配置均衡条件，而影响风险配置最佳均衡。

风险与收益分配优化分析结果为：单个参与人收益分配的边际效用（收益）分为两部分，一是单个参与人单位收益分配比例变动对合作效用（收益）带来的影响；二是单个参与人收益分配比例变动影响收益分配总比例变动进而对合作效用（收益）的影响。当两者之和等于收益分配比例的边际效用（收益）时，收益分配比例实现最佳分配。从分析可知，PPP项目收益与风险配置时，要考虑：(1)各方收益分配比例变动对项目总收益的影响程度和收益分配总比例变化对项目收益的影响；(2)计算的收益分配因子方法是否包含风险因素，因为这与收益分配与风险配置最佳条件密切相关。如果计算收益分配因子考虑的影响因素越周全，收益分配与风险配置效果越好。为了做好 PPP 项目风险分担与收益分配，应科学评价风险，建立风险预警标准体系，增强管理者的风险意识，提升风险管控能力，科学设定风险分担比例，实施风险动态管理，建立收益分配与风险分担动态对称配置机制，科学分配收益与风险。

六、PPP 模式建设民生基础设施的运行监管

我国 PPP 项目监管政策法规日渐完善，已经成立 PPP 项目专职监管机构，综合信息平台搭建完成，开始实施信息化监管。但在监管实践中，仍缺乏具体民生基础设施建设的 PPP 监管指导政策且其落实不到位；重经济绩效，轻公共效益，绩效监管存在盲区；安全监管多头管理，分散，应急处置能力差；监管组织机构重叠，职能定位模糊，人员素质不高；信息披露不及时，公众监督乏力。动态演化博弈模型分析发现：从长期来看，PPP 项目公司合规运营收益大于违规运营收益且监管者严格监管收益大于不严格监管收益时，PPP 项目公司应选择合规运营，监管者采取严格监管；PPP 项目公司合规运营净收益大于不合规运营的净收益且监管者严格监管净收益小于不严格监管净收益时，PPP 项目公司选择合规运行，监管者选择不严格监管策略；PPP 项目公司违规运营的净收益大于零且监管者严格监管的净收益大于零，PPP 项目公司选择不合规运营，监管者选择严格监管。

PPP 模式建设民生基础设施的运行监管是一项系统工程，需要建立一个系统的全生命周期监管体系来实施。构建一个由监管目标、监管运行与监管评估所组成的系统性监管体系，依据公平公正、公开透明原则，分目标，依据监管内容，采取适当方式，由监管者对被监管者依法实施全过程监管，监管结果由联合监管评估机构进行评估。实现监管者监管具体行动，联合评估机构监管监管者。

要做好 PPP 项目运行监管，首先应完善国家层面的 PPP 监管法规、统一监管标准；其次，建立健全全国 PPP 项目的监管组织体系，建立统一的协调监管机制；第三，建立统一的信息披露机制，公众广泛参与的监督机制；第四，建立健全全生命周期绩效监管体系，实现社会资本方、政府与第三方组织联合监管；第五，加强 PPP 专业技术监管人才队伍建设。

第二节 政策建议

一、科学立法立规，进一步完善 PPP 法律制度

（一）建立国家层面的 PPP 法律制度

在国家层面，我国中央政府及相关部委先后颁布了促进 PPP 的《政府和社会资本合作项目财政管理暂行办法》《关于在公共服务领域推广政府和社会资本合作模式的指导意见》《政府和社会资本合作项目通用合同指南》《关于推进政府和社会资本合作规范发展的实施意见》《政府和社会资本合作（PPP）项目绩效管理操作指引》等 7 项主要的行政法规。虽然逐步建立了一套能满足 PPP 模式建设民生基础设施需要的基本法规制度，但是随着 PPP 的不断推广与发展，在实践中由于现有法规的位阶较低，遇到越来越多难以突破现有高阶法律制度的障碍。为了适应市场经济发展与科学运用 PPP 模式建设民生基础设施的制度需求，急需由全国人民代表大会制定专门规范 PPP 和基础设施建设经营管理的国家级法律，统一规范 PPP 的目标、程序，合作者的责任与权利界定，合作的内容、范围、条件，合作产品的质量与价格标准，风险分担与利益分享原则及纠纷协商解决机制等。有了国家层面的法律制度，依照依法治国理念，政府与社会资本合作者的行为有统一的法律约束和保障，投资者将更有信心。我国 PPP 模式建设民生基础设施实践已经具有较完备的法规制度，具备建立成熟国家级法律制度体系的条件。同时，我国政府已经明确要求利用社会资本，推广应用 PPP 模式建设民生基础设施。再者，我国利用社会资本建设民生基础设施已经实践很长时间，积累了丰富经验，同时也可以借鉴吸收国外成功经验为我所用，因此，建立国家层面的 PPP 法律制度条件成熟。但是，制定 PPP 法律法规，一定要从实际出发，充分调研，科学立法立规，切不可盲目冒进。

（二）完善现有 PPP 法规与操作指引

现有的法规制度为我国政府与社会资本合作提供了较好的制度保障，

但是在实践运行中仍然存在不足，需完善。如《基础设施和公用事业特许经营管理办法》中的政府承诺与保证的实现，应有相应的制度跟进。《政府和社会资本合作项目财政管理暂行办法》及其他政策文件提到风险分担、绩效考核与权责对称原则的实施，现有情况大多通过 PPP 合同约定，而且缺乏统一的规范标准，在实践中带有一定的随意性，容易引起合作纠纷。而有时为了合作签约成功，在谈判中放松绩效考核标准，对风险分担做出不合理让步等不公平做法，损害了公共利益。因此，在 PPP 规范有序发展的过程中，对合作十分关键的事项应出台专门的法规制度。如合作双方的责权利界定规范，风险分担的一般原则、参照性标准和可操作的指引，绩效考核的程序、方法、标准和考核对象、范围、结论和奖惩措施，利益分享原则、标准与办法等都需要有统一的法律规范与操作指引，进一步完善 PPP 法规与操作指引。

（三）完善 PPP 的争议解决与救济法律制度

现有的 PPP 通用合同指南规定，合作纠纷通过协商调解、诉讼等方式解决。2019 年 12 月 10 日，最高人民法院在《行政协议解释》中明确将 PPP 项目合同纳入行政协议的范围。这也就意味着 PPP 的纠纷解决由《行政诉讼法》来调节，政府与社会资本方是管理与被管理、监督与被监督的行政关系，与之前根据 PPP 项目合同指南签订 PPP 项目合同的平等民事关系存在冲突。如果将政府与社会资本合作重新定义为行政行为，社会资本的平等地位得不到保障，社会资本选择将失去市场竞争性机制基础，提高效率也就难以实现。如果根据政府的 PPP 项目合同指南及相关政策规定签署 PPP 合同，而实际出现纠纷时又根据行政协议来处理，这必然会导致实践中解决纠纷时出现较大困惑。为此，十分有必要制定上位的 PPP 法律制度，为 PPP 项目中的纠纷解决及社会资本寻求救济提供法律保障。

二、科学制策，建立与完善民生基础设施建设的政策支持体系

（一）完善公共产品与服务供给的政策

从国家政策层面来看，要求创新供给机制、增加公共品，提供优质高

效的公共服务，改善民生。根据政府主导、有序引导社会资本参与公共产品与服务的供给实践，具体公共产品供给政策由不同地区、不同行业部门分别制定，虽然国家有基本公共产品与服务均等化的要求，但由于地区之间与行业之间的重视程度、财力状况与实际落实效果存在差别，导致不同地区与不同类型的民生基础设施建设存在较大差距。要缩小民生基础设施差距，真正实现优质高效的民生基础设施服务供给，必须完善公共产品与服务的供给政策。在现有条件下，我们应该基于国家政策层面，完善各行业的基础设施建设政策，消除各行业民生基础设施建设政策障碍，建立由各种类型民生基础设施建设政策组成的政策支持体系，彻底消除社会资本参与民生基础设施建设的政策障碍，为发展民生基础设施提供政策支持。

(二) 完善基础设施建设与运营政策

我国基础设施建设与运营的主要依据是2015年由国家发改委、财政部、原住建部、人民银行、交通运输部与水利部等部委联合下发的《基础设施和公用事业特许经营管理办法》。该办法出台的目的是鼓励和引导社会资本参与基础设施和公用事业建设运营，提供高质量的公共服务。但是也存在一定局限性，仍需要后续政策的跟进。局限性表现在基础设施的范围限定在经营性与准经营性的基础设施，对非经营性的基础设施（如教育、医疗卫生、养老、社会保障等）不在管理办法规定的范围内，实际上我国非经营性的民生基础设施供需矛盾更突出，更加需要政策的大力支持。该办法中提到了后续需各相关行业部门各自制定具体的经营政策、规章与监督管理办法，在实施中也需要相关部门法律法规的调整与修改，消除政策障碍。但是实际上，后续政策制定与修改跟进缓慢，难以满足该办法有效实施的要求。因此，要继续完善好基础设施的建设经营政策，建立覆盖所有民生基础设施建设与运营的政策体系，加快出台鼓励社会资本参与非经营性民生基础设施建设的政策，同时各相关部门要完善各行业基础设施的具体经营政策规章与监督管理办法，修改与完善相关法律法规，消除现有的法律与政策障碍，逐步建立一个完整的有利于社会资本参与基础设施建设经营的政策支持体系。

（三）完善民生基础设施建设的融资政策

民生基础设施建设具有公益性特点，盈利能力弱或不盈利。与私人产品投资相比，民生基础设施建设对社会资金的吸引力不足，需政府相关政策扶持与协助，为社会资本参与民生基础设施建设提供金融服务，出台相关政策，完善金融服务支持体系。首先要制定专门政策，鼓励政策性银行为社会资本方参与民生基础设施建设提供一定比例的银行贷款；其次，由政府非盈利担保公司为社会资本建设民生基础设施提供一定数量贷款担保；再次，政府为社会资本方在获取商业银行贷款时提供帮助和金融协调服务；最后是制定相关政策，进一步拓宽民生基础设施建设的融资渠道，比如开展一定范围的互联网金融，网络筹资及接受网络公益捐资，解决融资难题，特别是贫困地区的民生基础设施建设。逐步形成完善的民生基础设施建设融资政策支持体系。

三、科学运行，建立与完善民生基础设施建设的 PPP 智能化平台

（一）建立民生基础设施信息大数据中心

民生基础设施是关系整个社会生产与居民生活的核心基础设施。建立完善的民生基础设施系统是满足人民日益增长的美好生活需求的关键性工程，需要准确掌握民生需求与供给的大量信息，科学决策，吸引社会资本，多方投入。从我国现有的民生基础设施统计信息来看，很多信息满足不了科学决策需要，在现代大数据时代，急需建立一个民生基础设施信息大数据中心，收集我国民生基础设施现有资产数量、质量、使用寿命、分布、维护与经营状况等数据信息，收集各地区、各行业、各类别民生需求信息。成立专门机构管理大数据中心信息的收集与及时更新，实现一键式查询功能。为不同层级决策者审核、监督 PPP 项目提供准确的信息，防止"重复建设、政绩工程"项目出现，减少财政浪费。建立民生基础设施信息大数据中心符合我国发展新型基础设施的政策要求，5G 网络技术的大量应用，技术层面不存在障碍，随着各大高校计算机与大数据专门人才的培

养，人才储备丰富。应该说，建立民生基础设施信息大数据中心，政策鼓励、技术可行、人才丰富，完全能够实现。

（二）完善PPP综合信息平台

我国财政部PPP中心综合信息平台服务于行业主管部门、专家、咨询机构、社会资本方、项目公司和金融机构，其中项目信息、专家信息和咨询机构信息公开，项目信息中的行业主管部门、执行机构与社会资本方信息有所涉及，但不完整。社会资本方信息库和金融机构信息库以及行业主管部门信息库没有完全公开，如果需要这些信息，要再次查询检索，很难了解某一行业主管部门发起了多少项目，又成功实施了多少项目，某一社会资本方同时参与了多少项目，成功执行了多少项目，政府与社会资本合作项目从不同金融机构融资情况也很难通过平台了解。从项目信息库可以了解到，大多执行阶段项目信息的完整度很低，这说明大多数项目不上报信息或者只上报不公开，项目实际运行状况很难通过平台信息进行监督，现有的PPP综合信息平台需要进一步完善。首先，制定各项信息上传平台时间表，严格要求相关各方及时上传信息；其次，进一步公开相关各方的信息，接受广大公众监督；最后，建立一个供广大公众对各类项目监督反馈信息库，并及时公开。真正实现PPP项目全过程信息公开、透明，接受监督。

（三）建立民生基础设施PPP运行智能化平台，构建公平的竞争性市场

在信息汇集与大数据应用基础上，按照网络层、平台层和应用层设计，采用区块链技术，建立具有信息汇集与披露、合作者智能筛选、PPP融资、合约管理与动态分析等多功能为一体的民生基础设施PPP运行智能化平台，服务于各级政府、社会资本方（包括企事业单位和个体）、消费者、银行与保险机构、承包商、运营商、购买者以及咨询商。

利用PPP运行智能化平台，嵌入PPP运行技术路线，以网络平台与时空信息为基础，智慧化PPP合约、股权合约、融资合约、承包合约、经营合约、保险合约和咨询服务合约，贯穿PPP项目发起、准备、执行、移交全过程，利用智慧合约和区块链技术提高合作效率和降低交易成本，构建

一个公平、公开、公正、透明、高效与智能的 PPP 建设民生基础设施的管理"大脑"和智慧合作平台。构建智能化平台旨在为 PPP 模式应用于民生基础设施建设提供一个公平竞争平台环境：实现合作各方公平参与 PPP 项目的规划、投资、建设、运营，合理分担责任、风险和收益。

四、科学定责配权分利，建立与完善 PPP 责权利配置机制

（一）各方能平等参与责权利配置谈判

政府与社会资本合作运作全过程实质上是参与合作各方责权利整体实现的过程。责权利的配置反映合作各方在合作中的地位与作用。在项目的发起、采购与执行过程中合作各方的责权利配置不断变化。如何保证在不同合作阶段合作各方公平合理配置责权利是关系到项目成功高效运行的关键。公平合理配置责权利的前提是合作各方享有配置责权利的平等机会。因此，要让合作各方平等参与各自责权利配置的谈判。也就是要保证在《关于在公共服务领域推广政府和社会资本合作模式的指导意见》中提出的按照平等协商原则订立合同，明确责权利关系。政府不能因为急需招标项目放松标准或过于强势主导而只卸责不放权，社会资本方也不能因为迎合政府或卸责而完全遵循政府意愿甘愿居于从属地位。所以要建立一套规范的 PPP 合同谈判规则与操作指引，确保谈判各方的平等谈判地位，经过规范的协商程序，定责配权分利。

（二）建立合作各方对称匹配责权利机制

根据前面的分析研究发现，合作各方责权利配置应坚持对称匹配原则。政府与社会资本合作涉及的参与合作者众多，责权利界定繁杂，单纯依靠合作各方的几次谈判很难界定清楚。因此，必须建立合作各方对称匹配责权利机制来保证责权利对称匹配。首先，制定 PPP 责权利政策性规则，明确政府与社会资本合作中责、权、利的内容与范围，明确不同参与者应担负的责任以及相应的履行责任的权力和获取的利益。其次，明确不同运行阶段，责、权、利转移配置规则，应以责为基础，做到权随责定，利随责分，履责必授权，分利必履责，同责同权同利。最后，建立责权利

配置监督机制，监督责权利配置执行，纠正与防止有权不履责、分利不履责、重利责轻、重权不履责等实际运行中责权利不对称匹配现象。

（三）建立不合理责权利配置的追责与救济制度

尽管我国有关 PPP 模式建设民生基础设施的政策有明文规定，政府与社会资本合作各方责权利配置应遵循对称原则。但是，在实践中，由于我国政府与社会资本合作存在法律制度、投融资体制、监督机制与退出机制的不完善，仍然存在许多合作各方责权利配置不对称匹配情况。一方面由于责权利配置不合理，导致社会资本方因合作而带来损失且又难以获得救济，挫伤社会资本方参与民生基础设施建设的积极性；另一方面一些地方政府官员利用 PPP 项目追求个人政绩，政府换届，人走责失，出现"烂尾工程"，浪费财政资金。虽然现有项目工程终身追责制，但实际中追责难度较大，除非是相关官员落马。要解决好责权利配置不合理带来的追责与救济问题，应制定与完善 PPP 模式中责权利配置不合理而引起的追责与救济法律制度，明确政府违约的追责对象、范围与惩戒措施。社会资本方的利益遭到损害时能及时得到司法救济，政府利用自身主导地位而导致社会资本方责权利不对称匹配时，要保证社会资本方的申诉权力。加强对政府行为的司法审查，明确追责对象与范围，保证政府与社会资本合作中的责权利合理配置。

五、科学管控，建立与完善 PPP 运行监管体系

（一）建立与完善监管法律制度

政府与社会资本合作监管是保证 PPP 项目成功完成的关键，分为风险控制与运行监管。风险控制包括风险识别、评估、分担与管控过程。现有的政府与社会资本合作法规制度下，对风险控制的规定主要有三个方面要求：(1) 防止与化解政府债务性风险，严禁政府兜底项目建设运行风险；(2) 按照权责对等原则，合理分配风险，社会资本承担投资、建设、运营风险，政府承担政策、法律等风险；(3) 注意防控融资风险，消除政府隐性债务风险。在我国，PPP 风险控制要求分散于不同的政策法律法规中，

还未形成一个完整的管控 PPP 风险法律制度。随着政府与社会资本合作的发展，风险控制急需完善的法律制度来规范管理。因此，应制定一套从风险识别、评估到分担、控制全过程的 PPP 风险管理制度。

根据现有的政策要求，PPP 项目运行监管由政府、企业与公众来执行，政府监管为主，企业与公众监管为辅。政府监管由行业主管部门具体执行，民生基础设施 PPP 项目涉及环保、安全、金融、教育、科技等众多的行业监管部门，监管协调成本高，监管力度不强，有时监管存在走过场现象。企业监管是指由 PPP 项目公司通过内部控制方法，监督管理项目建设、运营与维护全过程，防控风险，合法合规履约。公众监管是指广大公众及时利用 PPP 项目信息，及时反馈项目服务质量，监督 PPP 项目运行。因此，要做好 PPP 运行监管，必须根据民生基础设施建设运行监管的各项要求，制定系统性的民生基础设施 PPP 运行监管制度，统一协调监管行为，提高监管效率，有效监管 PPP 建设民生基础设施运行。

（二）建立与完善政府综合性监管体系

要做好 PPP 运行的政府监管，应在政府与社会资本合作建设民生基础设施运营管理法律基础上，制定详细具体的操作性监管法规，由立法机关设立具有独立监管职能的综合性监管机构。独立于其他政府职能部门之外，接受监察部门统一领导，拥有专业的监管队伍，能够独立行使监管权力，专门负责民生基础设施建设运行监管。在综合监管机构内部分设各行业监管办公室，由专家、技术人员与运营实践经验丰富的管理者组成监管机构，人员公开竞聘，实行任期制。旨在建立一个独立行使监管权力的专业化监管组织，开展公平、公正与透明的 PPP 运行监管，为运用 PPP 模式建设民生基础设施合规合法运行保驾护航。

（三）完善项目公司内部控制体系

建设民生基础设施的 PPP 项目公司是 PPP 项目的执行者。项目公司内部控制体系由管理控制与财务会计控制组成。管理控制旨在保证项目公司运营活动的经济性与效率性，执行决策，实现 PPP 运行目标。财务会计控制是保护项目公司财产安全、完整、真实和合规合法。为保证实现 PPP 模式建设民生基础设施目标，PPP 运行合规合法，安全有效，仅依靠政府监管还远远不够,还需 PPP 项目公司良好的内部控制。PPP 项目公司实现良好内部控制,首先,要提升管理者及相关人员的素质,采取科学的控制方法和可行的控制措施,形成职能之间相互制约的良好内部控制环境。其次,制定科学的内部控制程序,真实准确记录运行经济决策、业务活动、财产增减、风险预警和绩效评价等信息。最后,建立与完善项目公司会计系统,依规依法开展会计业务,准确记录财务信息,及时按照要求披露财务信息,接受监督。完善 PPP 项目公司内部控制制度,建立一个由良好的授权控制、组织结构控制、会计记录控制、资产保护控制、职工素质控制和风险控制等组成的内部控制体系。

(四) 完善社会监督体系

在《关于在公共服务领域推广政府和社会资本合作模式的指导意见》中明确提出政府与社会资本合作坚持公开透明原则,保障公众知情权,形成对参与各方的监督与约束。完善我国政府与社会资本合作的社会监督体系是发挥广大公众参与 PPP 项目监督作用的重要基础。应做好:(1) 利用建立的 PPP 智能化平台,收集并及时公开披露项目信息,让广大公众能够利用平台及时获取项目信息,监督项目运行,同时利用平台反馈窗口,收集公众建议反馈和相关投诉。(2) 发展各类社会公益性组织,宣传国家政策、法律法规,收集各类民生基础设施的消费者需求意愿和市场短缺信息。聘请专家、社会活动家与民众代表,成立民生基础设施协会,监督政府与企业建设民生基础设施的规划、设计、建设与运营。(3) 完善听证会制度,听证代表网络直选,听证会网络直播,全程公开。(4) 要加强宣传,让每一位项目利益相关者及时了解项目信息,能够及时参与项目决策及监督。

六、转变政府职能,科学运用 PPP 模式建设民生基础设施

运用 PPP 模式建设民生基础设施,政府职能将发生重大转变。民生基础设施由政府直接供给转变为由政府与社会资本通过市场机制联合供给,政府由过去的直接供给者转变为合作者和监管者。政府将过去直接供给民生基础设施的供给权全部或大部分转移给社会资本方,委托社会资本方直

接投资建设与运营,向消费者供给公共服务。在PPP模式中,政府作为合作者,负责规划制定、前期准备、设计审核、方案报批审核、部分出资、协调政企关系、绩效评价、承担政策与法律风险、提供稳定的合作环境。政府作为监管者,负责合作项目全过程的合法合规性、合同履约状况和风险控制的监管。通过在线监测和现场检查方式,加强项目审批和实施情况的监督检查。健全财政支出责任监测和风险预警机制,严格管控建设、运营成本,严防虚假出资、虚假信息披露。建立由政府与广大公众参与的全生命周期绩效监督机制,加强绩效评估、监测和披露信息,保障公众的知情权。组建由政府、社会资本方和第三方机构组成的联合监管评估机构,对监管的实施情况、效果进行评估,监督监管者。在政府与社会资本合作中,政府应做到不该管的坚决不伸手,可放权的尽量放权,能让市场发挥作用的事务,坚决退出,该负责的一定担责,为PPP模式应用推广营造一个良好的合作环境。

政府根据实际需要,科学运用PPP模式建设民生基础设施。首先,政府应转变观念,提高对PPP的理解认识,不能仅仅把PPP模式看作是一种融资方式,减轻政府财政与债务负担的手段,而应该把其作为公共领域的一次重大改革创新,让市场在资源配置中起决定性作用,转变政府职能。其次,在实践中,各级政府应根据民生基础设施不同类型,采取适当的PPP操作模式,以长期合作方式建设民生基础设施,提供公共服务质量,减缓公共服务供需矛盾。关键是要提高民生基础设施的建设效率和质量,而不是仅仅局限于短期的填补某一民生基础设施缺口,产生政绩。最后,政府应切实做好科学论证,精选社会资本方,长期诚信合作,以高效率提供高质量的民生基础设施,满足人民日益增长的美好生活的公共服务需求。

七、加强专业人才培训,提高政府与社会资本合作人才素质

PPP项目操作需要大量熟悉法律、金融投资、财务管理、工程设计与施工的专业人才,涉及的行业非常广。PPP项目操作人员不仅需要有专业知识,还需要有实际操作经验,既要熟悉运作流程,也要能够分析运行管理出现的风险与问题。因此,必须加强专业人才的定期培训学习和交流,

积累知识与经验，如邀请专家举办专题讲座、培训班，实地考察调研；与高等院校合作定期开设专业课程，培训综合性运作人员；加强国际合作，开展国际交流，学习国际经验，与发达国家联合培训专业人才；对政府与社会资本合作中的重大问题采取课题招标形式与科研人员联合研究攻关。总之，应通过培训、交流、考察与开展科学研究等多种方式培养政府与社会资本合作人才队伍，为科学应用PPP模式建设民生基础设施提供人才支持，保证政府与社会资本合作持续健康发展。

参 考 文 献

［1］E. S. 萨瓦斯［美］著，周志忍等译：《民营化与公私部门的伙伴关系》，中国人民大学出版社 2002 年版。

［2］埃莉诺·奥斯特罗姆：《制度激励与可持续发展》，上海三联书店 2000 年版。

［3］艾斯勒著，程志民译：《圣杯与剑—我们的历史，我们的未来》，社会科学文献出版社 1993 年版。

［4］安东尼．吉登斯：《社会的构成》，三联书店 1998 年版。

［5］保罗·萨缪尔森、威廉·诺德豪斯著，萧琛主译：《经济学（第 18 版）》人民邮电出版社 2008 年版。

［6］边立明、简迎辉、徐丹："综合利用水利公私合作（PPP）项目运作模式和投资人选择指标体系研究"，《中国水利》，2013 年第 16 期。

［7］伯利、米恩斯·甘华鸣著，罗锐韧、蔡如海译：《现代公司与私有财产》，商务印书馆 2005 年版。

［8］财政部：《PPP 项目合同指南（试用）》，2014 年，http://jrs.mof.gov.cn/ppp/zcfbppp/201501/P020150119611527868855.pdf。

［9］财政部：《关于推广运用政府和社会资本合作模式有关问题的通知》，http://www.gov.cn/zhengce/2016-05/25/content_5076557.htm。

［10］财政部：《政府和社会资本合作模式操作指南（试行）》，http://www.gov.cn/zhengce/2016-05/25/content_5076561.htm。

［11］财政部、国家发展改革委员会、人民银行：《关于在公共服务领域推广政府和社会资本合作模式的指导意见》，http://www.gov.cn/zhengce/content/2015-05/22/content_9797.htm。

［12］蔡今思："借鉴国际 PPP 运用经验支持公共基础设施建设"，《中国财政》，2014 年第 9 期。

［13］曹宏铎、李昊、郑建龙："公共项目控制权配置研究"，《管理工程学报》，2014年第2期。

［14］曾祥渭、冯德安："中外基础设施建设中PPP模式应用状况对比研究"，《价值工程》，2014年第31期。

［15］陈超超："高校基础设施建设PPP模式的应用研究"，《西华师范大学学报（自然科学版）》，2018年第3期。

［16］陈婉玲："公私合作制的源流、价值与政府责任"，《上海财经大学学报》，2014年第5期。

［17］陈泽昊、周铁军、刘建明："京九铁路生态环境效益研究"，《铁道运输与经济》，2010年第5期。

［18］程浩、管磊："对公共产品理论的认识"，《河北经贸大学学报》，2002年第6期。

［19］仇保兴、王俊豪：《中国城市公共事业特许经营与政府监管研究》，中国建筑工业出版社2014年版。

［20］丁燕香："PPP模式下政府监管的法律问题探究"，《法制博览》，2019年第16期。

［21］丁肇明、马铁山："我国环保类PPP项目监管的问题与对策"，《建筑技术》，2019年第7期。

［22］段世霞、李腾："基于不对称Nash谈判模型的PPP项目收益分配研究"，《工程技术经济》，2019年第8期。

［23］戴艳清、南胜林、完颜邓邓："PPP模式在公共数字文化服务中的应用——基于参与主体职能视角"，《图书馆论坛》，2020年第7期。

［24］杜亚灵、左玉晨、王华、柯洪："中国管理情境下PPP项目产出绩效监管框架的构建"，《建筑经济》，2020年第4期。

［25］樊勇明：《公共经济学（第二版）》，复旦大学出版社2007年版。

［26］范小军、王方华、钟根元："大型基础项目融资风险的动态模糊评价"，《上海交通大学学报》，2007年第3期。

［27］范小军、赵一、钟根元："基础项目融资风险的分担比例研究"，《管理工程学报》，2007年第1期。

［28］方晓娴、张秀生："农村基础设施建设与农民收入增长"，《生产力研究》，2009年第11期。

［29］冯珂、夏高锋、王盈盈、王守清："PPP项目公众参与机制的实施框架设计：基于典型案例的研究"，《工程管理学报》，2018年第3期。

［30］高山："政府和社会资本合作模式的风险监管研究"，《商业经济研究》，2017年第7期。

［31］高颖、李善同："基于CGE模型对中国基础设施建设的减贫效应分析"，《数量经济技术经济研究》，2006年第6期。

［32］顾昕："摆脱危机有赖于财政大规模投入社会性基础设施"，《21世纪经济报》，2012年9月21日。

［33］管春林："良好财务监管制度对PPP项目的影响分析"，《商讯》，2019年第31期。

［34］郭慧娟、祁晓玉、高园、田国锋、李春晓："基础设施建设中PPP项目收益分配研究"，《合作经济与科技》，2017年第16期。

［35］郭劲光、高静美："我国基础设施建设投资的减贫效果研究：1987—2006"，《农业经济问题》，2009年第9期。

［36］郭濂："民生基础设施建设应转型为'民生基建'"，《中国证券报》，2014年12月5日。

［37］郭琦、张思琪、余祺姝："考虑协同效应的水利工程PPP项目监管问题研究"，《工程研究——跨学科视野中的工程》，2018年第6期。

［38］国家发展改革委员会：《国家发展改革委关于开展政府与社会资本合作的指导意见》，https://www.ndrc.gov.cn/xwdt/ztzl/cjnjtzzcwj/201606/t20160607_1033486.html。

［39］国家发展改革委员会、财政部、住房和城乡建设部等：《基础设施和公用事业特许经营管理办法》，http://www.mohurd.gov.cn/fgjs/jsbgz/201506/W020150915104952.pdf。

［40］国务院：《关于加强城市基础设施建设的意见》，http://www.gov.cn/zwgk/2013-09/16/content_2489070.htm。

［41］国务院：《国务院关于加快发展服务业的若干意见》，http://www.gov.cn/zwgk/2007-03/27/content_562870.htm。

［42］韩莹：《PPP项目运行中政府监管存在的问题及对策研究》，中国矿业大学学位论文2019年。

［43］汉辞网：《汉语大词典》，http://www.hydcd.com/zidian/hz/10522.

htm。

［44］何涛、赵国杰:"基于随机合作博弈模型的PPP项目风险分担",《系统工程》,2011年第4期。

［45］何雪锋、王秀霞:"演化博弈视角下PPP项目运营与政府监管的稳定性分析",《财会月刊》,2017年第2期。

［46］何耀琴:"机制设计中的履约理论研究综述",《北京经济管理职业学院学报》,2016年第2期。

［47］何一慧、熊华平:"博弈论视角下的PPP模式政府监管研究",《工程管理学报》,2018年第6期。

［48］胡海波:"城市公共基础设施运用PPP模式的研究",《工程技术研究》,2017年第1期。

［49］胡丽、张卫国、叶晓甦:"基于SHAPELY修正的PPP项目利益分配模型研究",《管理工程学报》,2011年第2期。

［50］胡洋:《PPP项目监管问题研究》,东北财经大学学位论文2017年。

［51］胡振、张楠、刘华:"考虑政府风险偏好的PPP项目控制权配置模型",《系统工程》,2020年第3期。

［52］黄腾、柯永建、李湛湛、王守清:"中外PPP模式的政府管理比较分析",《项目管理技术》,2009年第1期。

［53］贾康、孙洁:"公私合作伙伴关系（PPP）的概念、起源与功能",《经济研究参考》,2014年第13期。

［54］贾璐:《工程建设安全监管博弈分析与控制研究》,华中科技大学学位论文2012年。

［55］贾智莲、卢洪友:"财政分权与教育及民生类公共品供给的有效性—基于中国省级面板数据的实证分析",《数量经济技术经济研究》,2010年第6期。

［56］蒋东利:"PPP模式监管框架构建研究",《金融纵横》,2017年第5期。

［57］金凤君:"基础设施与人类生存环境之关系研究",《地理科学进展》,2001年第3期。

［58］金荣学、魏晓兰:"日本PPP模式对我国的经验与启示",《当

代经济》，2017年第16期。

［59］金暄暄："公私合作制下城市公用事业监管体系创新研究"，《特区经济》，2014年第8期。

［60］景婉博："PPP模式的日本经验及启示"，《中国财政》，2017年第2期。

［61］康达华："广东民生性公共品供给侧结构性改革初探"，《岭南学刊》，2018年第1期。

［62］柯永建、王守清、陈炳泉："基础设施PPP项目的风险分担"，《建筑经济》2008年第4期。

［63］科斯、阿尔钦、罗斯：《财产权利与制度变迁——产权学派与新制度学派译文集》，上海人民出版社2000年版。

［64］孔庆磊："基于PPP项目监管和效率视角的文献梳理的综述"，《经济研究导刊》，2019年第8期。

［65］寇越、杜亚灵、胡嘉昌："PPP项目控制权配置研究——基于财金［2014］156号文与发改投资［2014］2724号文"，《建筑经济》，2017年第11期。

［66］赖丹馨、费方域："公私合作制（PPP）的效率：一个综述"，《经济学家》，2010年第7期。

［67］李飞龙："国外基础教育PPP办学模式的实践及启示"，《外国教育研究》，2010年第7期。

［68］李慧、葛扬："土地财政与城市民生性公共品——基于2004—2011年我国省级面板数据的实证分析"，《学习与探索》，2018年第6期。

［69］李静：《筑信水务公司在南明河水环境综合治理PPP项目中的风险及效益研究》，贵州大学学位论文2017年。

［70］李明哲："PPP的认识误区与公共服务改革"，《技术经济》，2012年第6期。

［71］李晓光、郝生跃、任旭："契约治理影响PPP项目公司控制权配置研究——基于信任的前因和中介作用"，《中央财经大学学报》，2018年第7期。

［72］李小朋："PPP项目政府与私人合作的协同效应研究"，《建筑经济》，2010年第12期。

［73］李妍、赵蕾："新型城镇化背景下的 PPP 项目风险评价体系的构建——以上海莘庄 CCHP 项目为例",《经济体制改革》, 2015 年第 5 期。

［74］李长军、高存红："PPP 模式在国家体育场（鸟巢）项目的应用分析——试论公开招标是 PPP 项目实施的有效途径",《招标采购管理》, 2014 年第 11 期。

［75］连红军："中小企业参与 PPP 模式与技术创新关系的实证研究",《改革与战略》, 2011 年第 5 期。

［76］林俊："美国 PPP 发展经验及启示",《财会月刊》, 2017 年第 30 期。

［77］刘力、杨婼涵："PPP 模式监管主体之现实困境及其改造",《中国政府采购》, 2015 年第 12 期。

［78］刘梅："PPP 模式与地方政府债务治理",《西南民族大学学报（人文社科版）》, 2015 年第 12 期。

［79］刘穷志、任静："中国 PPP 模式政府监管制度设计",《财政监督》, 2016 年第 6 期。

［80］刘生龙、周绍杰："基础设施的可获得性与中国农村居民收入增长——基于静态和动态非平衡面板的回归结果",《中国农村经济》, 2011 年第 1 期。

［81］刘伟、满彩霞："企业社会责任：一个亟待公共管理研究关注的领域",《中国行政管理》, 2019 年第 11 期。

［82］刘晓光、张勋、方文全："基础设施的城乡收入分配效应：基于劳动力转移的视角",《世界经济》, 2015 年第 3 期。

［83］刘旭涛："行政改革新理念：公共服务市场化",《中国改革》, 1999 年第 3 期。

［84］刘亚臣、牛思琦、包红霏："基于灰色评价模型的廉租房 PPP 项目融资风险综合评价",《沈阳建筑大学学报（社会科学版）》, 2014 年第 3 期。

［85］刘毓：《城市基础设施 PPP 项目中的政府责任研究》, 西南交通大学学位论文 2010 年。

［86］鲁贵卿："'责权利相统一'与'两个基石一条主线'的理念",《施工企业管理》, 2016 年第 7 期。

[87] 鲁庆成：《公私合伙（PPP）模式与我国城市公用事业的发展研究》，华中科技大学论文 2008 年。

[88] 马丰华："政府投资项目监管存在的问题及对策刍议"，《行政事业资产与财务》，2014 年第 3 期。

[89] 马晶："公共产品民营化过程中政府监管机制的完善"，《科技信息（学术研究）》，2008 年第 15 期。

[90] 孟春、王景森："借鉴国际经验完善我国 PPP 机制"，《经济研究参考》，2014 年第 36 期。

[91] 孟亚莉："政府投资项目监管存在的问题及对策探讨"，《科技经济导刊》，2016 年第 32 期。

[92] 屈哲：《基础设施领域公私合作制问题研究》，东北财经大学学位论文 2012 年。

[93] 任晓红、张宗益："交通基础设施、要素流动与城乡收入差距"，《管理评论》，2013 年第 2 期。

[94] 邵康、孟庆标、苏海山："基于 AHP-DEA 法的餐厨垃圾处理 PPP 项目风险评价研究"，《辽宁工程技术大学学报（社会科学版）》，2018 年第 2 期。

[95] 邵颖红、韦方、褚芯阅："PPP 项目中信任对合作效率的影响研究"，《华东经济管理》，2019 年第 4 期。

[96] 石贤平："PPP 模式中政府交易角色与监管角色冲突的法律平衡"，《商业研究》，2015 年第 12 期。

[97] 世界银行：《世界发展报告——为发展提供基础设施（1994）》，中国财政经济出版社 1995 年版。

[98] 宋丹："现阶段我国政府在 PPP 项目融资模式中的职能与作用研究"，《北方经济》，2007 年第 2 期。

[99] 宋健民、张九龙、侯国强："污水处理 PPP 项目动态收益分配研究"，《建筑经济》，2019 年第 9 期。

[100] 孙建强、沈浩："城市基础设施建设 PPP 项目融资模式政府监管研究"，《建筑施工》，2013 年第 6 期。

[101] 孙慧、贾书华、王宇宁："考虑谈判力因素的 PPP 项目控制权配置研究"，《工程管理学报》，2018 年第 1 期。

[102] 孙洁：《城市基础设施的公私合作管理模式研究》，同济大学学位论文 2005 年。

[103] 孙庆文、陆柳、严广乐、车宏安："不完全信息条件下演化博弈均衡的稳定性分析"，《系统工程理论与实践》，2003 年第 7 期。

[104] 谭栋敏：《高等教育服务多元提供主体间关系研究》，厦门大学学位论文 2008 年。

[105] 唐聪：《PPP 项目资本结构选择与优化研究》，中国财政科学研究院学位论文 2019 年。

[106] 唐兴霖、周军："公私合作制（PPP）可行性：以城市轨道交通为例的分析"，《学术研究》，2009 年第 2 期。

[107] 陶思平："PPP 模式风险分担研究—基于北京市轨道交通的分析"，《管理现代化》，2015 年第 4 期。

[108] 王超、宣玉："PPP 模式中政府投资资金监管法律制度研究"，《江淮论坛》，2018 年第 1 期。

[109] 王经绫、华龙："PPP 机制应用于我国养老机构建设的必要性研究"，《经济研究参考》，2014 年第 52 期。

[110] 王晶："企业社会责任视角下政府和社会资本合作博弈分析"，《农场经济管理》，2019 年第 5 期。

[111] 王俊豪、徐慧、冉洁："城市公用事业 PPP 监管体系研究"，《城市发展研究》，2017 年第 4 期。

[112] 王坤岩：《城市公共基础设施效益三维度评价研究》，天津大学学位论文 2016 年。

[113] 王乐夫、陈干全："政府公共服务民营化存在问题分析—以公共性为研究视角"，《当代中国政治研究报告》，2004 年。

[114] 王升、吴群琪："基础设施建设的社会效用"，《长安大学学报（社会科学版）》，2007 年第 1 期。

[115] 王守清、牛耘诗、伍迪："PPP 项目控制权配置影响因素及合理配置原则"，《清华大学学报：自然科学版》，2019 年第 8 期。

[116] 王守清、伍迪、彭为："PPP 模式下城镇建设项目政企控制权配置"，《清华大学学报（自然科学版）》，2017 年第 4 期。

[117] 王守清、刘婷："PPP 项目监管：国内外经验和政策建议"，

《地方财政研究》，2014年第9期。

[118] 王守清、刘婷："对加强我国PPP项目监管的建议"，《经济研究参考》，2014年第60期。

[119] 王守清、伍迪、彭为、崔庆斌："PPP模式下城镇建设项目政企控制权配置"，《清华大学学报（自然科学版）》，2017年第4期。

[120] 王守清、牛耘诗、伍迪等："PPP项目控制权配置影响因素及合理配置原则"，《清华大学学报：自然科学版》，2019年第8期。

[121] 汪勇杰、陈通、邓斌超："公共文化PPP项目风险分担的演化博弈分析"，《运筹与管理》，2016年第5期。

[122] 王勋："我国PPP运作模式与现状研究"，《陕西建筑》，2017年第8期。

[123] 王询、孟望生、张为杰："财政分权、晋升激励与民生公共品偏向—基于全国省级面板数据的实证研究"，《云南财经大学学报》，2013年第4期。

[124] 王松江、王东："PPP模式下控制权配置对激发民间投资活力的影响——基于双因素激励理论的讨论"，《昆明理工大学学报（自然科学版）》，2018年第2期。

[125] 王延华、何维达："政府投资项目监管的对策措施研究"，《宏观经济管理》，2013年第3期。

[126] 王英、郭佩文、东青："准经营性基础设施PPP项目合作伙伴选择指标体系研究"，《建筑经济》，2017年第8期。

[127] 王予函：《我国PPP项目绩效审计机制研究》，重庆大学学位论文2016年。

[128] 韦彩霞、翟路萍、李小娟等："基于PPP模式的河北省开发区建设监管机制研究"，《河北企业》，2016年第9期。

[129] 温来成、刘洪芳、彭羽："政府与社会资本合作（PPP）财政风险监管问题研究"，《中央财经大学学报》，2015年第12期。

[130] 温来成、王涛："PPP项目的财政监督问题研究"，《财政监督》，2016年第8期。

[131] 温莎娜：《PPP项目监管体系及其改善研究》，天津理工大学学位论文2018年。

[132] 吴森、徐小丰："PPP 模式中的政府规制：西方发达国家的经验研究"，《华中科技大学学报（社会科学版）》，2018 年第 2 期。

[133] 吴庆玲："对中国市政公用事业政府监管体制改革的思考"，《首都经济贸易大学学报》，2008 年第 1 期。

[134] 吴淑芹："政府投资项目的监管研究"，《中国管理信息化》，2018 年第 1 期。

[135] 吴思材、郭汉丁、郑悦红、陈思敏："公平视域下 PPP 项目收益分配"，《土木工程与管理学报》，2018 年第 2 期。

[136] 吴文杰、宋超、胡丹丹："民间资本如何进入经营性基础设施"，《价值工程》，2012 年第 31 期。

[137] 伍迪：《基于决策视角的 PPP 项目控制权配置研究》，清华大学学位论文 2015 年。

[138] 萧浩辉、陆魁宏、唐凯麟：《决策科学辞典》，人民出版社 1995 年版。

[139] 侯昕宇："PPP 项目的财政监管研究"，《行政事业资产与财务》，2015 年第 10 期。

[140] 邢邦宁：《基于 PPP 模式的城市轨道交通设施项目风险分担机制研究》，中国科学院大学学位论文 2015 年。

[141] 邢会强："PPP 模式中的政府定位"，《法学》，2015 年第 11 期。

[142] 徐飞、宋波："公私合作制（PPP）项目的政府动态激励与监督机制"，《中国管理科学》，2010 年第 3 期。

[143] 徐国贞："金融创新与世博会项目融资——美国金融创新实证研究的几点启示"，《上海经济研究》，2006 年第 1 期。

[144] 徐霞、郑志林："公私合作制（PPP）模式下的利益分配问题探讨"，《城市发展研究》，2009 年第 3 期。

[145] 闫海、宋欣："公共事业特许经营的政府监管研究"，《理论与现代化》，2011 年第 3 期。

[146] 杨瑞龙、聂辉华："不完全契约理论：一个综述"，《经济研究》，2006 年第 2 期。

[147] 姚驰：《英国 PFI/PPP 法律制度研究及借鉴》，中国政法大学学

位论文 2011 年。

［148］叶晓甦、吴书霞、单雪芹："我国 PPP 项目合作中的利益关系及分配方式研究"，《科技进步与对策》，2010 年第 19 期。

［149］叶晓甦、易朋成、吴书霞："PPP 项目控制权本质探讨"，《科技进步与对策》，2011 年第 13 期。

［150］叶晓甦、张永艳、李小朋："我国 PPP 项目政府监管机制设计"，《建筑经济》，2010 年第 4 期。

［151］殷召良：《公司控制权法律问题研究》，法律出版社 2001 年版。

［152］尹航、李远富、赵冬梅："基于云模型的 PPP 项目风险分担方案决策方法"，《科技管理研究》，2016 年第 15 期。

［153］于靓："论 PPP 模式中政府权力的法律规制"，《西南民族大学学报（人文社科版）》，2017 年第 9 期。

［154］郁秋艳：《我国城市公共事业监管体系研究》，吉林大学学位论文 2016 年。

［155］张炳根、袁竞峰、贾斯佳："PPP 项目收益内涵与特征分析"，《项目管理技术》，2018 年第 5 期。

［156］张光南、李小瑛、陈广汉："中国基础设施的就业、产出和投资效应——基于 1998～2006 年省际工业企业面板数据研究"，《管理世界》，2010 年第 4 期。

［157］张继峰："完善 PPP 模式主管部门的职责分工"，《中国党政干部论坛》，2017 年第 9 期。

［158］张建文："公众用国有财产之公用性实现机制研究"，《经济法论丛》，2009 年第 2 期。

［159］张军、王瑞："PPP 模式风险及其分担机制的建设研究"，《市场研究》，2017 年第 7 期。

［160］张曼、屠梅曾、王为人："大型项目融资风险动态管理方法"，《系统工程理论方法应用》，2004 年第 1 期。

［161］张萍、刘月："城市基础设施 PPP 模式下融资风险水平度量研究"，《工程管理学报》，2015 年第 2 期。

［162］张玮、张卫东："基于网络层次分析法（ANP）的 PPP 项目风险评价研究"，《项目管理技术》，2012 年第 10 期。

[163] 张玉宝:"央行国库管理视角下的 PPP 项目风险分担机制研究",《金融理论与实践》,2019 年第 10 期。

[164] 张云华:"PPP 项目控制权初始分配决策研究",《软科学》,2020 年第 2 期。

[165] 张永林:《公私合作(PPP)项目责任机制的研究》,华中科技大学学位论文 2017 年。

[166] 张宇:《地铁 PPP 项目控制权配置研究》,西南交通大学学位论文 2016 年。

[167] 张韵杨:"公路 BOT 项目监管存在的问题及对策",《财会月刊》,2008 年第 11 期。

[168] 张喆、贾明、万迪昉:"不完全契约及关系契约视角下的 PPP 最优控制权配置探讨",《外国经济与管理》,2007 年第 8 期。

[169] 张喆、贾明、万迪昉:"PPP 背景下控制权配置及其对合作效率影响的模型研究",《管理工程学报》,2009 年第 3 期。

[170] 张喆、贾明、万迪昉:"PPP 合作中控制权配置及其对合作效率影响的理论和实证研究——以中国医疗卫生领域内的 PPP 合作为例",《管理评论》,2009 年第 9 期。

[171] 张喆、贾明、万迪昉:"合作参与度和嵌入度对合作效率影响研究——以中国医疗卫生领域内的 PPP 合作为例",《管理学报》,2009 年第 2 期。

[172] 张喆、贾明:"PPPs 合作中控制权配置实验",《系统管理学报》,2012 年第 2 期。

[173] 张子钰:"城市地下综合管廊定价模型及实证研究",《地下空间与工程学报》,2018 年第 2 期。

[174] 张紫薇:"PPP 项目 VFM 评价流程与其动态监管方式",《管理评论》,2018 年第 10 期。

[175] 赵福军、汪海:《中国 PPP 理论与实践研究》,中国财政经济出版社 2015 年版。

[176] 赵国富、王守清:"基础设施 BOT/PPP 项目中的政府责任研究",《商场现代化》,2007 年第 14 期。

[177] 郑绍羽、周婷婷:"公租房 PPP 项目三阶段动态收益分配模型

及应用",《工程管理学报》,2020 年第 1 期。

[178] 中共中央:《关于全面深化改革若干重大问题的决定》。

[179] 中国人民大学哲学系逻辑教研室编:《逻辑学》,中国人民大学出版社 2014 年版。

[180] 周和平、陈炳泉、许叶林:"公私合营(PPP)基础设施项目风险再分担研究",《工程管理学报》,2014 年第 3 期。

[181] 周鲜华、潘宏婷、沈云飞:"地下综合管廊 PPP 模式风险因素评价——基于 ISM-MICMAC 模型",《会计之友》,2017 年第 13 期。

[182] 周燕:"公共管理视域中的新公共物品供给观之比较",《湘潭师范学院学报(社会科学版)》,2009 年第 6 期。

[183] 周运祥、曹国华:"项目融资中风险分担的优化模型分析",《重庆大学学报(自然科学版)》,2005 年第 10 期。

[184] 朱晨:"PPP 模式下的政府审计监督路径研究",《金融经济》,2019 年第 16 期。

[185] 庄宗明、姜丁平:"BOT 投资方式与我国基础设施建设",《国际经济合作》,1994 年第 12 期。

[186] Abdul-Aziz, Abdul-Rashid. Control mechanisms exercised in Malaysian housing public-private parnerships. Construction Management and Economics, 2012, 30 (1): 37 – 55.

[187] Abreu, D., Matsushima, H. Virtual Implementation in Iteratively Undominated Strategies: Complete Information. Econometrica, 1992, 60 (5): 993 – 1008.

[188] Allan R J. PPP: a review of literature and practice. Saskatchewan Institute of Public Policy Paper, 4. 1999, 6 – 8.

[189] Anderlini, Luca, and Leonardo Felli. Bounded Rationality and Incomplete Contracts. Research in Economics, 2004, 58 (1): 3 – 30.

[190] Besley T, Ghatak M. Government versus private ownership of public goods. The Quarterly journal of economics, 2001, 116 (4): 1343 – 1372.

[191] Bing Li, and Zhaoming Ren. Bayesian Technique Framework for Allocating Demand Risk between the Public and Private Sector in PPP Projects. The 6th International Conference on Service Systems and Service Management (2009):

837-841.

[192] Bing, Li, A. Akintoye, P. J Edwards, and C. Hardcastle. The Allocation of Risk in PPP/PFI Construction Projects in the UK. International Journal of Project Management, 2005, 23 (1): 25-35.

[193] Bowen, H. R.. Social Responsibilities of the Businessman. New York: Harper·& Row, 1953.

[194] Benoît J P, Ok E A. Nash implementation without no-veto power. Games and Economic Behavior, 2008, 64 (1): 51-67.

[195] Coase, R. H. The Nature of the Firm. Economica, 1937, 4 (16): 386-405.

[196] Carroll, A. B. Pyramid of Corporate Social Responsibility: Towards the Moral Management of Organizational Stakeholders. Business Horizons, 1991, 34 (4): 39-48.

[197] Cartlidge D. Public Private Partnerships in Construction. Taylor & Francis, 2006.

[198] Chung, Demi, and David Hensher. Risk Management in Public-Private Partnerships. Austra-lian Accounting Review, 2015, 25 (1): 13-27.

[199] David I. Wilson, Nick Pelham, Colin F. Duffield. A review of Australian PPP governance structures. Journal of Financial Management of Property and Coiistruction, 2010 (3): 198-215.

[200] Davis, K.. Can Business Afford to Ignore Social Responsibilities?. California Management Review, 1960, 2 (3): 70-76.

[201] Decorla-Souza, Patrick. A Self-Financing, Multimodal, Public-Private Partnership Approach to Restore Metropolitan Mobility. Public Works Management & Policy, 2006, 10 (3): 235-241.

[202] Edwards P, Shaoul J, Stafford A, et al. Evaluating the Operation of PFI in Roads and Hospitals. Certified Accountants Educational Trust, 2004.

[203] Estache, Antonio. PPI Partnerships vs. PPI Divorces in LDCs. Review of Industrial Organization, 2006, 29 (1): 3-26.

[204] Francesconi M, Muthoo A. Control rights in complex partnerships. Journal of the European Economic Association, 2011, 9 (3): 551-589.

[205] Galilea A, Medda F. Analyzing the influence of national political and economical factors on the success of public-private partnerships in transport. Ingenieríay Desarrollo, 2009 (25): 1-24.

[206] Grimsey D, Lewis M. Evaluating the risks of public private partnerships for infrastructure projects. International Journal of Project Management, 2002, 20 (2): 107.

[207] Grossman S J, Hart O D. The costs and benefits of ownership: A theory of vertical and lateral integration. Journal of political economy, 1986, 94 (4): 691-719.

[208] Hall, John. Private Opportunity, Public Benefit?. Fiscal Studies, 1998, 19 (2): 121-140.

[209] Hart, Oliver, and John Moore. Property Rights and the Nature of the Firm. The Journal of Political Economy, 1990, 98 (6): 1119-1158.

[210] Hart, O., Incomplete Contracts and Public Ownership: Remarks and an Application to Public-private Partnership. Economic Journal, 2003, (113): 69-76.

[211] Heyman, Steven J. The First Duty of Government: Protection, Liberty and the Fourteenth Amendment. (Constitutional Perspectives). Duke Law Journal, 1991, 41 (3): 507-571.

[212] HM Treasury. Public private partnerships: the Government's approach. Stationery Office, 2000.

[213] Hodge G, Greve C. Public-private partnerships: governance scheme or language game?. Australian Journal of Public Administration, 2010, 69: S8-S22.

[214] Hodge, Graeme A. The Risky Business of Public-private Partnerships. Australian Journal of Public Administration, 2004, 63 (4): 37-49.

[215] Iossa E, Martimort D. The simple microeconomics of public-private partnerships. Journal of Public Economic Theory, 2015, 17 (1): 4-48.

[216] Jin X H, Dolo H. Interpreting risk allocation mechanism in public-private partnership projects: an empirical study in a transaction cost economics perspective. Construction Management and Economics, 2008, 26 (7): 707-721.

[217] Jinbo Song Danrong Song Xueqing Zhang YanSun. Risk identification for PPP waste-to-energy incineration projects in China. Energy Policy, 2013, 61 (10): 953-962.

[218] Ke, Y. J., Wang, S. Q., Chan, A. P. C.. Revelation of the channel Tunnel's failure to risk allocation in Public-Private Partnership Projects. China Civ. Eng. J., 2008, 41 (12): 97-102 (in Chinese).

[219] Klijn E H, Koppenjan J, Den Boer N. Respondents report survey Public Private Partnerships. Faculty of Social Sciences, 2014, 87 (1): 21-23.

[220] Li B, Akintoye A, Hardcastle C. Risk analysis and allocation in public private partnerships projects. 17th Annual ARCOM Conference. Salford, 2001, 2: 895-904.

[221] Li, Bing, A. Akintoye, P. J Edwards, and C. Hardcastle. Critical Success Factors for PPP/PFI Projects in the UK Construction Industry. Construction Management and Economics, 2005, 23 (5): 459-471.

[222] Hart O. Incomplete contracts and public ownership: Remarks, and an application to public-private partnerships. The economic journal, 2003, 113 (486): 69-76.

[223] Martimort D, Pouyet J. To build or not to build: Normative and positive theories of public-private partnerships. International Journal of Industrial Organization, 2008, 26 (2): 393-411.

[224] Abednego M, Jan A Y C, Singh B. Public Private Partnerships In Asia: Enabling Framework And Risk Profile. European Real Estate Society (ERES), 2006.

[225] Maskin E. Nash equilibrium and welfare optimality. The Review of Economic Studies, 1999, 66 (1): 23-38.

[226] Medda F. A game theory approach for the allocation of risks in transport public private partnerships. International Journal of Project Management, 2007, 25 (3): 213-218.

[227] Essig M, Batran A. Public-private partnership—Development of long-term relationships in public procurement in Germany. Journal of Purchasing

and Supply Management, 2005, 11 (5-6): 221-231.

[228] Goodliffe M. The new UK model for air traffic services—a public private partnership under economic regulation. Journal of Air Transport Management, 2002, 8 (1): 13-18.

[229] Neeman Z, Pavlov G. Expost renegotiation-proof mechanism design. Journal of Economic Theory, 2013, 148 (2): 473-501.

[230] Ng A, Loosemore M. Risk allocation in the private provision of public infrastructure. International Journal of Project Management, 2007, 25 (1): 66-76.

[231] Nguyen, Duc A. A., and Michael J. J. Garvin. Life-Cycle Contract Management Strategies in US Highway Public-Private Partnerships: Public Control or Concessionaire Empowerment? . Journal of Management in Engineering, 2019, 35 (4): 1-13.

[232] Ojha A K. Public private partnerships: analysing the network form of organization. Public-private partnerships. Routledge, New Delhi, 2014: 1-19.

[233] Helby Petersen O. Public-Private Partnerships: Policy and Regulation: With Comparative and Multi-level Case Studies from Denmark and Ireland. Frederiksberg: Copenhagen Business School (CBS), 2011.

[234] Osborne S, Partnerships P P. Theory and practice in international perspective. Routledge, Volumul, 2000, 1: 1-28.

[235] Samuelson P A. The pure theory of public expenditure. The review of economics and statistics, 1954: 387-389.

[236] Perry Davis, ed. , Public-Private Partnerships: Improving Urban Life, American Planning Association. Journal of the American Planning Association, 1989, 55 (2): 251.

[237] Peter Ross. Australie: premier projet de partenariat public/privé pour la création d'écoles, PEB Échanges, Programme pour la construction et l'équipement de l'éducation 2004/9, OECD Publishing.

[238] Peter S. Public-Private Partnership (PPP) as a Social Game. Innovation the European Journal of SocialScience Research, 2002 (15): 227-252.

[239] Philippe Aghion, Jean Tirole. Formal and Real Authority in Organi-

zations. Journal of Political Economy, 1997, 105 (1): 1 - 29.

[240] Rosenau V, Pauline. Public-private policy partnerships. MIT Press, 2000.

[241] Roumboutsos, A. and Anagnostopoulos, K. P.. Public-private partnership projects in Greece: risk ranking and preferred risk allocation, Construction Management and Economics, 2008 (26): 751 - 763.

[242] Roumboutsos, Athena, and Konstantinos P Anagnostopoulos. Public-private Partnership Projects in Greece: Risk Ranking and Preferred Risk Allocation. Construction Management and Economics, 2008, 26 (7): 751 - 763.

[243] Scharle P. Public-private partnership (PPP) as a social game. Innovation: The European Journal of Social Science Research, 2002, 15 (3): 227 - 252.

[244] Schmidt E K. Research management and policy: incentives and obstacles to a better public-private interaction, International Journal of Public Sector Management, 2008, 21 (6): 623 - 636.

[245] Schmidt EK. Research Management and Policy: Incentives and Obstacles to a Better Public-private Interaction. International Journal of Public Sector Management, 2008, 21 (6): 623 - 636.

[246] Takasago T. Control rights in complex partnerships revisited. Economics Letters, 2019, 183: 108587.

[247] Tanzi V, Schuknecht L. Reconsidering the fiscal role of government: the international perspec-tive. The American Economic Review, 1997, 87 (2): 164 - 168.

[248] Viegas J M. Questioning the need for full amortization in PPP contracts for transport Infrastructure. Research in Transportation Economics, 2010, 30 (1): 139 - 144.

[249] Vining A R, Boardman A E, Poschmann F. Public-private partnerships in the US and Canada: "There are no free lunches". Journal of Comparative Policy Analysis: Research and Practice, 2005, 7 (3): 199 - 220.

[250] Yehoue M E B, Hammami M, Ruhashyankiko J F. Determinants of public-private partner-ships in infrastructure. International Monetary Fund, 2006.

后　　记

本书是我主持完成的国家社科基金项目《PPP模式的民生基础设施建设问题研究》（项目编号：15BJL089）的最终研究成果。项目研究期间，正值我儿子中学学习的关键时期，迫于他的升学压力，我花费了不少时间辅导他学习，导致课题研究工作断断续续。2019年6月，我获得江西财经大学支助前往英国考文垂大学访问学习，全心投入课题研究，并于2020年11月顺利完成项目研究并圆满结项。

在研究过程中，从文献的收集整理、研究框架的设计、模型的构建、数据与案例资料的收集分析，到最终研究报告的完成，都得到了课题组其他成员的大力支持与帮助，感谢他们的辛勤付出。研究报告由作者独立完成，由于研究时间仓促，虽然研究成果顺利通过结项，但深感研究的内容不够深入，趋于浅陋。

2021年《PPP模式的民生基础设施建设问题研究》研究成果获得江西财经大学信敏廉毅学术文库基金支助出版。出版前，按照课题评审专家的修改建议对课题研究成果做了进一步的修改。本研究能够成书出版，十分感谢江西财经大学的鼎力支持，中国财政经济出版社胡飞老师的辛勤付出。鉴于本人学识有限，书中尚存不足，恳请读者批评指正！

刘伦武
2021年11月于蛟桥园